Hermann Jantzen

# Im wilden Turkestan

Hermann Jantzen

# Im wilden Turkestan

## Ein Leben unter Moslems

BRUNNEN
VERLAG GIESSEN · BASEL

ABCteam-Bücher erscheinen in folgenden Verlagen:
Aussaat Verlag Neukirchen-Vluyn
R. Brockhaus Verlag Wuppertal und Zürich
Brunnen Verlag Gießen und Basel
Christliches Verlagshaus Stuttgart
Oncken Verlag Wuppertal und Kassel

3. Auflage 1997

Umschlagmotiv: Thomas Vogler
Umschlaggestaltung: Ralf Simon
Satz: Rücker & Schmidt, Langgöns
Herstellung: Ebner Ulm
ISBN 3-7655-3974-0

# Inhalt

# Vorwort

„Mijnheer Iwanow", „der alte Russe" oder „Vader Jantzen" nennen ihn liebevoll die Holländer, unter denen er an seinem Lebensabend noch als Evangelist und Seelsorger tätig ist. Hermann Jantzen (geb. 1866) blickt in der Tat auf ein ungewöhnlich bewegtes Leben zurück!

Schon mit vierzehn Jahren ist er bei dem beschwerlichen und gefährlichen Treck einer kleinen Mennoniten-Schar zu den Wüsten Zentralasiens. Sie flüchten vor dem russischen Militärdienst. Nicht nach Amerika, wie so viele andere zur damaligen Zeit, nein, nach ihrer Überzeugung wird der Antichrist im Westen erscheinen. Aber hinter dem Tienschan-Gebirge hat Gott für sie, seine Brautgemeinde, eine Zufluchtsstätte vorbereitet.

„Jaman Aga" wird Jantzen dann am Hofe des Chans von Chiwa genannt, wo er bereits mit siebzehn Jahren die usbekischtürkische Sprache so fließend spricht, daß der Chan ihn als Hofdolmetscher einstellt.

In Russisch-Turkestan, wo er später im Dienst des Zaren als Förster tätig ist, vereitelt er – als Tatar verkleidet – mit knapper Not einen Aufstand der Kasachen, die den Plan gefaßt haben, alle Europäer abzuschlachten. Doch korrupte russische Beamte sorgen für seine Verbannung nach Sibirien. Weitere blutige Aufstände erlebt er mit.

Obwohl Hermann Jantzen sich schon in seiner Jugend bekehrt, bleibt er jahrelang ungehorsam und verbittert, bevor er endlich bereit ist, als Missionar unter den einheimischen Moslems zu arbeiten. Die Wirren der Oktoberrevolution im Jahre 1917 setzen diesem Dienst ein Ende. Noch am Vorabend der Revolution, als wieder ein Aufruhr tobt und Kasachen Tausende von Russen ermorden, deren Dörfer niederbrennen, haben die Aufständischen so großes Vertrauen zu ihm, daß sie um seinen Rat bitten. Und noch einmal gelingt es Jantzen, ein weiteres Blutbad zu verhindern.

Auch seine eigenen Leute, die Mennoniten, vertrauen ihm. Sie wählen ihn als ihren Delegierten und stellvertretenden Kreiskommissar in die neue Sowjet-Regierung, wo er als Christ einen schweren Stand hat. Dreimal wird er zum Tode verurteilt, aber jedesmal entkommt er durch Gottes Eingreifen und Führung.

Überhaupt, die wunderbare Weise, wie Jantzen in allem Gottes Führung erlebt, und die Liebe, die ihn – wie seinen Meister – zu den Verlorenen treibt, kennzeichnen sein abenteuerliches Leben. Als einer der ersten Missionare überhaupt leistet er unter den Moslems in Mittelasien eine einmalige, bahnbrechende Arbeit.

Sein Augenzeugenbericht wird in dem vorliegenden Buch erstmals einem größeren Leserkreis zugänglich gemacht.

Christian Schmidt

Kapitel 1

# Jugendzeit bis zum Auszug

In Hahnsau, einem Dorf am Trakt im Gouvernement Samara[1], in Rußland, stand mein Elternhaus. Hier wurde ich am 28. Mai 1866 geboren, und hier lebte ich auch bis zu meinem 14. Lebensjahr.

Mein Vater war Hermann Jantzen und meine Mutter Cornelia Jantzen, geborene Horn. Wir waren zu Hause sechs Geschwister, zwei Schwestern und vier Brüder. Von den Brüdern war ich der älteste, drei Jahre nach meiner Schwester Marie geboren. Nach uns Brüdern kam noch unsere jüngere Schwester Cornelie.

Unsere Mutter war meiner Meinung nach die allerbeste Frau auf dieser Erde. Niemals habe ich sie böse gesehen. Immer fleißig im Haushalt, den sie mit Hilfe von zwei Dienstmädchen führte, sang sie viel mit ihrer schönen, sanften Stimme. Was Vater mit seiner Strenge bei uns oft recht unartigen Jungen nicht erreichte, das gelang der Mutter mit ihrer sanftmütigen Liebe.

Wirtschaftlich ging es uns sehr gut. Vater besaß ungefähr 180 Hektar Land. Die Landwirtschaft wurde damals im großen Stil betrieben. Zu unserem Hof gehörte auch eine große Getreidemühle, die ununterbrochen in Betrieb war. Ihre Leitung hatte ein in diesem Fach ausgebildeter Müller aus Preußen, dem mein Vater in der Nähe des Dorfes ein eigenes Häuschen hatte bauen lassen und der auch einen Hektar Land bekam, das er selbst bewirtschaften konnte.

Weil wir zu den wohlhabenden Bauern gehörten, waren alle Gebäude, außer der Scheune, mit gebrannten Ziegeln gebaut. Hinter dem Wohnhaus befand sich ein großer Garten, an den sich ein selbstgepflanzter Wald anschloß, der bis zum Flüßchen Tarlick reichte.

Das Dorf Hahnsau lag in einem Tal, geschützt vor den großen Schneestürmen des Winters. Auf dem Hof arbeiteten drei Knechte, Russen aus Pensa. Mein Vater hatte sie vor allem deswegen angestellt, damit wir alle gut Russisch lernen sollten. Das war sowohl für den Vater als auch für uns Kinder von großem Vorteil. Wir lernten es rasch, denn Kinder lernen ja fremde Sprachen viel leichter als Erwachsene.

Soweit meine Erinnerung zurückgeht, war mein Vater immer stellvertretender Vorsitzender unserer Wolost oder des Kreises, den die zehn Mennonitendörfer bildeten. Deswegen war Vater auch oft nicht zu Hause, sondern brachte viel Zeit im Kolonie-Amthaus in Köppenthal zu, das zwei Kilometer von Hahnsau entfernt lag.

Von unserem sechsten Lebensjahr an gingen wir Kinder zur Schule. Unser Lehrer war Hermann Bartsch. Vom elften bis zum vierzehnten Lebensjahr besuchte ich die Kreisschule in Köppenthal. Dann gab es eine große Veränderung in unser aller Leben.

Einstmals waren die Mennoniten von der russischen Regierung zur Ansiedlung aus Preußen eingeladen worden. Damals hatte man ihnen die volle Religionsfreiheit und die Befreiung vom Wehrdienst zugesichert. Dieses Versprechen wurde auch viele Jahre eingehalten. Aber nun kam plötzlich ein neues Gesetz von der Regierung, wonach alle Männer in Rußland – auch die Mennoniten – wehrpflichtig waren. Dieses Gesetz wurde schon 1874 erlassen, trat aber erst 1880 in Kraft.

In den dazwischenliegenden sechs Jahren sandten alle Mennoniten Rußlands immer wieder Delegationen nach Petersburg, um bei den höchsten Regierungsstellen die Befreiung vom Wehrdienst für die Mennoniten zurückzugewinnen. Auch mein Vater war zweimal in Petersburg gewesen. Doch alle Bemühungen blieben nahezu ergebnislos. Nur soviel kam man den Mennoniten entgegen, daß man sie vom Waffendienst befreite, wenn sie dafür Forstdienst leisten würden.

Die meisten Mennoniten gingen auf diese Bedingung ein. Aber manche sagten auch, daß sie durch die Annahme des Forstdienstes einen Russen für den Wehrdienst freimachen, der an ihrer Stelle die Waffe in die Hand nimmt, um dann in einem Krieg doch andere zu erschießen. Dadurch würden sie indirekt zum Mörder. Zu den Männern, die so dachten, gehörte – neben vielen anderen in unserem Kreis – auch mein Vater und viele unserer Verwandten. Doch was tun?

In dieser kritischen Zeit kam mein Vater wieder als Sprecher der Mennoniten nach Petersburg, und dort lernte er den damaligen Gouverneur von Turkestan kennen, den Baron von Kaufmann. Nachdem Herr von Kaufmann alles über die Schwierigkeiten der Mennoniten erfahren hatte, machte er ihnen den Vorschlag, nach Turkestan umzusiedeln. Dort habe er Befugnis, Kolonisten anzusiedeln, frei von allem Militärdienst und frei von allen Steuern für fünfundzwanzig Jahre. Dieses Angebot unterbreiteten die Petersburg-Reisenden nach ihrer Heimkehr den Gemeinden, und nach einer eingehenden Beratung wurde es angenommen. Das war im Herbst 1879.

Im kommenden Winter verkaufte mein Vater alles Land, unseren Hof mit allem Inventar und Vieh. Weil Vater einer der ersten war, der verkaufte, bekam er einen relativ hohen Preis. Viele, die später seinem Beispiel folgten, standen sich viel ungünstiger.

Bereits seit Jahren hatte es durch meinen Onkel Claas Epp, den Schwager meines Vaters, in unserer Gemeinde wegen seiner chiliastischen Lehren über das Wiederkommen des Herrn Auseinandersetzungen gegeben. Manche bezichtigten ihn des geistlichen Hochmuts. Weil ich hier nicht auf Einzelheiten eingehen will, verweise ich auf das Schriftchen „Unser Auszug nach Mittelasien". Es ist von Franz Bartsch geschrieben, dem früheren Lehrer in Lysanderhöh, im Gouvernement Samara. Das Schriftchen ist beim Echo Verlag, North Kildonan, Manitoba in Kanada erschienen.

Lehrer Bartsch war ein lieber Freund von uns, und weil er mittellos war, stellte Vater ihm einen neuen Wagen und zwei Pferde mit Geschirr zur Verfügung. Lehrer Bartsch mit seiner Familie reiste auch mit unserer Gruppe; aber kurz vor der Abreise mußten sie noch ihr kleines Töchterchen begraben.

Kapitel 2

# Von Hahnsau nach Kaplanbek

Am 3. Juli 1880 verließen wir das uns so liebe, vertraute Heim. Als unser Zug von zehn Familien, die mit achtzehn Wagen reisten, das Hochland vor Hahnsau erreichte, hielt alles still. Alle stiegen von den Wagen und schauten noch einmal in das Tal zurück! Viele Tränen wurden damals geweint.

So manche Verwandten und Freunde waren auf ihren Wagen mitgekommen, um uns noch ein Stück unseres Weges zu begleiten. Nachdem wir in dem Dorf Hussenbach übernachtet hatten, verließen uns die meisten und fuhren wieder heim. Onkel Epp reiste als letzter zurück. Erst zwei Jahre später kam er mit seiner Familie nach.

Wir hatten vier Wagen mit sieben Pferden. Unser Familienwagen fuhr voran. Er war der größte und hatte ein Dreigespann. Der Wagen hatte hinten eine Tür, und ich war der Kutscher. Den zweiten Wagen fuhr Jakob, der Sohn von Jakob Töws. Er kam mit uns, weil er sonst im Herbst zum Wehrdienst eingezogen worden wäre. Seine Eltern kamen dann erst mit dem zweiten Zug im Herbst. Unsere beiden anderen Wagen wurden von meinen Brüdern Gerhard und Bernhard gefahren.

Über Nowousensk erreichten wir den Ural-Fluß, den wir bei der Kosakenstadt Ilek auf einer holprigen Holzbrücke überquerten. Dann ging es weiter bis nach Orenburg, der Grenzstadt des europäischen Rußland. Orenburg ist eine sehr große und schöne Stadt.

Bis hierher hatten wir immer mehr oder weniger besiedelte Gegenden passiert, besonders auch die schöne Gegend um Uralsk. In dieser prachtvollen Kosakenstadt kamen uns die Bewohner besonders freundlich entgegen. Sie verkauften uns Heu und Hafer, Milch und Brot und was wir sonst alles brauchten.

Diese Kosaken sind Altgläubige, russisch Starowertzi genannt, und tragen immer eine Uniform. Wenn wir in solchen Orten Nachtquartier nahmen, kam oft der Ataman – der Bürgermeister – zu uns und erkundigte sich, was wir für Leute sind, wohin die Reise geht und anderes mehr. Einige von uns, darunter auch mein Vater, die gut russisch sprachen, erzählten dann, daß wir Deutsche von der Wolga sind und um unseres Glaubens willen nach Turkestan auswandern. Dort habe man uns mehr Freiheit versprochen. Meist kam dann die Antwort: „Ihr seid heilige Menschen, weil ihr so viel für euern Glauben übrighabt."

Da Vater der allgemein anerkannte Führer unserer Gruppe war, fuhr unser Familienwagen immer an der Spitze. Wenn wir zu einem Halteplatz kamen, mußte ich vom Weg abbiegen und einen großen Ring fahren. Alle Wagen folgten, bis der Ring geschlossen war. Es entstand dann eine Wagenburg, mit einem großen freien Platz in der Mitte.

In unserem Wagen bewahrten wir eine große Handglocke auf. Genau nach der Uhrzeit mußte ich auf Vaters Befehl diese Glocke läuten, entweder morgens zum Wecken und Pferdetränken oder nach dem Frühstück zum Aufbruch. Auch zur Morgen- und Abendandacht erklang die Glocke. Alle versammelten sich dann auf dem freien Platz in der Wagenburg. Sonntags wurde nicht gefahren; dann hatten wir am Vormittag und am Nachmittag Gottesdienst. Es waren zwei Prediger in unserer Mitte, die Brüder Wilhelm Penner und Jonas Quiring, beides geistbegabte Männer.

In Orenburg rasteten wir mehrere Tage. Wir ließen die Pferde beschlagen, die Wagen reparieren und kauften für die Weiterreise ein. Von hier aus führte unsere Reise ziemlich direkt nach Süden. Und da gab es nicht viele Dörfer und Städte.

Orenburg ist ein Knotenpunkt. Fast ohne Unterbrechung treffen hier Kamelkarawanen ein mit Waren aus Turkestan und dem fernen Osten. Von Sibirien her kommen viele Pelzwaren; ebenfalls große Pferdeherden mit besonders kräftigen und gut gebauten Pferden, die zudem die größte Kälte aushalten können. Jahraus und jahrein treffen hier Menschen aus allen möglichen Völkern zusammen. Vom Westen bringen die Eisenbahnzüge allerlei europäische Waren. Damals endete die Bahn in Orenburg, es gab noch keine Sibirienbahn. Hier hörte man ein Gewirr von so vielen Sprachen, daß man die meisten nicht einmal nennen konnte.

Die Orenburger- und Uralkosaken spielten dank ihrer großen Tapferkeit immer eine große Rolle im russischen Reich. Streng religiös, wie sie waren, hörte man sie nie fluchen. Andersgläubigen gaben sie niemals die Hand. Für Gäste hatten sie einen eigenen Samowar (Teemaschine), ebenso Gläser, Teller und Eßbestecke. Sie selbst gebrauchten dies alles nie. Andererseits durfte kein Fremder ihr persönliches Tafelgeschirr anrühren. Sie waren aber immer sehr freundlich und hilfsbereit. Vom 17. Lebensjahr an mußten alle Männer zum Militärdienst, den sie aber an ihrem Wohnort ausüben durften.

Der Ural bildet die Grenze sowohl zwischen Europa und Asien als auch zwischen West- und Ostrußland. Im Osten leben sehr viele nomadisierende, räuberische Kirgisenstämme[2], die immer kontrolliert und überwacht werden müssen. Für diesen Bewachungsdienst waren die Kosaken angestellt, daher fast immer zu Pferde und in Uniform. Ihre Frauen bearbeiteten die Felder.

Ohne irgendwelche besonderen Unfälle bewegte sich unser Zug südwärts. Eines Tages erreichten wir die Iletzkaja-Saschtschta. In dieser Gegend befindet sich ein großes, offenes Kristallsalzbergwerk. Schon unterwegs begegneten uns immer wieder lange, oft unabsehbare Ochsenwagen-Karawanen, die das blaßrote Salz nach Orenburg brachten. Auch viele Kamelkarawanen zogen auf dieser Strecke entlang, die zudem offizielle Poststraße war.

Bald danach kamen wir in die große Torgai-Steppe. Nur noch selten waren hier Dörfer zu sehen; dafür aber immer häufiger die Auls (Zeltgruppen) der Kirgisen, die in den Steppen ihr Vieh weiden. Sie hatten große Herden von Schafen, Pferden und Kamelen. Heu gab es hier nicht mehr zu kaufen, deswegen mußten unsere Pferde weiden.

Längere Zeit folgten wir dem Flüßchen Ilek, das sehr gutes Wasser hatte. Wenn wir dann irgendwo in der Nähe eines Auls zur Rast anhielten, war unser Lager bald von neugierigen Zeltbewohnern umringt. Ihre Sprache verstanden wir nicht. Weil aber unser Lehrer Bartsch und seine Frau etwas tatarisch sprachen, konnten sie als Dolmetscher doch manches für uns erhandeln, denn unsere Lebensmittel waren allmählich knapp geworden. Schafe kosteten nicht viel. Die Fettschwänze wurden ausgebraten, und in diesem Fett hielt sich das Fleisch ungeachtet der Sommerhitze ziemlich gut.

Eines Tages kamen wir zur russischen Festung Aktjubinsk, wo wir von den Kosaken und der Infanterie Hafer für die Pferde und Brot für uns kauften. Ebenso verpflegten wir uns auch in der Festung Karabutak. Viel schwieriger war es, Wasser und das nötige Brennmaterial zu finden.

Schließlich erreichten wir die letzte Festung vor der großen Wüste. In der kleinen Stadt Irgisan war von allem genug zu haben. Hinter dieser Stadt aber lag die 400 km breite Wüste, in der kein Grashalm wuchs. Also mußten wir für die ganze Strecke sehr viel Hafer für die Pferde mitnehmen. Weil wir nicht alles auf die Wagen laden konnten, wurde eine Karawane Kamele gemietet, um den Hafer zu transportieren. So hofften wir, bis Kasalinsk genug zu haben.

Eine ganze Woche dauerten unsere Vorbereitungen. Von Orenburg hatten wir bisher fast 600 km in südlicher Richtung zurückgelegt. Immer wärmer war es geworden. Vor allem die Pferde litten sehr darunter, gab es doch oft kein Wasser. Auf der Strecke starben mehrere Kinder, in einer Familie drei Kinder fast zur selben Zeit. Ohne viel Aufhebens wurden sie am Wegrand begraben.

Schließlich erreichten wir die 200 km breite, schlechtere Strecke. Des tiefen Sandes wegen mußten wir die Wagen mit zwei oder drei Vorspannpferden eine Strecke voranbringen. Dann ritten wir alle Pferde zurück und holten die anderen Wagen nach. Ich weiß heute nicht mehr, wieviele Male wir auf diese Weise hin und her fuhren. Aber wir kamen nur erschreckend langsam vorwärts. Doch endlich kam auch das Ende dieser schrecklichen Strecke, und wir erreichten den Aralsee.

Schon eine gute Weile vorher spürten unsere Pferde das Wasser. Sie rochen die kühle Luft. Alle – Mensch und Tiere – atmeten auf. Am See angekommen, fanden wir dort niedriges Rohr vor. Die Pferde fielen darüber her, als ob sie niemals zuvor etwas so Herrliches zum Fressen bekommen hätten. Inzwischen grub sich jeder einen Brunnen – etwa einen Meter tief –, und wir alle hatten das herrlichste Wasser: für uns, für das Vieh – und alles im Überfluß.

Einen Tag ruhten wir hier aus, dann ging es weiter. Sehr bald erreichten wir die erste turkestanische Stadt und Festung Kasalinsk am Syr-Darja, eine usbektürkische Sartenstadt[2]. Der Fluß mündet hier in den Aralsee. Die Stadt ist von herrlichen Wein- und Obstgärten umgeben. Große, saftige, wohlschmeckende Wassermelonen gab es hier. Alle Lebensmittel waren sehr billig. Weil meine Tante hier ein Kind bekam und auch andere Kranke unter uns waren, blieben wir eine Woche.

Wir wollten schon weiterreisen, da kam ein junger, feiner Sarte zu meinem Vater. Der Sarte sprach gut russisch und fragte meinen Vater, ob er mit uns nach Taschkent reisen dürfe. Er sei dort zu Hause. Ohne langes Besinnen stimmte Vater zu, und auf Vaters Anweisung nahm er mit mir auf dem Wagen Platz.

So bekam ich meinen ersten usbektürkischen Sprachlehrer. Zwar hatte ich auf der letzten Wüstenstrecke von unseren Kamelführern, die alle Kirgisen waren, schon so manches gelernt, aber jetzt lernte ich täglich mehr im Umgang mit dem wirklich klugen und intelligenten Sarten. Er war ein guter Dolmetscher und hat uns viele gute Dienste getan.

Weiter ging es auf sehr holprigen Wegen über Karamachi bis zur Festung Perowsk, einer größeren Sartenstadt. Den ganzen Weg hatten unsere Pferde keine Not gelitten, denn Wasser war im Überfluß vorhanden. Der Weg führte am Syr-Darja entlang, durch Strauchwald, in dem viele Fasane, Füchse und Rehe lebten.

Nachdem wir im Fort Perowsk einen Tag geruht und eingekauft hatten, was wir brauchten, kamen wir über Fort Dschulus in die alte, historische Stadt Turkestan. Sie barg überaus Sehenswertes.

Anschließend überquerten wir den wildfließenden Bergfluß Aries, der uns sehr viel Mühe machte. Mit Hilfe von Dschigiten, den reitenden Boten der Regierung, kamen wir endlich glücklich auf die andere Seite.

Von hier aus sah man bereits das riesige Tienschan-Gebirge. Der chinesische Name bedeutet „Himmelsgebirge“. Die Russen nennen das Gebirge „die Alexanderkette“, und die Usbektürken sprechen von „Alatau“. Schnee lag auf den Spitzen der Berge, die bläulich zu uns herüberschimmerten.

Einige Tage später erreichten wir Tschimkent, ebenfalls eine hohe Festung. Hier wurde uns berichtet, daß an diesem Ort von 1864 bis 1870 schwerste Kämpfe stattgefunden haben, ehe Turkestan von den Russen eingenommen wurde. Auf der ganzen Reise war mir schon das Militär in den Festungen aufgefallen. Hier nun befand sich ein ganz besonders großes Lager, innerhalb und außerhalb der Festung. Und dabei war der Krieg schon seit zehn Jahren zu Ende.

Als wir in Tschimkent wieder unsere üblichen Einkäufe erledigt hatten, ging es weiter über Beklarbeck nach Akdschan am Fluß Kelles, wo wir unser Nachtlager aufschlugen. Wir sangen gerade bei der Abendandacht „Nun ruhen alle Wälder", da kam eine feine Troika, ein russisches Dreigespann, aus der zwei uniformierte Herren stiegen. Mit entblößtem Haupt traten sie zu uns und nahmen an unserer Andacht teil. Danach stellte sich der eine als General Baron von Kaufmann vor und der andere als sein Adjutant Major Meiser. Sie kamen gerade aus Petersburg.

Der Baron erkannte meinen Vater und begrüßte ihn sehr freundlich. Er hieß uns alle willkommen in „meinem" Turkestan. Damit gab er uns noch die Anweisung, den Postweg zu verlassen und den Fluß entlang nach Kaplanbek zu fahren. Dort sollten wir den Winter über im Regierungsgestüt wohnen. Darauf verabschiedete er sich und fuhr weiter.

Am anderen Morgen kam auch Ohm W. Penner aus Taschkent zurück. Er war dorthin vorausgereist, um sich bei den Behörden zu erkundigen, wo wir einen Wohnplatz bekommen könnten. Mit ihm kamen noch mehrere Führer, die uns den Weg nach Kaplanbek zeigen sollten. Einer der Führer war der Aufseher des ehemaligen Gestüts, ein überaus korpulenter Mann. Nach viel Mühen und allerlei kleinen Unfällen kamen wir schließlich auf dem fast unpassierbaren Weg in Kaplanbek an.

Fünfzehn Wochen hatte unsere Reise gedauert. Unterwegs wurden zwölf Kinder begraben. Es war der 18. Oktober 1880, als wir Kaplanbek erreichten. Ein paar

Wochen später kam der zweite Zug mit 22 Familien an. Ihnen konnten wir schon fertige Wohnungen anbieten. Auch diese Gruppe hatte viele Strapazen auf dem Wege durchmachen müssen, zumal es inzwischen sehr kalt geworden war.

Nachdem wir einige Tage geruht hatten, begannen wir damit, die Wohnungen einzurichten. Feste Wohnhäuser gab es nur zwei. Alle anderen Gebäude waren für Pferde eingerichtete große offene Schuppen. Nur die Hinterwand war eine dicke Mauer.

Wir kauften Baumaterial, stellten Maurer an und übernahmen selbst die Holzarbeiten. Türen und Fenster wurden aus dem zwanzig Kilometer entfernten Taschkent geholt, und bald hatte jede Familie eine eigene kleine Wohnung. Doch nicht nur für uns, sondern auch für den nachfolgenden Zug wurde gesorgt.

Kaum waren alle einigermaßen zur Ruhe gekommen, da brach Typhus unter uns aus. Mein Onkel Heinrich Jantzen verlor in kurzer Zeit seine zwei ältesten Söhne, den besonders hübschen Abram, 25 Jahre, und Heinrich, 21 Jahre alt. Was das für die Eltern bedeutete, kann man nicht in Worte fassen. Bis zum Frühjahr hatten wir elf Erwachsene begraben, und noch mehr folgten.

Es war schon ziemlich spät im November 1880, als noch ein dritter Zug von 70 mennonitischen Familien aus der Molotschna-Kolonie in der Ukraine in Taschkent ankam. Die Regierung richtete ihnen auf dem Holz- und Viehmarkt Wohnungen ein. Das war die sogenannte Petersgemeinde. Diese Gemeinde war mit der chiliastischen Lehre des Onkel Epp nicht einverstanden. Sie wurde die „Brautgemeinde“ genannt.

Die Petersgemeinde und die Kaplanbekgemeinde hatten sich zunächst zusammengeschlossen. Aber es dauerte nicht lange, bis sie sich wegen der Lehrmeinung des Onkel Epp wieder trennten. Im folgenden Sommer zogen die Petersgemeinde und auch einige Kaplanbeker nach Aulie-Ata, wo sie im Talas-Tal am Urmural-Fluß vier Dörfer anlegten.

In Kaplanbek hatten wir zwei Schullehrer, Fr. Bartsch und W. Penner, außerdem drei Prediger, Onkel Jakob Töws, Jonas Quiring und Johannes Penner. Letzterer war ein sehr nüchterner, geistbegabter Mann, der von Anfang an mit der Lehre Epps nicht übereinstimmte.

Prediger J. Penner versammelte auch die Jugend um sich und gab uns wöchentlich zweimal Bibel- und Katechismusunterricht. Nach jeder Stunde hielt er immer einen nach dem anderen von uns zurück, um mit uns über unser Seelenheil zu sprechen. Schließlich kam auch ich an die Reihe. Zuerst fragte er mich: „Hermann, hast du mich lieb?" Von ganzem Herzen antwortete ich ihm: „Ja!"

Wir alle liebten ihn wirklich sehr, denn er hatte selbst ein von Liebe erfülltes Herz. Auch hielt er sich immer abseits bei allen Debatten und Lehrstreitigkeiten, nicht bereit, sich der Meinung der Mehrheit immer gleich anzuschließen. Und das gerade beeindruckte uns junge Leute.

Dann sprach er weiter zu mir: „Wenn du mich wirklich liebst, willst du mir einen Gefallen tun?" Wieder antwortete ich ohne jedes Zögern: „Ja!" Und darauf er: „Dann versprich mir, dich jeden Tag einmal ganz allein zurückzuziehen, wo immer du auch sein magst, die Augen zu schließen und zu Gott zu beten: Herr zeige mir mein Herz. Länger als fünf Minuten braucht das nicht zu dauern. Doch du mußt es wirklich von ganzem Herzen tun." Das versprach ich. Was sich daraus ergab, davon werde ich später noch berichten.

Kapitel 3

# Nach Buchara-Sarabulak

Fast wöchentlich kamen dicke Briefe von Onkel Epp, gespickt mit vielen, z.T. recht unverständlichen Vorhersagen. Sie enthielten Ankündigungen, die immer wieder mit den Worten begannen: „So spricht der Herr zu der Gemeinde in Kaplanbek." Dann folgten Onkel Epps eigene Anschauungen zu allen möglichen Dingen, die ich freilich nach nunmehr siebzig Jahren nicht mehr zusammenbekomme. Auch in diesem Zusammenhang verweise ich die Leser auf das Büchlein von Franz Bartsch.

Die Folge dieser Briefe war zunächst der Abzug der Petersgemeinde nach Aulie-Ata; dann der Beschluß unserer Gruppe, nach Buchara zu ziehen. Damit folgte unsere Gruppe einem Rat von Onkel Epp.

In der Gegend von Buchara liegt das Schirisep-Tal[3]. Hierüber hat Jung-Stilling in einem seiner Bücher geschrieben, daß dieses Tal der Bergungsort für die Philadelphiagemeinde war. Und eben diese Gemeinde waren wir! Manchmal verglich Onkel Epp uns auch mit dem Sonnenweib in Offenbarung 12.

Diese „Prophetenbriefe", wie wir Jüngeren sie nannten, verursachten in der Gemeinde immer wieder Meinungsverschiedenheiten und Streit. So kam es denn, daß wir uns mitten im Hochsommer auf den Weg nach Buchara machten. Das geschah 1881, obwohl die Abgesandten, Bruder W. Penner und mein Vater, von Buchara eine abschlägige Nachricht gebracht hatten. „Die offene Tür nach Offenbarung 3,8 kann uns auch ein Emir oder Chan von Buchara nicht verschließen", so hieß es bei unseren Kaplanbekern. Mein armer Vater, der in allem ein mehr praktischer Verstandesmensch als ein geistlicher

Berater war, hat damals von den Brüdern viele Beschuldigungen hinnehmen müssen.

Unsere Reise führte zunächst an den Syr-Darja, den wir bei Tschina mit Booten überquerten. Damit befanden wir uns in der sogenannten „Hungersteppe", usbektürkisch „Hasretsultannig Tsulli". Wieviele Tage wir uns durch diese wasser- und futterarme Steppe quälten, weiß ich nicht mehr. Doch endlich erreichten wir das schöne Städtchen Dschisak, wo wir unseren Pferden einen Tag Ruhe geben und uns selbst an dem herrlichen Obst und den Früchten des Landes erquicken konnten.

Weiter ging es über gebirgiges Land ins Sarafschan-Tal. Nur mit großer Mühe brachten uns die Dschigiten über den reißenden Sarafschan. Dann ging es weiter in die alte historische Stadt Samarkand. Zu beiden Seiten der Straße zogen sich Bewässerungskanäle entlang, die eine herrliche Abkühlung bewirkten. Außerdem lag auch fast kein Staub auf dieser Straße. Oft passierten wir sehr große, schöne und schattige Karawansereien, Gasthöfe, die zur Rast einluden. Fünfzehn Kilometer vor der Stadt erwartete uns ein russischer Beamter, der von unserer Ankunft Nachricht erhalten hatte, um uns in der großen Stadt eine passende Lagerstelle zu zeigen.

Wir wurden in mehreren, nebeneinanderliegenden Sartenhöfen untergebracht. Diese Höfe waren sauber und mit schattigen Bäumen umgeben, so daß wir eine schöne, angenehme Ruhepause halten konnten. In der Mitte eines jeden Hofes lag ein Teich mit klarem Gebirgswasser, das durch kleine Kanäle, Arek genannt, vom Sarafschan hergeleitet wurde und alle Teiche durchfloß.

Hier blieben wir ungefähr zwei Wochen. In dieser Zeit besuchten wir die großartigen, aus bunten Glasziegeln erbauten Medressen, das sind mohammedanische Theologieschulen. Wir besichtigten auch die vielen Moscheen mit ihren Minaretts und das Mausoleum des einstigen

Welteroberers Tamerlan, den die Usbektürken Emir Temir Paschna nennen. Das große Mausoleum ist aus buntem Mosaik erbaut, und die vergoldete Kuppel ist schon aus großer Entfernung zu erkennen, glänzend und funkelnd in dem hellen Sonnenlicht. Wir bestiegen den sehr hohen, ebenfalls aus bunten, glasierten Ziegeln erbauten Turm, den Alexander der Große errichtet haben soll. Als Beweis für diese Annahme dient sein arabischer Name, der im Turm durch bunte Ziegel dargestellt ist.

Schon seit Beginn unserer Ankunft in Kaplanbek hatte ich seit nun fast einem Jahr ständig einen usbektürkischen Lehrer, der uns auch bis zur Grenze Bucharas begleitete. Dank dieses Unterrichts konnte ich mich ganz gut mit den Mohammedanern verständigen.

Wie alle russisch-turkestanischen Städte war auch Samarkand zweigeteilt. Da war die mohammedanische Altstadt und die europäische Neustadt, beide durch einen breiten Kanal getrennt. Die Straßen der Altstadt waren eng, die der Neustadt breit. Sie hatten zu beiden Seiten einen kleinen Graben mit fließendem Wasser. Große, schattenspendende Bäume säumten die Straßen, die zudem dauernd besprengt wurden. Turkestan hat ein subtropisches Klima, fast ohne Winter. Nur in den Bergen wird es sehr kalt.

Hier in Samarkand mußten wir einen älteren Mann unserer Gruppe, Peter Pauls, begraben. Zu unseren sonntäglichen Andachten kamen auch Offiziere, fast alles Deutsche aus dem Baltikum. Ehe sie eintraten, legten sie immer ihre Säbel draußen ab.

Der Gouverneur von Samarkand, General Dreesch, auch ein Balte, war zugleich der oberste Chef der Grenzwache zwischen Buchara und Russisch-Turkestan. Von Baron von Kaufmann hatte er den Auftrag bekommen, sich mit meinem Vater in Verbindung zu setzen und ihn vor allem davor zu warnen, ohne ausdrückliche Erlaubnis die Grenze Bucharas zu überschreiten. Mein Vater mußte den Gouverneur häufig aufsuchen, wodurch sich eine Art Freundschaft zwischen den beiden entwickelte, die uns später von großem Nutzen war. Der Gouverneur hatte meinen Vater auch wissen lassen, daß Baron von Kaufmann ihm den Auftrag gegeben hatte, besonders über unser Wohlergehen zu wachen. Um so mehr traf es uns alle, als uns bald danach die Kunde erreichte, daß der Baron an einem Schlaganfall gestorben war, ohne noch einmal zur Besinnung gekommen zu sein. Wir hatten viel verloren.

Endlich zogen wir weiter – in Richtung Grenze. Sechzig Kilometer vor der Grenze lag die letzte russische Stadt Katta-Kurgan. Wir lagerten außerhalb der Stadt. Auf Anordnung von Gouverneur Dreesch meldete mein Vater dem Grenzchef unsere Ankunft. Mit freundlichen Worten warnte er nochmals vor dem Überschreiten der Grenze. Doch aller Rat wurde von unseren Leuten in den Wind geschlagen; standen wir doch vor der „offenen Tür, die niemand zuschließen kann"!

Etwa fünf Kilometer hinter dem alt-arabischen Dorf Sarabulak passierten wir die Grenze und fuhren gleich noch zehn Kilometer in das Land hinein. Es war spät am Abend, und wir übernachteten hier. Am anderen Morgen trieben uns sehr bunt gekleidete Buchara-Soldaten zurück. So erreichten wir ein kleines, quellenreiches Tal. Dort erfuhren wir, daß wir uns auf dem ein Kilometer breiten Grenzgebiet befanden, dem Niemandsland, wo uns keiner etwas anhaben konnte.

Schnell wurden nun Erdhütten gebaut, denn der Winter war bereits gefährlich nahe. Kaum saßen wir am warmen Ofen, da schneite es auch schon. Eisige Kälte herrschte. Da – vollkommen unerwartet – erschienen die Buchara-Soldaten, um uns zu vertreiben. Alles Protestieren half nichts. Weil Vater der Aksakal – der Leiter – war, rissen sie zuerst unser Dach auf und luden gewalttätig und grob unsere Kisten und Kasten auf zweirädrige

Karren. Über hundert hatten sie davon mitgebracht. Mich banden sie, warfen mich auf den hochrädrigen Karren und fuhren in Richtung des Dorfes Sarabulak.

Gleich zu Beginn der Fahrt fing ich an, fürchterlich zu frieren, und ich bat den begleitenden Soldaten, mich loszulassen. Bei dem tiefen Schnee könnte ich ja unmöglich fortlaufen. Der Soldat ließ halten, band mich los, so daß ich nebenher laufen konnte, bis ich warm, freilich auch atemlos wurde. Da streckte er seine Hand aus und zog mich zu sich auf sein Pferd. Er setzte mich hinter sich und warf mir seinen langen, weiten Pelz über den Kopf. Auf dem warmen Pferd und in dem warmen Pelz fror ich nun nicht mehr.

Kurz vor dem Dunkelwerden erreichten wir Sarabulak. Bei dem dortigen Aksakal wurde alles abgeladen. Mein Beschützer übergab mich dem Aksakal mit den Worten: „Dies ist der Sohn von dem Aksakal, dem Grenzschänder. Bewirte ihn gut, gib ihm ein warmes Bett, wie sich das für einen Muselman (rechtgläubiger Mohammedaner) gehört, und gib gut auf ihn acht. Ich reite zurück in die Berge, und morgen bringen wir die ganze Gesellschaft her. Melde dies auch gleich deinem russischen Grenzchef, dem Natschalnik in Katta-Kurgan."

Darauf verschwand er in der Dunkelheit. Der Aksakal führte mich in seine warme Gaststube und bewirtete mich aufs beste. Schließlich legte ich mich ganz nach Sitte auf dem mit dicken Teppichen belegten Fußboden zum Schlafen nieder. Er deckte mich noch warm zu, und ich schlief auch sofort ein.

Am anderen Morgen wachte ich spät auf und erhob mich munter und frisch. Der Aksakal, ein älterer Mann, frühstückte mit mir zusammen und ging mit mir zum Markt, weil gerade Markttag war. Auch dort kaufte er mir noch allerlei Leckerbissen.

Inzwischen kam ein Karren nach dem anderen mit den Unseren im Dorf an. Auf Befehl des Gouverneurs brachte man uns alle in den Karawansereien unter. Die große Moschee des Dorfes wurde unsere Kirche und ein Nebengebäude unsere Schule.

Angesichts all dieser Ereignisse hatte es bei unseren Alten notwendigerweise etwas Ruhe gegeben. Aber ganz plötzlich fingen die Parteikämpfe wieder an. Da man nur für oder gegen Epp sein konnte, kam es zu neuen Trennungen. Bald trafen auch wieder Briefe von Onkel Epp ein; nun aber aus Ikan bei der Stadt Turkestan, wo sich Onkel Epps Zug im Schnee festgefahren hatte.

Ich erinnere mich, daß unser lieber Lehrer und Prediger Penner, der sich nach wie vor von allen Streitereien fernhielt, damals gefragt wurde, was er denn von dem Zustand der Gemeinde denke. Er solle doch mal darüber sprechen. Prediger Penner – ich weiß es noch genau – stand auf und hielt eine leidenschaftliche Rede gegen alle diese Streitigkeiten. Er verurteilte die Prophetenbriefe von Onkel Epp, deren Fluch und bittere Folgen wir ja tagtäglich in der Gemeinde erleben mußten. Außerdem – hatte sich denn bisher auch nur eine einzige der Prophezeiungen Onkel Epps erfüllt?

„Darum rufe ich alle auf und bitte euch: Werdet doch einmal alle nüchtern vor dem Herrn, denn Er wird die rechte Wahrheit offenbaren. Ich wäre nach Jesaja 56,10 ein stummer Hund, wenn ich nicht aufs entschiedenste warnte."

So ungefähr waren seine Worte. Aber keiner verstand ihn. Ich weiß nicht mehr genau, ob er austrat oder aus der Gemeinde ausgeschlossen wurde. Obwohl er so abseits stand, gingen unser wöchentlicher Katechismusunterricht und die so sehr gesegneten Bibelstunden bei ihm weiter. J. Penner wurde uns Jungen mit jeder Stunde lieber und teurer, was ihm – und uns – sehr wohltat.

Schließlich ging auch dieser Winter zu Ende. Der Frühling kam und mit ihm auch Onkel Epp und sein

Zug. Onkel Epp hatte viel Arbeit damit, soviel Gemeindeglieder wie möglich wieder zusammenzubringen. Bei vielen gelang es ihm, andere aber zweifelten an der ganzen Sache und zogen sich zurück. Darunter war auch Franz Bartsch. Sie zogen über Taschkent nach Aulie-Alta, wo sie sich in den vier Mennonitendörfern ansiedelten.

Durch den Dienst von J. Penner waren mehrere Mädchen und Jungen zum Glauben gekommen, darunter auch ich. Eines Abends, als ich wieder – wie ich es J. Penner versprochen hatte – „Herr, zeige mir mein Herz!" betete, schlief ich wegen der Hitze draußen in einem Verdeckwagen. Wieviele Male ich es hintereinander betete, weiß ich nicht mehr, aber diesmal kam die Erhörung.

Der Herr zeigte mir mein Herz, und ich erkannte mein Verlorensein in einer Weise, daß ich in meiner Seelenangst aus dem Wagen sprang und in die niedrigen Hügel hinter Sarabulak lief. Dort, in einem kleinen Tal, rang ich die Nacht im Gebet, und als das Morgenrot hereinbrach, geschah in mir ein Wunder, das ich nicht beschreiben kann. In meinem Herzen aber war es, als würde eine Stimme zu mir sagen: „Steh auf, dir sind deine Sünden vergeben, denn sie sind bereits lange gebüßt für dich auf Golgatha durch Jesus Christus!"

Ein unbeschreiblicher Friede erfüllte mein Herz. Ich lief nach Hause. Mein Vater trat gerade aus der Tür, um uns Jungen wie gewöhnlich zu wecken. Doch ich stand schon vor der Tür und überfiel ihn mit einer Umarmung und erzählte hastig und überstürzt, was ich in der Nacht erlebt hatte. Aber irgendwie befremdet meinte er nur: „Na, mein lieber Junge, was das für seelische Erregungen gewesen sind, weiß ich nicht. Du warst doch überhaupt niemals so ein schrecklicher Junge. Deine paar Jungenstreiche waren nicht schlimm. Das macht schließlich jeder Junge. So ist das nun einmal! Daß du dich darüber so aufgeregt hast, verstehe ich nicht."

In dem Moment trat meine Mutter zu uns. Sie hatte unser Gespräch gehört und verstand mich besser. Sie umarmte mich – verständnisvoll und bewegt.

An einem Sonntag wurden wir Neubekehrten auf unseren Wunsch durch die Taufe in die Gemeinde aufgenommen. Nun durften wir auch alle am heiligen Abendmahl teilnehmen. Getauft wurden wir von den Predigern Jakob Töws und Johann Jantzen, dem Bruder meines Vaters.

Die Form der Taufe zu jener Zeit war die Besprengung. Wir, die Getauften, waren alle sehr glücklich, und ich glaube auch heute noch, daß der Herr nicht die Taufform ansieht, sondern das Herz. Wenn ich auch viele Jahre später als Missionar viele Menschen durch Untertauchen taufte, so vor allem deswegen, weil wir meinten, das Symbol der Taufe sei am besten in Römer 6,4 zum Ausdruck gebracht: „Wir sind also mit ihm begraben worden durch die Taufe in den Tod."

Meine türkischen Täuflinge taufte ich sogar, indem ich sie dreimal untertauchte, im Namen des Vaters, des Sohnes und des Heiligen Geistes. Warum? Weil der Mohammedaner nicht an einen dreieinigen Gott glaubt. Durch diese Taufform wurde die Dreieinigkeit Gottes sichtbar und für jeden erkenntlich in das Bewußtsein ihres Herzens gebracht, und durch Gottes Gnade kamen sie zu einer festen Überzeugung. Für mich war allerdings nicht die Form, sondern die Überzeugung des Herzens die Hauptsache; und ich glaube, daß es dies auch beim Herrn ist.

Kapitel 4

# Unter den Jamuden

In dieser Zeit bekam mein Vater einen Brief von General Dreesch in Samarkand. Er teilte uns mit, daß er es durch Vermittlung des Barons von Grottenhelm, General in Fort Petroalexandrowka, erreicht hätte, daß wir an der chiwesischen Grenze, am Amu-Darja, ansiedeln könnten. Der Fürst von Chiwa, Seit Muhametrachim Bagadur Chan, habe sich bereiterklärt, uns als Kolonisten in sein Reich aufzunehmen. Empfehlen würde er allerdings, erst eine Delegation nach Chiwa zu schicken, um alles mit dem Chan zu besprechen.

Hierauf wurden Bruder Riesen, Onkel Epp und mein Vater als Abgesandte gewählt, die mit einem Führer die 1000 Kilometer lange Reise nach Petroalexandrowka und Chiwa antraten.

Die Reise hin und zurück dauerte einige Monate. Alles verlief gut. Baron von Grottenhelm nahm sie sehr freundlich auf und war richtig dankbar, mal wieder deutsch sprechen zu können. Er gab unseren Männern einen guten Dolmetscher und einen Empfehlungsbrief mit. Nachdem sie den Amu-Darja mit dem Boot überquert hatten, erreichten sie nach einem 40-km-Ritt Chiwa, wo sie von dem Chan auch sehr freundlich aufgenommen und bewirtet wurden. Im Laufe der Verhandlung stellte der Chan nur eine Bedingung. Unsere Männer mußten versprechen – keine Schweine zu züchten. Der für die Siedlung vorgesehene Platz lag 160 Kilometer flußabwärts, an dem schiffbaren Kanal Lausan.

Nachdem die Abgesandten alles der Gemeinde berichtet hatten, bekam mein Vater den Auftrag, General Dreesch mitzuteilen, daß wir sofort aufbrechen würden, wenn wir nur wüßten wie. Denn der Weg, den die drei

Männer zu Pferde zurückgelegt hatten, war für Wagen ganz unpassierbar.

Nach ein paar Wochen kam die Antwort: „Fahrt los! An der Grenze von Buchara, bei Schirinchatin, bekommt ihr eine Eskorte bucharischer Soldaten, die euch sicher durch den ganzen bucharischen Staat bis an den Amudarja bringen werden. Dort werden für die ganze Gruppe chiwesische Boote zur Weiterfahrt bereitliegen. Und nun – glückliche Reise!"

So zog denn unsere große Karawane los. Sechzig Familien mit vielen Wagen machten sich auf eine rund 1200 Kilometer lange Reise. Als wir die Buchara-Grenze erreichten, begrüßte uns die buntröckige Eskorte mit einem freundlichen „Assalam aleikum", das heißt: „Friede sei mit euch!"

Unter Führung dieser Eskorte zogen wir nun viele Tage durch das fruchtbare Land Buchara, durch Städte und größere Marktplätze. Überall, wo wir eine Haltestelle erreichten, war bereits reichlich für alles gesorgt: Pferdefutter, Obst in großer Fülle, Eier, Milch, Reis, Mehl, Schaffleisch usw. Und alles sehr billig.

So gelangten wir endlich an die Mündung des Sarafschan, der dort nur noch kleine Bächlein bildet, weil er sein Wasser an unzählige Bewässerungskanäle abgibt, bis er schließlich in den Karan-Kul (Schwarzer See) einfließt. Hier endete unsere Wagenfahrt. Die Wagen wurden zerlegt und mit all unserer Habe auf Kamele verladen. Vierhundertfünfzig Kamele brauchten wir dazu.

Für die Frauen und Kinder wurde eine Art Sänfte gebaut, so daß an jeder Seite des Kamels ein Sitz hing. Vor der Abreise mußten wir noch unsere Tante Wiebe beerdigen.

Nun stiegen alle Männer auf die Pferde, und es ging direkt in die Wüste, die – etwa 160 Kilometer breit – bis an den Amu-Darja führte. Tagsüber war die Hitze so groß, daß man unmöglich reisen konnte. Deswegen ruhten wir am Tage, wobei natürlich die Kamele abgeladen wurden. Wasser gab es fast gar keines. Wenn die Sonne sich dem Westen zuneigte, wurde wieder aufgeladen, und weiter ging es bergauf und bergab, über unzählige Sanddünen. Viele Frauen und Kinder wurden auf den schaukelnden Kamelen „seekrank" und mußten schrecklich leiden. So ging es viele Nächte durch. Diese Nächte waren durch einen großen Kometen, dessen Schweif sich über mehr als den halben Himmel erstreckte, so hell, daß man in seinem Licht gut lesen konnte. Um beim Reiten nicht einzuschlafen, sangen wir oft, unter anderem das Lied „Unser Weg geht durch die Wüste".

Endlich hoben unsere Pferde die Köpfe; sie atmeten frischere Luft und holten mutiger aus. Bald tauchten Bäume auf, wir näherten uns einem Kanal. Wie haben sich da Menschen und Tiere gelabt!

Es war schon fast Abend, da passierten wir einen einsamen Marktplatz – Ilekick genannt –, wo nur Tadschiken wohnen, die allerdings usbektürkisch sprechen. Hinter dem Ort lag der Amu-Darja, und hier warteten schon seit einigen Tagen neun große chiwesische Frachtboote auf uns. Die Kamelführer wurden entlohnt und zogen am anderen Morgen wieder ihrer Heimat zu.

Mühsam suchte nun jeder seine Habe aus dem großen Durcheinander heraus. Allein dafür brauchten wir ein paar Tage. Dann wurde alles auf die Barken geladen. Jede Familie nahm bei ihrer Habe und dem auseinandergenommenen Wagen Platz. Die jüngeren und einige ältere Männer bestiegen wieder die Pferde, nahmen Proviant und Kochgeschirr mit und ritten flußabwärts in Richtung Petroalexandrowka.

Auch ich hätte mitreiten müssen. Aber weil ich entzündete Augen hatte, blieb ich auf dem Boot. Langsam ging die Fahrt stromabwärts. Jedes Schiff hatte außer dem Kapitän sieben Matrosen. Mittags wurde am Ufer gehalten, schnell etwas gekocht, aber gegessen wurde auf dem Schiff. Abends hielten wir an einem freien Ufer, denn zu beiden Seiten wucherte ein üppiger, undurchdringlicher Wald, in dem es von Schakalen, Füchsen und Hyänen wimmelte. Wer konnte, schlief auf Deck, wir anderen schliefen am Ufer. Dabei ließen wir immer große Feuer brennen, um die Tiere abzuschrecken. Aber sie heulten und bellten die ganze Nacht über, so daß keiner viel schlief. Das wurde aber tagsüber auf der Barke, dem Kajuk, nachgeholt.

Am neunten oder zehnten Tag erreichten wir endlich ohne jeden Unfall Petroalexandrowka. Schon von weitem sahen wir am Ufer eine Troika und neben ihr weißgekleidete Personen. Es waren der General, Baron von Grottenhelm, mit seiner Frau und den halberwachsenen Kindern, die uns alle in deutscher Sprache sehr herzlich begrüßten. Vater und die beiden anderen Abgesandten bekamen einen freundlichen Händedruck. Die Reiter mit den Pferden waren auch schon da.

Nun riet uns der Baron, alles einzukaufen, was wir am Lausan zum Bauen brauchten. Denn hier war der letzte Ort, in dem Europäer lebten und es Läden gab. Dieser Rat wurde auch gern angenommen, und jeder kaufte nun Türen, Fenster, Türgehänge, Nägel usw.

Als wir fertig waren, stiegen wir wieder in unsere hochbeladenen Schiffe und fuhren noch weitere 160 Kilometer flußabwärts, bis wir den Lausan-Kanal erreichten. Auch auf dieser Strecke folgten uns die Reiter mit den Pferden durch das Gestrüpp des Urwaldes am Ufer entlang.

Sobald die Barken abgeladen, die Mannschaft bezahlt und entlassen war, gingen wir auf die Suche nach einem geeigneten Platz für unsere Siedlung.

Der Lausan war an beiden Seiten von hohen Dämmen begrenzt. Hinter dem Damm mühten wir uns redlich, die Baustellen vom Gestrüpp freizulegen. Jeder ging zunächst daran, an der geraden Dorfstraße Erdhütten zu errichten. Bauholz und Rohr fürs Dach gab es im Überfluß. Auch an Brennholz – was wir dringend brauchten – fehlte es nicht. Inzwischen war es nämlich recht kalt geworden. Bald saßen alle am warmen Ofen.

Die Pferdeställe wurden aus Rohr gebaut, so daß auch die Pferde bald ein Dach über dem Kopf hatten. Das Futter für die Pferde – Luzernklee – brachten uns die 5 Kilometer flußabwärts wohnenden Usbeken. Ebenso brachten sie uns Lebensmittel wie Mehl, Reis, Öl, Hühner, Eier usw. Alles war sehr billig. Von der anderen Seite des Flusses brachten uns Fischer herrliche Fische. Ein Stör – einen Meter lang – kostete nur 25 Kopeken.

Der Winter verlief für uns ziemlich ruhig, nur nachts störte uns oft das Gebrüll wilder Tiere. Auch ein Tiger ließ sich jede Nacht in unserer Nähe hören. Er wurde schließlich so dreist, daß er oft morgens einen Spaziergang durch die Straße bis ins halbe Dorf machte. Aber er hat weder uns noch ein Pferd jemals angefallen. Seine Majestät hatte augenscheinlich keinen Hunger, gab es doch im Wald genug Wild.

Etwa fünf Kilometer flußabwärts wohnten die Jamuden, auch Turkmenen genannt, die auf den großen waldfreien Weiden ihre Herden – Schafe, Kamele und Pferde – weideten. Die Jamuden waren ein nomadisierendes, räuberisches Volk und wohnten in Zelten. Nie sah man sie unbewaffnet. Jeder besaß ein russisches Rückladegewehr und trug einen Dolch im Gürtel. Neben ihrem eigenen Dialekt sprachen sie auch gut usbektürkisch. Weil ihnen allerdings nicht sehr zu trauen war, hatten wir auf Anordnung der Regierung eine kleine Truppe Soldaten mit drei Offizieren in unserer Nähe, die in drei Zelten wohnten. Bei einem der Offiziere erhielt ich jeden Tag Unterricht in der usbektürkischen Sprache.

Der Winter war sehr kalt, so daß der zwei Kilometer breite Amu-Darja zufror und man mit dem Schlitten darauf fahren konnte. Als im Frühjahr 1883 Tauwetter kam, brach das Eis und trieb zum Teil bis zu unserer Siedlung, wo es den Lauf verstopfte. Der Strom schwoll so hoch an, daß er seine Ufer überschwemmte. Da endlich erkannten wir, wie lebensnotwendig die hohen Dämme waren. Als das Wasser die Eisdecke überflutete, zerbrach das Eis mit donnerähnlichem Getöse in große Stücke, von denen viele über die Dämme weg ins Land flogen. Nach zwei bis drei Stunden sank der Wasserspiegel tiefer als er früher gewesen war. Als wir am nächsten Morgen aus unseren Bettstellen stiegen, standen wir fast bis an die Knie im Wasser. Hier also konnten wir nicht bleiben, und deshalb siedelten wir einen Kilometer weiter auf einem Hügel neu an.

Nun wurde aber alles mit Luftziegeln gebaut, die Wohnhäuser und die Ställe. Aber wir blieben nicht alle zusammen. Etwa zwanzig Familien, die gegen Onkel Epp standen – darunter Onkel J. Töws, Onkel Johann und Heinrich Jantzen und unser lieber Ohm, Prediger J. Penner –, zogen etwa vier Kilometer weiter und bauten sich auf einem anderen Hügel eine Niederlassung, die sie mit einer Mauer umgaben. Unterdessen hatte Jakob, der älteste Sohn von Jakob Töws, meine älteste Schwester Marie geheiratet. Sie wohnten neben unserem Berg.

Die eingeborenen Jamuden ritten oft durch unser Dorf, ohne daß jemals ein Diebstahl vorkam. Deshalb wurde die Bewachungstruppe mit den drei Offizieren zurückgezogen. An unserem Berg hatten wir bereits Gemüse, Kartoffeln und Obst angepflanzt. Alles gedieh gut, und wir freuten uns sehr. Aber da begannen die Jamuden zu stehlen. Sie wußten jetzt, daß wir keine Gewehre hatten. Lief uns doch alles Wild, wie Hirsche, Rehe, Wildschweine, Hyänen, Schakale, vor den Füßen herum, ohne daß jemand danach schoß.

Anfangs stahlen sie unsere Pferde. Dann wollten sie offensichtlich die junge Frau von Heinrich Abrams rauben. Bei dem Versuch, seine Frau zu schützen, wurde er ermordet. Es kam vor, daß sie die Bewohner aus ihren Häusern vertrieben und dann alles mitnahmen, was ihnen gefiel. Es gab kaum noch eine ruhige Nacht. Manchmal versuchten wir Jungen und einige ältere Männer, uns mit selbstgebastelten Lanzen zu verteidigen. Dann lagen unsere Alten bei Onkel Epp auf den Knien und beteten. Kam ich nach solchen Auseinandersetzungen manchmal etwas verwundet nach Hause, mußte ich mir Vaters Strafreden anhören.

Im unteren Dorf, wo die anderen zwanzig Familien wohnten, blieb alles ruhig. Sie hatten sich zwei Uralkosaken gemietet, die auf der russischen Seite des Flusses wohnten. Da wagten die Jamuden keinen Angriff. Aber Onkel Epp wollte davon nichts wissen.

In einer mondhellen Nacht erschienen auf unserem Hof drei Jamudenräuber. Den einen erkannte ich. Wir drei Brüder – Gerhard, Bernhard und ich – hatten heimlich, ohne Vaters Wissen, unsere Lanzen fertiggemacht und standen am Fenster unserer geräumigen Schlafstube. Beim Betreten unseres Hofes gaben sie erst mal drei Schreckschüsse ab. Zwei stiegen vom Pferd und drangen in unseren Stall ein. Dort standen unsere sieben Pferde. Sie banden die Pferde los und führten sie heraus. Der dritte ritt mit schußbereitem Gewehr vor unserem Fenster auf und ab.

Als wir nun sahen, daß sie alle unsere Pferde nahmen, stürzten wir mit Geschrei ins Vorhaus und wollten mit unseren Lanzen verhindern, daß sie die Pferde stahlen. Doch als wir an die Außentür kamen, trat uns der Vater mit strengem Gesicht in den Weg. Zornig herrschte er uns an: „Schämt ihr euch nicht, so dem Übel zu widerstehen? Um nicht die Waffe in die Hand nehmen zu müssen, hat unser Volk ein Land nach dem anderen verlassen, bis wir auf schwierigen Wegen hierher gekommen sind. Und nun müssen wir beweisen, daß wir auch tatsächlich zu unserer Entscheidung stehen. Wollt ihr jetzt mit einem Schlag den Glauben eurer Väter verleugnen? Zurück ins Bett! Solange der alte Gott lebt, der auch den Raub unserer Pferde sieht, wird er uns auch ohne die Pferde nicht verhungern lassen!"

Wir gingen weinend, doch mit innerem Widerstand wieder zu Bett. Aber Vater hatte sein „Wehrlosigkeitsexamen" bestanden. Daß es ihn innerlich viel gekostet hatte, haben Mutter und wir noch lange Zeit spüren können.

Inzwischen bereiteten sich jene zwanzig Familien darauf vor, Chiwa zu verlassen und nach Amerika auszuwandern. In einer Nacht träumte ich, daß ich an unserem Brunnen mitten im Hof stand. Ich schaute in die Richtung des anderen Dorfes. Da sah ich Onkel Jakob Töws auf dem Wege zu uns. Als er an den Brunnen kam, packte er mich bei der Schulter und sagte: „Mein lieber Hermann, du lernst jetzt fleißig die Sprache des Landes. Ich sehe dich im Geist als Missionar unter den Mohammedanern, der ihnen das Evangelium von Jesus Christus verkündigt. Aber du bist noch sehr jung und unerfahren und wirst noch viel Schweres durchmachen, bis dich der Herr auf dem rechten Platz hat, Seinem Willen gemäß."

Ich erzählte meinen Traum am anderen Morgen meiner lieben Mutter; denn sie war meine Vertraute. Was sie darauf sagte, weiß ich nicht mehr. Aber wie groß war mein Erstaunen, als ein paar Tage später Onkel Töws zu mir an den Brunnen kam, meine Schulter ergriff und – genau so wie ich es geträumt hatte – die oben erwähnten Worte aussprach! Meine Mutter stand am offenen Fenster und hörte seine Worte. Zwanzig Jahre später sind diese Worte in Erfüllung gegangen!

Eines Tages kam ein Kosakenoffizier mit einem kleinen Jagdgefolge auf unseren Hof. Er fragte mich, ob hier der Starschina, der Dorfälteste, wohne. Ich antwortete:

„Ja!" und merkte, daß er mich aufmerksam forschend ansah. „Junge, bist du krank?" fragte er mich. „Du siehst so blaß und mager aus." Meine Antwort lautete: „Wie kann man auch anders aussehen, wenn man fast keine Nacht mehr schlafen kann, und am Tage müssen wir in der großen Hitze auf dem Lande arbeiten. Fast jede Nacht überfallen uns die räuberischen Jamuden und stehlen uns die Pferde. Unsere haben sie auch mitgenommen."

Da kam Vater aus dem Hause. Nach kurzem Gruß sagte der Offizier zu ihm: „Ich höre, daß ihr euch von den Jamuden berauben laßt. Habt ihr denn eurem Chan in Chiwa nichts davon gemeldet?" Mein Vater antwortete: „Das mögen wir nicht tun, weil uns Gottes Wort das verbietet. Wir sind wehrlose Leute."

„Gott hat aber die Regierung zum Schutz der Gerechten gesetzt; nur – wie kann sie euch schützen, wenn ihr das nicht meldet? Aber ich weiß jetzt, warum Gott mich hierher geführt hat. Ich werde euch Leute zum Schutz besorgen, damit solcher Unfug aufhört."

Dann ritt er weg. Er jagte noch einige Tage in unserer Gegend und verschwand dann. Vielleicht eine Woche später kam eine Schar chiwesischer Soldaten, an deren Spitze ein feingekleideter Herr ritt. Er war, wie wir später erfuhren, der Minister des Innern von Chiwa, Kassim Diwan. Streng fragte er meinen Vater, ob er der Dorfälteste dieses Dorfes sei; denn die andere Gruppe war in der Zwischenzeit auf dem Weg nach Amerika. Nachdem mein Vater die Frage bejaht hatte, ließ der Herr sein feines, mit kostbaren Teppichen ausgelegtes Zelt in unserem Hof aufbauen. Auch für seine Küche wurde ein Zelt errichtet, wo Tee und herrliche Speisen zubereitet wurden.

Nun lud er Vater und mich – ich sollte als Dolmetscher dabei sein – zu sich in sein Zelt, wo er bereits auf den Teppichen Platz genommen hatte. Wir mußten uns gleichfalls niedersetzen. Dann wurden uns auf einem Tuch Brot, Süßigkeiten und Tee vorgesetzt. Während des Trinkens sagte er dann zu meinem Vater: „Was seid ihr doch für dumme Leute, daß ihr euch von den Jamuden ausrauben laßt. Ja, ihr meldet es nicht einmal der Regierung! Nun müssen wir solche Zustände zufällig von den Russen dort drüben in Petroalexandrowka erfahren. Warum meldet ihr uns so etwas nicht?"

Vater antwortete ihm nun ebenso wie dem Kosakenoffizier. Aber der Minister konnte das einfach nicht begreifen.

Inzwischen hatte Mutter Rollkuchen gebacken, und der Tee war fertig. So lud sie ein, nun zu uns ins Haus zu kommen, damit auch wir unsere Gastfreundschaft beweisen konnten. Der Minister nahm die Einladung an. Er war ein großer Mann und trug die hohe übliche Pelzmütze, wodurch er noch größer wirkte. Im Hause trat er an Mutters Nähtisch, auf dem ihre Nähdose stand. Er spiegelte sich in ihrem Glanz und fragte, wer die Dose gemacht hat. Vater antwortete, daß sein Schwager sie als Geburtstagsgeschenk angefertigt hatte.

„Wie hat der Mann nur das Glas auf der Dose anbringen können? Man sieht keine Naht, gar nichts; es ist alles wie aus einem Stück gemacht. Dabei kann man die Farbe des Holzes gut durch das Glas sehen."

Nach einer Pause fragte er: „Sind unter euch noch mehr solche Männer, die so etwas machen können?" Als Vater das bejahte, meinte er: „Unser Chan Hasrett (Majestät) hat vor einigen Jahren in Petersburg einen großen Parkettflur gesehen, der auch so mit Glas bedeckt war. Nun möchte Hasrett auch gern solchen Parkettflur haben. Darum möchte ich mit euren Usta's (Meister) die Sache besprechen."

Darauf holte mein Vater fünf oder sechs von unseren Tischlern, die er dem Minister vorstellte. Der zeigte auf die Dose und fragte: „Wer von euch hat diese Dose gemacht?“

Da trat Onkel Gerhard Esau vor und sagte: „Ich.“ Er mußte beschreiben, wie er das Glas auf dem Holz angebracht hatte. Onkel Esau erklärte dem Minister, daß es nicht Glas, sondern eine Flüssigkeit war, die man Politur nennt. Das Holz müßte erst ganz glatt gemacht werden, und dann würde die Politur mit Watteballen eingerieben. Dadurch würde das Holz glänzend wie ein Spiegel.

Hierauf wählte der Minister zwei unserer Meister aus, nach Chiwa zum Chan zu reiten und die Nähdose mitzunehmen, um sie dem Chan zu zeigen. Ich sollte als Dolmetscher mitreisen.

Am folgenden Morgen ritten wir in Begleitung seines Sekretärs nach Chiwa, das etwa 150 Kilometer entfernt war. Am dritten Tag kamen wir dort an und wurden von dem Sekretär mitsamt unserem Nähkästchen dem Chan vorgestellt. Der Chan bewunderte es sehr; es gefiel ihm offensichtlich. Zur Nacht brachte man uns bei dem Minister für Bauarbeiten unter. Er hieß Mamut Diwan. Auch unsere Pferde versorgte man gut, und wir wurden fürstlich bewirtet.

Am nächsten Morgen ritt Mamut Diwan auf Befehl des Chan mit uns zum großen Nurlawes (Palast) des Chan, wo der Chan selbst uns einen großen Saal zeigte, der ganz neu war – nur der Fußboden fehlte. Diesen Fußboden wünschte er sich als Parkettflur, und zwar mit Sternen aus hellem und dunklem Holz und dann poliert.

Unsere „Usta's“ versprachen, die Arbeit auszuführen, wenn der Chan das nötige dunkle und helle Holz herbeischaffen ließe. Zudem müsse das Holz trocken sein, und die Politur müsse er von Petroalexandrowka kommen lassen. Der Chan versprach alles, fragte dann aber noch, wie lange die Arbeit dauern würde. Die Meister meinten, mit zehn Arbeitern in sechs Monaten fertig zu sein, allerdings mußte der Boden erst mit gewöhnlichem Holz glatt ausgelegt werden. Die Hauptarbeit aber waren die kleinen Teile für das Sternenmuster.

Nachdem der Chan allem zugestimmt hatte, fügte er noch hinzu: „Euer ganzes Dorf mit allen vierzig Familien werde ich hierher nach Ak-Metschet in einen großen Park meines Bruders bringen lassen. Da könnt ihr für euch Häuser bauen und ruhig leben; denn hier sind keine Räuber."

Kapitel 5

# Ak-Metschet und Aulie-Ata

Nachdem alle Besprechungen mit dem Chan abgeschlossen waren, kehrten der Sekretär und wir alle in unser Dorf zurück. Während unserer Abwesenheit war der Minister auf der Jagd gewesen und hatte sehr viele Fasanen und Enten erlegt. Was er und seine Leute nicht brauchten, schenkte er unseren Leuten. Nachts wurden Wachen aufgestellt, und es gab keine Überfälle mehr.

Sehr bald kamen mehrere hundert hochrädrige Karren mit ihren Fahrern an, die den Befehl hatten, uns mit all unserer Habe nach Ak-Metschet bei Chiwa zu bringen. Die Fuhrleute waren Bauern aus den umliegenden Dörfern. Es dauerte nur ungefähr zwei Wochen, da waren wir mit all unserer Habe, einschließlich Bauholz und Rohr, in Ak-Metschet. Nichts fehlte.

Wieder begannen wir mit dem Bau neuer Häuser. In dem großen, mit hohen Mauern umgebenen Park des Fürsten, in dem viele Aprikosen- und Pfirsichbäume standen, wurden die Häuser in einem großen Viereck erbaut, so daß in der Mitte ein geräumiger, freier Platz blieb. Hierher bauten wir die Kirche, die Schule und die Lehrerwohnung.

Zur selben Zeit begannen vierzehn unserer Leute mit der Arbeit am Parkettboden. In etwa fünf Monaten wurde die Arbeit beendet. Inzwischen hatten auch die Frauen alle möglichen Arbeitsaufträge vom Fürsten für seinen großen Haushalt erhalten; denn wie in Asien üblich, hatte auch er viele Verwandte bei sich wohnen.

In diesem Jahr, 1883, beherrschte ich die usbektürkische Sprache bereits so gut, daß ich nach unserer Ankunft in Ak-Metschet von dem Fürsten Chan Seit-Muhametscha-Sim Bagadur als Dolmetscher angestellt wurde. Die Stadt Chiwa war von unserem Dorf nur etwa sechs bis sieben Kilometer entfernt, so daß ich tagsüber am Hof des Chan war und abends heimritt. Der Chan hatte mir einen Zuchthengst geschenkt, einen Gängler oder Paßgänger. Sonntags blieb ich daheim. Neben dem weiteren Studium der Sprache bekam ich auch Unterricht im Koran – der mohammedanischen Bibel – und anderen Schriften.

Leider gab es aber in der Gemeinde immer wieder neue Zwistigkeiten, was meinem geistlichen Leben sehr schadete. Wir Jungen konnten unsere Eltern in diesem Punkt einfach nicht verstehen, was natürlich die Eltern sehr schmerzte. Schließlich wurde Onkel Epp das Sprechen in der Kirche verboten, und so blieb er mit nur zehn Familien allein. Zu diesen zehn Familien gehörten auch meine Eltern. Wir, vier Brüder und eine Schwester, inzwischen alle verheiratet, blieben in der Kirche. Deswegen wurden wir von Onkel Epp scharf verurteilt. Unsere Eltern mußten auch dazu ihren Segen geben, was tiefe Wunden in unsere Herzen schlug. Wie tief, das weiß der Herr allein.

Ähnlich erging es allen Familien, die in der Kirche blieben. Reich waren wir 1880 aus unserer schönen Heimat Hahnsau nach Asien ausgezogen. Vater hatte seine drei Vollwirtschaften verkauft und diesem Irrsinn geopfert. Nun standen wir alle bettelarm da. Zur Ehre des Herrn und unseres Heilandes sei aber gesagt: Bitter sind wir nie unseren Eltern gegenüber geworden, dazu hatten wir unsere Eltern viel zu lieb. Doch Onkel Epp gegenüber hat es mich sehr viel Kampf gekostet.

Alle diese Mißverhältnisse, dazu das glanzvolle und lose Leben auf dem Hofe des Chan, schadeten meinem geistlichen Leben so sehr, daß ich dort nicht länger bleiben durfte. So zog auch ich mit meiner jungen Frau und unserem zweijährigen Söhnchen Abram und noch drei Familien im Jahre 1890 nach Aulie-Ata. Dort hatten sich inzwischen mehrere hundert Familien in vier Dörfern angesiedelt. Sie hatten sich bereits 1881 von Onkel Epp getrennt.

Kaum dort angekommen, merkten wir, daß auch dort Streitigkeiten ausgebrochen waren. Hier stritt man um die Untertauchungsfrage bei der Taufe. Und so kam es auch hier zum Bruch und zur Teilung. Dadurch bildeten sich die Mennoniten-Kirche und die Mennoniten-Brüdergemeinde.

Durch alle diese Erfahrungen hatte ich noch mehr innerlich Schaden genommen und wurde von allem Geistlichen abgezogen. Wir überwinterten im Dorf Nikolaipol im Hause von Jakob Janzen, einem Vetter meines Vaters. Sein Sohn Peter, mit mir im gleichen Alter, war auch verheiratet und wohnte mit uns im selben Haus. Onkel Janzen wohnte zwei Kilometer entfernt in einer Wassermühle. Peter und ich arbeiteten täglich in der Mühle. Der jüngste Sohn Abram war zu der Zeit noch ein Schuljunge, aber man konnte schon damals den zukünftigen Prediger in ihm erkennen.

Im folgenden Frühjahr wurde von der Regierung ein neuer Dorfplan entworfen. So zog ich mit Peter und noch zehn anderen verheirateten jungen Leuten aus den vier Dörfern aus, um eine neue Siedlung aufzubauen, die den Namen Orloff erhielt. Sehr bald schon merkte ich, daß mein Geld zum Aufbau einer Wirtschaft nicht ausreichte. Wohl waren Haus und Stall unter Dach gekommen, aber nun war das Geld zu Ende, und ich wußte nicht, wie es weitergehen sollte. Weil aber der Lebensunterhalt dort sehr billig war, konnten wir uns zur Not über Wasser halten.

In diesem kritischen Moment besuchte uns unser Kreischef Kalauer, um nachzusehen, wieweit die jungen Mennonitenbauern mit dem Aufbau waren. So kam er auch zu mir. Er sah, daß der Bau unfertig dalag und sagte: „Nun, Brüderchen, scheinbar ist dein Geld zu Ende, und du kannst den Bau nicht weiter ausführen?"

„So ist es, Euer Hochwohlgeboren", antwortete ich.

„Wo hast du die russische Sprache gelernt?"

„In unserer Privatschule an der Wolga."

Er selbst hatte drei Dolmetscher mit, denn im Aulie-Ata-Kreis wurden drei Sprachen gesprochen. Mit diesen Dolmetschern begann ich in ihren Sprachen ein Gespräch. Ich hatte ja alle auf dem Hof des Chan gelernt. Verwundert und erstaunt hörte der Kreischef zu.

Nach einiger Zeit sagte er zu mir: „Dir fehlt Geld zum Bauen. Ich werde für dich sorgen, indem ich dich als Förster in unserem Kreis anstelle. Da bekommst du Gehalt genug, um den Bau zu vollenden und zu wirtschaften. Doch dafür mußt du hier in den Bergen umherreisen und die Wälder inspizieren."

Ich wandte ein: „Ich habe keine Försterschule besucht, wie kann ich da Förster werden?"

„Ich gebe dir Bücher. Daraus kannst du alles lernen. Hinzu kommt noch die Praxis, und was mir das wichtigste ist: Du brauchst keinen Dolmetscher."

So wurde ich Förster und drei Jahre später, nach abgelegtem Examen, Oberförster. Das war 1895. Von der Gemeinde wurde ich, als Staatsbeamter, sofort ausgeschlossen, obwohl ich diese Stellung ja nur angenommen hatte, weil ich in so großer Not war. Aber das ließ niemand gelten, was mich noch mehr verbitterte.

Als Oberförster waren mein Gehalt, aber auch meine Verantwortung sehr gestiegen; denn ich hatte zehn untergeordnete Beamte in den verschiedenen Bezirken zu beaufsichtigen und ihren Dienst zu überprüfen. Außerdem mußten wir nicht nur die Wälder beaufsichtigen, sondern auch die Weideverteilung unter den nomadisierenden Kirgisen und den anderen Stämmen in den uns umgebenden Bergen des Tienschan-Gebirges durchführen.

Kapitel 6

# Eine Verschwörung und deren Folgen

Eines Abends kamen drei Schulzen zu mir, die etwa 100 bis 150 Zeltbewohner unter sich hatten. Es waren Kirgisen, aber ich hatte sie als ehrliche Männer kennengelernt.

Sie meldeten mir ein „großes Geheimnis“. Aus Fergana, der früheren mohammedanischen Hauptstadt Kokand, sei Israelchanture gekommen, der Bruder des früheren Chans Chudarjarchen. Er würde die Botschaft verbreiten, daß Gott ihm geoffenbart habe, die Zeit sei da, daß er die Mohammedaner des früheren Fürstentums von den Russen befreien müsse. Auf diese Weise – so meine Besucher – würde Israelchanture das Volk in den Bergen zum Aufstand gegen die Russen aufwiegeln. Er gebe sich als Heiliger aus, trage die heilige Pilgerkleidung, den langen, aus Kamelhaaren gewebten Kaftan (Mantel) und den roten Fez mit dem weißen Turban darüber. Diese Kleidung darf kein Laie, vor allem kein Kirgise, tragen.

Außerdem berichteten mir die Männer, daß der Fürst Israelchanture Ischan (Heiliger) große Bogen Papier mit sich trage, mit sehr vielen Unterschriften, Stempeln und Fingerabdrücken von leitenden Männern der großen Städte Namangan, Margelan, Andischan, Osch, Orotube und Chodschent sowie vielen größeren Marktplätzen. Auch das ganze Gebiet von Aulie-Ata auf der südlichen Seite der Tienschan-Gebirge gehöre dazu. Sie fühlten sich nun als getreue Beamte verpflichtet, mir das alles zu melden.

Nachdem ich mir alles angehört hatte, antwortete ich ihnen, daß dies eine ernste politische Sache sei und daß sie dies selbst an unseren Kreischef Kalauer schriftlich melden müßten. Darauf entgegneten sie, daß sie dies nicht könnten, weil sie nur der türkischen Sprache mächtig seien. Würden sie nun den Bericht in dieser Sprache abfassen, so müßte der Dolmetscher Bekschurof das ins Russische übersetzen. Weil er aber selbst mit in dem Aufstandskomplott sei, so würde er ja die ganze Sache verraten. Deswegen sollte doch ich den Bericht in russischer Sprache schreiben. Sie würden dann das Schriftstück unterzeichnen, mit ihrer Namensunterschrift und dem Amtssiegel.

Diesen Wunsch erfüllte ich ihnen und schickte sie dann mit dem Bericht zum Kreischef nach Aulie-Ata.

Als sie fort waren, zog ich mich wie ein Kirgise an und ritt in die Berge zur Kunischtak-Schlucht, wo sich Israelchanture aufhalten sollte. Dort fand ich ihn auch in einem großen Aul (Zeltgruppe), zusammen mit vielen reichen Häuptlingen.

Ich stieg ab und trat ins Zelt. Da saß der Ischan in seiner heiligen Kleidung, dem Pilger-Ornat, auf herrlichen Teppichen. Viele der Hauptleiter standen um ihn herum. Sie wollten gerade ihre Zusammenkunft eröffnen.

Ich verneigte mich und grüßte nach ihrer Sitte mit „Assalam alleikum tachsir", d.h. Friede sei mit Eurer Hoheit. Hierauf nötigte mich der Chan, neben ihm Platz zu nehmen. Ich nehme an, daß meine noble Kirgisen-Fuchspelzmütze diese Aufforderung bewirkte, wie wohl auch meine kirgisische Kleidung. Ich folgte seiner Aufforderung, nahm neben ihm Platz, und wir wechselten einige Worte miteinander. Dann sagte er: „Ihrer blauen Augen wegen müßten Sie ein Russe sein. Aber Sie sprechen die usbektürkische Sprache so gut, daß Sie wohl trotz ihrer blauen Augen ein Tatar sind."

Darauf wandte er sich an die anderen und sprach über Gottesoffenbarungen, nach denen er das mohammedanische Volk Ferganas und, wenn möglich, ganz Turkestan vom russischen Joch befreien müsse. Dann zeigte er seine Papiere mit den vielen Sempeln und Unterschriften und drang nun darauf, daß jeder Muselman, das ist jeder rechtgläubige Mohammedaner, nun hier unterschreiben müsse, um dann zur gegebenen Zeit mit allen Muselmanen zusammen die Ungläubigen, d.h. die Russen, zu verjagen. Betont wurde noch, daß von mir, als einem Tataren, diese Unterschrift nicht erwartet wird.

Ich hatte genug gehört und verschwand so still, wie ich gekommen war. Eilends ritt ich nach Hause.

Nach drei Tagen kamen die Schulzen aus der Stadt zurück und teilten mir mit, daß der Natschalnik (Kreischef) Kalauer sehr böse geworden war und sie angeschrien hätte: „Fünfundzwanzig Jahre bin ich Chef hier im Aulie-Ata-Kreis gewesen, und noch niemals hat es einen solchen Unfug gegeben. Ich glaube nichts von allem, was ihr da meldet. Da steckt etwas anderes dahinter, und zwar euer persönlicher Haß gegen den Ischan."

Alle Gespräche Kalauers mit den Schulzen mußte der Dolmetscher Bekschurof übersetzen. Dann gab der Chef den Schulzen den schriftlichen Befehl, den Ischan mit seinen acht Getreuen, die ständig mit ihm ritten und aus Fergana stammten, zu verhaften und in das Gefängnis einzuliefern.

Zehn Tage haben sie in den Bergen suchen müssen, bis sie den Ischan mit seinen Leuten fanden und dann zur Stadt brachten. Es stellte sich nämlich heraus, daß der Dolmetscher schon während des Verhörs der Schulzen heimlich einen Eilboten zum Ischan gesandt hatte, um ihn zu warnen.

Nachdem der Ischan und seine Getreuen im Gefängnis waren, übergab Kalauer die weitere Untersuchung seinem Stellvertreter, dem Hauptmann Lascheschnikof. Inzwischen verließen in unseren, aber auch in den großen russischen Dörfern die kirgisischen Knechte und Arbeiter ihre Arbeitsplätze mit der Drohung: „So wie wir bei euch gearbeitet haben, so werdet ihr nun bald bei uns arbeiten, denn unser Befreier ist gekommen."

Eines Tages kam Hauptmann Lascheschnikof zu mir, aber ohne Dolmetscher. Er wollte feststellen, welche Wirkung die Hetze des Ischan unter den Kirgisen ausgelöst hätte. Seinem Dolmetscher könne er nicht trauen. Deswegen sollte ich mit ihm zusammen in den Bergen die Aufstandssache unter den Kirgisen untersuchen. Mir kam das lächerlich vor, und ich sagte, daß ihm das wenig helfen würde. Aber weil er es so dringend wünschte, willigte ich ein. Und so zog ich mit ihm in die Berge.

Wir besuchten einige berüchtigte Auls, ohne auch nur irgendeinen Hinweis auf den Aufstand zu finden. Darauf riet ich ihm, bei den Bauern in dem großen Dorf Dimitrofka und in anderen Dörfern nachzufragen, dann würde er mehr über das Verhalten der Kirgisen hören. Daraufhin verhörte er in mehreren Dörfern Bauern. Alle Aussagen lauteten gleich. Die Bauern erklärten, daß alle Kirgisen sie mit der bekannten Drohung verlassen hätten. Lascheschnikof kehrte mit diesem Wissen in die Stadt zurück.

Inzwischen hatte Kalauer die drei Schulzen siebzehn Tage lang von morgens bis abends zum Verhör in seinem Kabinett, bis sie mürbe wurden und ein von Kalauer angefertigtes Schriftstück unterschrieben und mit den notwendigen Stempeln versahen, in dem es etwa hieß: „Wir drei Schulzen von den Auls hatten einen persönlichen Haß gegen den früheren Prinz Israelchanture und wußten nicht, wie wir uns rächen sollten. Weil nun der Herr Förster Jantzen unser guter Freund ist, fragten wir ihn um Rat. Er sagte uns: ‚Da der Prinz eine hohe Persönlichkeit ist, könnt ihr euch durch nichts besser rächen, als ihn zu beschuldigen, daß er einen Volksaufstand plant.'"

Nachdem sie das Schriftstück unterschrieben und gestempelt hatten, ließ Kalauer sie ins Gefängnis abführen. Dann kam ich an die Reihe. Er ließ mich in die Stadt kommen und las mir die Aussagen der Schulzen vor. Dann sprang er wütend auf, bekreuzigte sich vor der Ikone und schwor: „So wahr ich mich hier vor deinen Augen vor dem Heiligenbild bekreuzige, so wahr werde ich dich auf den langen Weg nach Sibirien bringen." Ich mußte ihm meine Amtsabzeichen übergeben und war entlassen.

Aber damit nicht genug. Er schrieb außerdem noch an alle Schulzen, Oberschulzen und Kirchenältesten einen strengen Brief, der von der Kanzel allen Bürgern vorgelesen werden sollte: „Der Förster Jantzen hat einen vollkommen unschuldigen Prinzen von Fergana, Israelchanture, politisch verdächtigt. Doch ich habe den Beweis in Händen, daß der ehemalige Förster Jantzen, um den drei Aul-Schulzen einen Gefallen zu tun, das alles erlogen und frei erfunden hat. Nichts stimmt an den Gerüchten über eine Revolte. Das ist allen Bürgern von der Kanzel bekanntzugeben. Niemand darf Jantzen in Zukunft mehr grüßen."

Schließlich bekam der Schulze unseres Dorfes Orloff noch den Befehl, einen Gemeindebeschluß mit der Bitte an Kalauer zu richten, die Gemeinde von dem Lügner Jantzen zu befreien. Das Schriftstück sollte die Unterschrift aller Bürger tragen. Nun – dies hat unsere Gemeinde Orloff, wo von den 125 Bürgern die Hälfte Lutheraner waren, nicht getan. Sie begründeten ihre Weigerung damit, daß am Verhalten der Kirgisen in letzter Zeit deutlich zu erkennen gewesen wäre, wie sehr sie gegen die Russen aufbegehrten. Außerdem ließen sie sich von Kalauer nichts vorschreiben.

Etwa eine Woche vor Ostern ging Hauptmann Lascheschnikof selbst ins Gefängnis, um den Ischan zu verhören. Dabei gelang es ihm, aus dem Stiefelschaft des Ischan einen in mohammedanischer Sprache geschriebenen Brief zu ziehen, der an den Dolmetscher Bekschurof gerichtet war. Darin hieß es:

„Sehr geehrter Herr und Bruder Bekschurof! Ich habe von außen Bericht erhalten, daß unsere Sache doch klappt. Vorgesehen ist, daß unsere Leute am Morgen des Ostersonntags die Stadt und die Kaserne in Aulie-Ata überfallen, weil dann die Soldaten auf Befehl in der Kirche sein müssen. Unsere Leute bemächtigen sich der Kaserne mit allen Waffen, und dann geht es gegen alle Nichtmohammedaner. Da Sie als Dolmetscher europäische Kleidung tragen, könnte es sehr leicht geschehen, daß Sie in der Menge ums Leben kommen. Darum rate ich Ihnen, am Ostermorgen mit Ihrer Familie beizeiten die Stadt zu verlassen."

Herr Lascheschnikof hatte nun einen unwiderlegbaren Beweis von dem geplanten Aufstand in Händen. Aber er mußte diesen Brief seinem Vorgesetzten Kalauer übergeben. Der erschrak natürlich. Was war nun zu tun, um das Unglück zu verhindern?

Herr Lascheschnikof kam zu mir, um meinen Rat einzuholen. Ich sagte ihm, daß es meiner Meinung am besten sei, alle Aul- und Wolost-Schulzen in einer Nacht gefangenzunehmen. Dann nämlich hätten die Aufständischen keine Anführer mehr, und nichts würde geschehen. Kalauer gegenüber aber sollte er so tun, als sei das seine Entscheidung und kein Rat von mir. Genau das machte er, und der Aufstand unterblieb.

Inzwischen aber hatte Kalauer die ganze Affäre an seine übergeordnete Behörde in Taschkent, der Hauptstadt Turkestans, weitergegeben. Also kamen von dort hohe Untersuchungsrichter, vor denen der Ischan, die drei Schulzen und auch ich mehrmals erscheinen mußten. Schließlich kam sogar das höchste Gericht aus Taschkent, um das Urteil zu sprechen. Mir fiel natürlich auf, daß keiner meiner achtzehn Entlastungszeugen aufgerufen wurde. Ich protestierte – ohne jeden Erfolg. Das Urteil wurde gefällt. Es lautete für mich auf zwölf Jahre Verbannung in Sibirien, weil ich angeblich eine „falsche Hochverratsanklage gegen einen Prinzen von Fergana, Israelchanture Ischan, ausgesprochen" hatte.

Dieses Urteil sollte ich unterschreiben. Ich weigerte mich und verlangte auf Grund der mir zustehenden sechsmonatigen Berufungsfrist eine Revision des Urteils. Die wurde mir auch vom Gericht zugestanden. Während der Ischan freigesprochen wurde, mußten die drei Aul-Schulzen anderthalb Jahre Gefängnisstrafe antreten, für „falsche Angaben" – und eben die hatte ja Kalauer von ihnen erzwungen.

Damit war der Prozeß beendet. Polkownik Kalauer hatte gesiegt. Bedrückt und niedergeschlagen kehrte ich in mein Quartier zurück, wo auch unsere Mennoniten stets einkehrten. Gerade in diesen Tagen waren viele da. Den Gerichtsspruch hatten sie bereits erfahren. Abweisende, befremdete Blicke trafen mich.

Am Abend, als wir um den großen Tisch saßen und Tee tranken, erschien ein Sartenjunge und fragte mich, ob ich Jantzen sei. Ich nickte und darauf reichte er mir einen Brief mit den Worten: „Ich muß Sie zum Kreisnotarius Wassiljew bringen."

In einem Nebenzimmer las ich zunächst den Brief, der von einem Grafen Antischkof geschrieben war. Er bat mich, mit dem Überbringer des Briefes sofort zu ihm zu kommen. Er sei Mitglied des hohen Gerichtes und bei Wassiljew einquartiert. In meinem eigenen Interesse sollte ich diesem, seinem Wunsch folgen.

Dieser Aufforderung folgte ich sofort. Bei Wassiljew, auch ein alter Bekannter von mir, traf ich den Grafen und noch einen anderen Herrn. Alle drei begrüßten mich überaus freundlich. Ich mußte mich zu dem Grafen setzen, der mir sagte:

„Herr Jantzen, ich habe mich sehr darüber gefreut, daß Sie sich so hartnäckig weigerten, das Urteil zu unterschreiben und dadurch die rechtmäßige Berufungsfrist von sechs Monaten gewannen. Ich bin nur ein ganz junger Jurist aus Petersburg. Als Mitglied vom Oblastnoi-Gericht für Turkestan wurde ich hierher geschickt. Mich hat die Geschichte des Ischan persönlich interessiert, ich habe sie gut studiert und herausgefunden, daß man Sie schändlich betrogen hat. Warum man das gemacht hat, weiß ich noch nicht.

Ich habe nun eine Appellation geschrieben, die an drei Adressen gehen soll. Sie enthält einen Bericht über die ganze Geschichte und die Forderung, daß der Prozeß neu aufgenommen werden soll, und zwar unter Einschluß der achtzehn Zeugen, die nicht verhört wurden. Ein Exemplar ist an Seine Kaiserliche Hoheit, den Zaren, gerichtet. Das zweite Exemplar an den Senat und das dritte an das Oblastnoi-Gericht, mit dem Sie bereits Bekanntschaft gemacht haben. Am Ende jedes Schriftstückes habe ich darauf hingewiesen, daß noch zwei Exemplare an andere Instanzen gehen. Damit möchte ich verhindern, daß die Sache auf die lange Bank geschoben wird. Denn sechs Monate sind schnell 'rum. Wenn Sie nun die drei Schriftstücke unterschreiben, werde ich dafür sorgen, daß sie unverzüglich befördert werden."

Erleichtert unterschrieb ich die Petitionen und dankte dem Grafen. Doch er wollte von keinem Dank etwas wissen, sagte vielmehr: „Ich habe von Herrn Wassiljew und anderen gehört, daß Polkownik Kalauer Sie von Ihrem Försterposten abgesetzt hat und Sie außerdem auf allerlei Weise verfolgt, obwohl die ganze Stadt Aulie-Ata Sie als ihren Retter vor dem mohammedanischen Aufstand ansieht. Deswegen möchte ich Ihnen empfehlen, daß Sie, um den Verfolgungen Kalauers zu entgehen, einstweilen eine Försterstelle im Taschkenter Gebiet annehmen. Für eine Anstellung dort werde ich sorgen. Doch erst müssen wir den Prozeß beenden, damit Sie freigesprochen werden."

Hierauf verabschiedete ich mich und ging in mein

Quartier zurück. Heute noch bin ich mir ziemlich sicher, daß ich in dieser Nacht gut geschlafen habe.

Als ich nach Hause kam, fand ich meine Frau in großer Sorge und Angst. Das Gerichtsurteil über meine Verbannung nach Sibirien war noch vor mir nach Orloff gelangt. Viele Mennoniten, aber auch die Lutheraner kamen, um mir ihre Teilnahme zu bezeugen. Doch vermied ich es zunächst, mich in den vier anderen Dörfern zu zeigen. So vergingen zwei bis drei Monate, ohne daß irgend etwas passierte. Die Kirgisen-Arbeiter kamen wieder wie früher zur Arbeit. Dem Ischan und seinen acht Getreuen hatte Kalauer Auslandspässe besorgt, mit denen sie nach Kaschgar in Chinesisch-Turkestan verschwunden waren.

Da kam plötzlich die Nachricht, daß die drei Troikas mit den hohen Gerichtsbeamten wieder wegen des Jantzen-Prozesses nach Aulie-Ata gekommen seien. Kurz danach wurde ich – zusammen mit den achtzehn Zeugen – aufgefordert, im Gericht zu erscheinen. Alle Zeugen wurden verhört, und ich wurde freigesprochen.

Abends mußte ich wieder zu Wassiljew kommen, wo ich von dem Grafen mit großer Freude begrüßt und beglückwünscht wurde. Außerdem drückte er mir eine Anstellungsurkunde für den Forstdienst in den Bergen um Taschkent in die Hand. Alles hatte er bei dem Kreischef in Taschkent, Herrn Kisselof, fertiggemacht. Es kamen noch viele Bürger der Stadt und bekannte Förster, um mir zu gratulieren. Ich aber wollte nichts als nach Hause, um mit meinen Lieben ein Dankesfest zu feiern.

Eines möchte ich an dieser Stelle freilich noch bemerken. Obwohl ich mich im Gewissen als ein Abgewichener fühlte, obwohl ich den inneren Frieden verloren hatte – niemals habe ich in all den Jahren das Gebet vergessen, und viele Gebete hat der Herr trotz meiner Irrwege erhört. Morgen- und Abendandacht habe ich so viel wie möglich gehalten, schon weil ich es von Jugend auf nicht anders gewohnt war.

Nun mußte ich mich schnellstens fertigmachen, um auf meinen neuen Posten nach Taschkent zu kommen. Meine Frau und Kinder blieben vorläufig in Orloff. Mit einem Wagen fuhr ich zu dem mir angewiesenen Forstdistrikt im Newisch Parkenter Wolost, etwa 90 Kilometer von Taschkent entfernt, im Hindukusch-Gebirge.

Die Bevölkerung bestand da fast ausschließlich aus Tadschiken. Sie hatten ihre eigene Sprache und wohnten in geschlossenen Dörfern, die von Weinbergen umgeben waren. Den Waldbestand bildeten vornehmlich Walnußbäume, Zedern und wilde Obstarten. Weil kein Eingeborener ein Gewehr besitzen durfte, gab es in den Bergen sehr viel Wild: Wildschweine, Rehe, Bergschafe und Steinböcke.

Das Tadschikenvolk ist ziemlich wild und rachsüchtig. Hier erinnerte ich mich an Matthäus 5,5 und begegnete diesen Menschen mit größtmöglicher Sanftmut. Nach einem Jahr wußte ich, daß dieses Wort wahr ist; denn ich hatte das Vertrauen des ganzen Stammes in den sechs großen Dörfern meines Distrikts gewonnen. Ich war begeistert von der Jagd, wurde ein leidenschaftlicher Jäger und habe in den Jahren, die wir dort lebten, viel Wild geschossen.

Vier Monate nach meiner Ankunft kamen auch meine Frau und die Kinder. Im Dorf war es im Sommer sehr heiß. Deshalb wohnten wir in den heißen Monaten in einem geräumigen Zelt in den kühleren Regionen der Berge. Leider erkrankte meine Frau im dritten Jahr so schwer, daß ich sie mit unseren Kindern nach Aulie-Ata zurückschicken mußte. Immerhin eine Reise von 490 Kilometern. Einer ihrer Brüder brachte sie auf einem bequem eingerichteten Wagen dorthin. Ich begleitete sie etwa hundert Kilometer und kehrte dann allein auf meinen Posten zurück.

Am folgenden Tag erschien ein berittener Dschigit (Eilbote) und überreichte mir ein großes Schreiben vom Oblastnoi (Kriegsgouverneur) in Taschkent, das den Befehl enthielt, sofort mit dem Dschigiten in seine Kanzlei zu kommen. Ich sollte eine Auskunft über politische Angelegenheiten geben. Als ich das las, krampfte sich mein Herz voller Angst und Schrecken zusammen. Was war nun wieder los? Ich war doch gerade erst einer politischen Schlinge entronnen, und nun kam schon die zweite. Doch mir blieb nichts anderes übrig: Ich mußte nach Taschkent.

Also bestieg ich mein Pferd und ritt am nächsten Tag los. Von dem Adjutanten Seiner Exzellenz wurde ich in der Hauptkanzlei des Kriegsgouverneurs sehr freundlich empfangen. Etwas erleichtert setzte ich mich. Da hörte ich den Adjutanten sagen:

„Ob Sie schon von dem schrecklichen Ereignis gehört haben, das vor vier Tagen, am 19. Mai, in Andischan geschah, weiß ich nicht. An dem Tag ist eine vieltausend zählende Menschenmenge – aufgehetzt durch einen Israelchanture Ischan – überraschend in die Stadt eingedrungen und hat alle Europäer, Nichtmohammedaner ermordet – etwa 15 000 Menschen.“[4] Ich erwiderte: „Wer sollte mir das wohl in den Bergen mitteilen?“

Da berichtete er weiter, daß auch die Garnison abgemetzelt wurde. Irgendwie war über Namangan die Kunde von dem schrecklichen Geschehen nach außen gedrungen. Darauf wurden die Garnisonen in Namangan, Margelan und Kokand nach Andischan entsandt. Nach schwerem Kampf hatte man den Ischan mit hundert Mann gefangengenommen. Jetzt forderte mich der Adjutant auf, zum Gouverneur zu gehen.

Als wir das Zimmer des Gouverneurs betraten, erhob sich Seine Exzellenz hinter dem Schreibtisch, kam mir entgegen, fragte nach meinem Namen, ergriff meine

Hand und sagte: „Sie wissen ja nun schon, worum es sich handelt." Dann meinte er:

„Es ist doch entsetzlich, was dort in Andischan passiert ist. Nun bin ich noch kein Jahr hier im Dienst und erwarte in diesen Tagen meinen Chef aus Petersburg, der eine Inspektionsreise in Turkestan macht. Und jetzt muß das geschehen! Weil ich die Verantwortung für die Ruhe und Ordnung in diesem Gebiet habe, bringt mich der unglückliche Aufstand in Andischan in allergrößte Schwierigkeiten. Ich weiß mir einfach keinen Rat! Nun habe ich herausgefunden, daß Sie bereits vor vier Jahren diesen Ischan als einen Aufrührer gemeldet haben. Er kam ins Gefängnis, wurde aber später vom Oblastnoi-Gericht freigesprochen. Jetzt hat es sich gezeigt, daß Sie doch recht hatten. Deshalb meine Bitte: Helfen Sie uns auf die rechte Spur, um diese Sache aufzuklären."

Da übermannte mich meine alte Bitterkeit, und ich sagte: „Exzellenz, ich habe damals als Beamter nur meine Pflicht getan. Und wenn das hohe Gericht den Ischan dann doch freiläßt, was kann ich dafür? Wenn sich Eure Exzellenz bei dem hohen Gericht über die tatsächlichen Hintergründe informieren würden, dann würden Sie vielleicht auf die rechte Spur kommen."

In dem Moment ging eine Nebentür auf, und der erste Sekretär Seiner Exzellenz, Herr Ilinski, trat ein. Er wandte sich an den Gouverneur und sagte: „Exzellenz, ich habe alles gehört, was hier gesprochen wurde, und da Herr Jantzen ein alter Freund von mir ist, bitte ich Eure Exzellenz: Übergeben Sie mir Freund Jantzen. Ich werde alles mit ihm besprechen, und die Sache kommt in Ordnung."

Mit einem „Ladno!", d.h. „gut!", wurden Herr Ilinski und ich entlassen. In seinem Amtskabinett nahmen wir Platz, und Herr Ilinski ließ Tee und Erfrischungen bringen. Dann sagte er: „Lieber Freund Jantzen! Ich habe gemerkt, daß Sie noch darüber erbittert sind, weil Sie vor vier Jahren so schmählich vom Gericht behandelt worden sind. Wäre ich in Ihrer Situation, ginge es mir wahrscheinlich auch nicht anders. Aber damit erreichen wir gar nichts. Viel besser wäre, in die Geschehnisse vor vier Jahren endlich das rechte Licht zu bringen und den Aufstand zu erklären. Diese Sache trifft ja unseren Gouverneur zu Unrecht, weil er doch damals überhaupt nicht hier war. Er muß sich nun für Unruhen verantworten, für die er doch nichts kann. Seien Sie also so freundlich, und helfen Sie uns, um die Angelegenheit zu klären."

Darauf erwiderte ich: „Diese ganze Ischangeschichte und ihren Verlauf habe ich vor vier Jahren für meine Kinder in einem Tagebuch mit allen Daten niedergeschrieben. Das könnte Ihnen ja vielleicht helfen. Freilich habe ich am Schluß für meine Kinder ein paar Bemerkungen gemacht, die Ihnen als Russe wohl nicht gefallen dürften. Deswegen ist es wohl besser, ich lasse das Tagebuch nicht in fremde Hände kommen."

Herr Ilinski fragte: „Darf ich als Ihr alter Freund die Bemerkung an Ihre Kinder, die ja an sich nichts mit der Ischangeschichte zu tun hat, wissen? Im voraus gebe ich Ihnen mein Ehrenwort, daß diese Bemerkung niemals und nirgendwo von mir erwähnt werden soll."

„Gut, Sie sollen sie wissen. Ich machte meine Kinder in dem Tagebuch darauf aufmerksam, welch unterschiedliche Bedeutung ein geleisteter Eid für jemanden haben kann. Bei uns Mennoniten ist das ‚Ja' hochheilig, während manche Russen für eine Flasche Schnaps ihren Eid brechen."

Herr Ilinski dachte etwas nach und meinte schließlich: „So bitter diese Pille für mich als Russe auch ist, so muß ich Ihnen doch um der Gerechtigkeit willen vollkommen recht geben. Ich kenne mein Volk. Aber wie gesagt, das kommt nicht aufs Papier, das ich anhand Ihres Tagebuches schreiben muß. Doch erwarte und hoffe ich, daß

Sie mir dieses Tagebuch so schnell wie möglich bringen werden."

Nach einer nochmaligen Zusicherung seines Ehrenwortes schieden wir mit herzlichem Händedruck. Ich ritt sofort in die Berge, um das Tagebuch zu holen, und kam am dritten Tag in die Stadt zurück.

Kaum hatte ich die Kanzlei betreten, kam mir der erste Adjutant des Gouverneurs sehr aufgeregt entgegen und schrie mich an: „So etwas hätte ich von Ihnen nicht gedacht!"

Er zeigte mir einen großen Bogen, auf dem die ganze Ischangeschichte und die Gerichtsverhandlungen wörtlich niedergeschrieben und mit meinem Namen unterzeichnet waren. Die Schrift lautete: „An den von Petersburg ernannten Generalgouverneur, Seine Exzellenz General Duchowski". Dann folgte die Schilderung der Ischanaffäre und als Schlußsatz: „Ich, früherer Förster Jantzen, wage es, diese Petition Ihrer Exzellenz, beim Antritt Ihres hohen Amtes über ganz Turkestan, zuzustellen. Denn wenn ich diese einige Tage später einreiche, haben Sie sich vielleicht auch schon an die Beamtenkauferei hier in Turkestan gewöhnt." Darunter stand meine – geschickt nachgemachte – Unterschrift.

Nachdem ich alles gelesen hatte, sagte der Adjutant: „Das haben Sie doch geschrieben? Die Folgen müssen Sie tragen!"

Darauf riß er mich mit sich in das Kabinett des Gouverneurs und sagte: „Ich habe die Ehre, Eurer Exzellenz den Förster Jantzen vorzustellen." Gleichzeitig legte er das mit meinem Namen unterzeichnete Schriftstück vor den Gouverneur auf den Tisch, der es aber ganz offensichtlich schon kannte. Er erhob sich, trat auf mich zu, sah mich streng an und sagte: „Junger Mann, wie schade, daß Sie jetzt schon den langen Weg nach Sibirien gewählt haben. Denn so dumm wie Sie sind, werden Sie den Weg gehen müssen. Diese Petition haben Sie doch geschrieben?"

„Nein, Exzellenz!"

„Wie wollen Sie das beweisen?"

Ich fragte: „Wann und wo wurde das Papier aufgegeben?"

„Am 19. Mai in Aulie-Ata."

„Exzellenz, ich gehe hier nicht von der Stelle, bis Sie sich telefonisch bei meinem Vorgesetzten Polkownik Kisselof informiert haben, wie lange ich nicht in Aulie-Ata gewesen bin und wo ich am 19. Mai war."

Er ergriff den Hörer und rief Kisselof an. Kisselof antwortete dem Gouverneur: „Förster Jantzen ist seit drei Jahren hier in unseren Bergen auf seiner Dienststelle und in dieser Zeit nie in Aulie-Ata gewesen. Am 19. Mai war ich mit noch einigen anderen Herren für ein paar Tage bei Förster Jantzen auf der Jagd."

Hierauf reichte mir Seine Exzellenz sehr froh die Hand, gratulierte mir und sagte: „Sie sind frei! Allerdings wüßte ich schon gern, wer diese Petition verfaßt hat."

„Ich weiß es nicht, ich habe keine Ahnung."

„Ein guter Freund von Ihnen war es bestimmt nicht. Da wir aber Ihre Hilfe brauchen, warten Sie doch bitte noch bei Herrn Ilinski."

Damit war ich entlassen und ging in das Nebenzimmer, wo Herr Ilinski bereits auf mich wartete. Er erhob sich gleich, streckte mir die Hand entgegen und gratulierte zu meiner Freisprechung, denn er hatte alles durch die halboffene Tür gehört. Er erzählte mir, daß er den Auftrag bekommen habe, nach Aulie-Ata zu reisen, um dort alle mit der Ischangeschichte verbundenen Vorkommnisse zu untersuchen, und fragte dann, wie er das wohl am besten tun könne. Ich sagte ihm:

„Dann müssen Sie zuerst den allmächtigen Polkownik Kalauer mit seinem Dolmetscher Bekschurof entweder nach Wernoie oder nach Perowsk versetzen und im Kreis Aulie-Ata bekanntmachen, daß die Herren nie wieder dorthin zurückkehren dürfen. Nur dann könnte jemand wagen, den Mund zu öffnen und etwas über die Ischangeschichte auszusagen. Im anderen Fall werden Sie nichts, kein Sterbenswort, erfahren."

Als er mir mein Tagebuch zurückgab, dankte er für alles und sagte: „Morgen früh reise ich nach Aulie-Ata. Doch rate ich Ihnen, bis zu meiner Rückkehr keine Briefe an Ihre Frau oder Verwandte dorthin zu schreiben. Das könnte für Sie gefährlich werden."

Wir verabschiedeten uns voneinander, und ich verließ das große Haus. Nachdenklich ging ich zu meinem Quartier, als ich plötzlich angesprochen wurde. Ich blickte auf und erkannte einen alten Bekannten aus Aulie-Ata, Rittmeister Zulof, nun Advokat. Er ritt ein Pferd, das ich ihm vor Jahren verkauft hatte.

Nachdem er abgestiegen war, schlug er liebkosend auf den Hals des Pferdes und sagte: „Der Braune ist das beste Pferd, das ich je gehabt habe. In vier Tagen habe ich 500 Kilometer bis hierher zurückgelegt. Doch das ist Nebensache. Ich sah Sie da so tiefsinnig die Straße entlanggehen. Sie haben nicht einmal gemerkt, daß ich neben Ihnen ritt, bis ich Sie anrief. Nun ja, ich begreife wohl, was Sie drückt. Aber ich habe nicht vergebens Jura studiert und bin mir ganz sicher, Sie werden sich auch aus all diesen Widerwärtigkeiten herausretten."

Darauf sprang er in den Sattel, und fort war er. Auf einmal wußte ich, wer die gefährliche Petition geschrieben hatte. Auch fiel mir ein, daß Zulof ein alter Feind von Kalauer war.

Am anderen Morgen ritt ich zurück zu meinen, für mich nun so einsam gewordenen Bergen, denn meine Frau und Kinder waren ja nach Orloff gefahren. So vergingen drei sehr einsame Monate. Doch ich war fleißig auf meinem Posten. Ohne Nachricht von zu

Hause zu sein, war für mich am schwersten zu ertragen.

Eines Tages kam wieder ein Eilbote mit der Aufforderung von Herrn Ilinski, unverzüglich zu ihm zu kommen; er sei vorgestern von Aulie-Ata nach Taschkent zurückgekommen und habe allerlei zu erzählen. Sofort ritt ich mit dem Dschigiten zur Stadt. Am folgenden Morgen ging ich gleich in die Kanzlei und wurde von Herrn Ilinski sehr herzlich empfangen. Dann erzählte er:

„Noch vor meiner Abreise wurde Kalauer telegraphisch nach Wernoie versetzt, und auf dem halben Wege nach Aulie-Ata ließ ich Bekschurof ins Gefängnis legen. Im Kreise Aulie-Ata angekommen, fuhr ich zuerst nach Orloff, in Ihre Berge, und besuchte Ihre Frau. Ihr offenbarte ich mein ganzes Vorhaben. Dann ließ ich Ihre achtzehn Zeugen in Orloff zu mir kommen und ließ mir alles Notwendige über Israelchanture erzählen. Von dort fuhr ich nach Dimitrowka und verhörte dort Ihre zehn Zeugen sowie die Kirgisen-Häuptlinge.

Danach fuhr ich nach Aulie-Ata und verhörte Bekschurof im Gefängnis. Bekschurof bekannte schließlich, daß Kalauer von dem Ischan zweitausend Rubel und mehrere hundert Schafe für seine Freilassung und die Auslandspässe bekommen hatte, damit er nach Kaschgar in Chinesisch-Turkestan entkommen konnte. Bekschurof beteuerte dann, daß er als Dolmetscher alles auf Befehl Kalauers hätte ausführen müssen. Er habe auch nichts dafür erhalten und wäre unschuldig.

Ich verließ das Gefängnis und ging in mein Quartier. Am anderen Morgen wurde bekannt, daß Bekschurof tot auf seinem Strohsack aufgefunden worden war. Einige Tage später kam es heraus, daß Frau Kalauer Bekschurof einen großen Teller fetten Palai – dieser Reisbrei ist die Lieblingsspeise aller Mohammedaner – gebracht hatte. Bekschurof muß diesen Brei mit Heißhunger gegessen haben und noch in der Nacht gestorben sein.

Und nun, lieber Freund Jantzen, gehen wir in das andere Zimmer, wo Sie von Seiner Exzellenz selbst mehr hören sollen."

Nach freundlicher Begrüßung sagte mir Seine Exzellenz: „Herr Jantzen, Sie haben uns in und mit ihrer tadellosen Haltung in der Ischangeschichte einen sehr großen Dienst geleistet. Darum ernenne ich Sie zum Oberförster über den ganzen Aulie-Ata-Kreis mit doppeltem Gehalt. Über Ihren bemerkenswerten Einsatz in der Sache habe ich nach Petersburg berichtet, und ich hoffe, daß wir von dort bald gute Nachricht für Sie bekommen werden. Und nun wünsche ich Ihnen eine glückliche Reise nach Aulie-Ata und zu Ihrer Familie!"

Nachdem ich Seiner Exzellenz gedankt hatte, verließ ich sein Kabinett. Herr Ilinski nahm mich mit in seine Wohnung, damit wir zusammen mit seiner Frau und den Kindern das gute Ende der Ischangeschichte feiern konnten. Von ihm erfuhr ich dann auch, daß der Ischan und etwa hundert Mitschuldige gehängt worden seien. Das Dorf Mingtube, wo sich der Ischan verschanzt hatte, war durch Artilleriefeuer dem Erdboden gleichgemacht worden.

Am folgenden Morgen machte ich mich auf den Weg in meine Berge. Nur wenige Tage später kam mein Nachfolger, den ich noch in seinen neuen Dienst einweisen mußte. Das dauerte ungefähr eine Woche. Meine mir so liebgewordenen Tadschiken waren sehr unglücklich darüber, daß ich sie verließ. Sie brachten mir noch viele Geschenke für meine Frau und die Kinder. Da waren große Säcke voller Walnüsse, mehrere große Ziegenfellschläuche mit Weintraubensirup und eine Unmenge Honig, so daß ich schließlich mit schwerbeladenem Wagen meine Reise antrat. Viele der lieben Menschen standen am Wege und weinten.

Etwa fünfzehn Jahre später besuchte ich diese Tadschikendörfer noch zweimal – diesmal als Missionar. Auch diesmal waren es gesegnete Tage, nun auf geistlichem Gebiet, die ich in ihrer Mitte verlebte.

Als ich auf der Heimreise in Golowatschowka eintraf, der letzten Station vor Aulie-Ata, wurde ich von lieben, alten Freunden begrüßt, dem Doktor Allisejewitsch und dem Förster Berdeschof. Sie waren mir bis hierher entgegengekommen und empfingen mich mit großer Freude. Viele andere hatten sich auch eingefunden und riefen lautstark: „Unser Freund und Retter Jantzen ist gekommen. Ohne ihn hätten die Mohammedaner auch uns abgeschlachtet."

Mir wurde der Tumult zu groß. Deswegen übergab ich meinen Wagen Bruder Heinrich und fuhr mit meinen beiden Freunden voraus.

Am folgenden Abend kamen wir in Orloff an. Hier war der Tumult noch größer als in der Stadt. Mein ganzer Hof war voller Menschen, die mich alle begrüßen wollten. Das Wiedersehen mit meinen Lieben kann ich nicht beschreiben – es war überwältigend.

Das alles geschah bis zum Dezember 1899.

Kapitel 7

# Inneres Gericht

In Taschkent war abgesprochen worden, daß ich mich bis zum Frühling des nächsten Jahres von allem Dienst daheim ausruhen sollte; dabei würde ich mein volles Gehalt bekommen. So geschah es auch.

Anfang April 1900 bekam ich von der Regierung den Auftrag, am Walde bei Kojantogai, etwa fünf Kilometer von Orloff entfernt, auf Kosten der Regierung ein Haus mit ummauertem Hof und Stallungen zu bauen. Das sollte meine Dienstwohnung werden.

Noch im Sommer desselben Jahres konnte ich in das Haus einziehen. Hier haben wir dann ungefähr elf Jahre gewohnt. Neben dem Haus hatte ich noch zwanzig Hektar Land zu freier Benutzung. Anfangs leitete meine Frau mit den Kindern und Kirgisen unsere Landwirtschaft, weil mir meine Arbeit dafür keine Zeit ließ. Alles wurde gut bewirtschaftet, und mein Reichtum wuchs zusehends.

Wir hatten eine eigene Käserei, ich unterhielt eine kleine Rassepferdezucht, ebenso gut gedieh unsere Schweinemästerei. Zu der Zeit waren die Getreidepreise so niedrig, daß es vorteilhafter war, das Getreide zu verfüttern, als es irgendwohin zu transportieren. Die nächste Bahnstation war etwa fünfhundert Kilometer entfernt, deswegen konnten die großen Weizenernten nur sehr schwer abgesetzt werden.

Im Herbst kamen die Kirgisen mit ihren großen Viehherden aus den Bergen und tauschten bei uns Weizen gegen Vieh ein.

Im Laufe der Jahre übernahmen unsere drei älteren Söhne diese Arbeit. Abram, der Älteste, besuchte vom zehnten bis dreizehnten Lebensjahr die Schule in Taschkent und lernte sehr gut. Aber die immer größer werdende Wirtschaft hielt ihn mehr und mehr zu Hause fest, zumal mein Dienst mich voll und ganz beanspruchte. Es gab oft viel Kummer und Verdruß.

Die zehn Unterförster und Beamten waren alle Russen. Als frühere Soldaten waren manche Sklaven ihrer Alkoholsucht; aber ich durfte sie nicht entlassen. Sie übertraten oft die Gesetze, wofür ich dann wieder die Verantwortung übernehmen mußte. Außerdem hatten die Kirgisen oftmals große Streitereien wegen der Einteilung der Weideplätze.

Etwas entschädigten mich zwei behördliche Anerkennungsurkunden, die in glänzendem Rahmen in meinem Amtszimmer hingen. Die beiden Schreiben lauteten:

*„In Anerkennung seiner besonderen Dienstleistungen gewidmet dem Oberförster Hermann Jantzen vom Ministerium in Petersburg im Namen Seiner Kaiserlichen Majestät, dem Zaren von Rußland."*

*gez. Minister des Innern*

*„Dem Oberförster Hermann Jantzen für besondere Leistungen und Wegeverbesserung in den Bergen verliehen von der Leitung der Försterei Turkestans."*

*gez. General Dubinof*

Wie stolz war ich auf diese Auszeichnungen! Nicht weniger auch auf die später noch hinzugefügte Medaille!

Doch in meinem Innern brannte in all den Jahren meiner Abweichung vom Herrn die Gewißheit: „Du bist hier nicht auf dem richtigen Platz! Du lebst mit vollem Bewußtsein gegen die Stimme des Heiligen Geistes in dir!"

Das machte mich mit der Zeit so elend, daß ich mich eines Tages – nach einer ermüdenden Fasanenjagd – auf einem Baumstumpf niederließ und weinte. Mein treuer Jagdhund Hektor lag vor mir, sah mich traurig an und leckte liebkosend meine Hände. Traurig und ratlos sprach ich mit meinem Hund: „Mein lieber Hektor, du hast es gut. Du bist noch immer so, wie dich Gott geschaffen hat, sündlos... Aber ich?..." Und wieder stürzten Tränen aus meinen Augen. Hektor sah es, sprang auf und wollte mich trösten.

Mein lieber Vetter, Prediger Jakob Jantzen, hat sich damals viel um mich bemüht, um mich auf den rechten Weg zu bringen. Aber – ich war zu stolz, Menschen gegenüber die Wahrheit einzugestehen, die ich doch so gut kannte!

In dieser Zeit besuchten zwei Prediger aus Südrußland unsere Dörfer. Es waren die Prediger Jakob Reimer aus Rückenau und Jakob Kroeker aus Wernigerode in Deutschland. Sie evangelisierten zwei Wochen in beiden Gemeinden. Viele kamen zum Glauben, und viele erfuhren mehr von der Heilswahrheit der Schrift. Auch wir – meine Frau, unsere Kinder und ich – fuhren fast jeden Tag von Kojantogai die zwölf Kilometer zu den Andachten in den umliegenden Dörfern. Oft wurde ich sehr ergriffen, doch dabei blieb es; weiter kam es nicht mit mir.

Etwas später kam ein Mister Broadbent, ein großer Missionsfreund aus England, in unsere Gegend. Ihm war aufgefallen, daß in dem großen, mohammedanischen Turkestan keine Missionsarbeit geleistet wurde, obwohl es hier so große christliche Gemeinden gab, unter denen doch gewiß auch etliche Kinder Gottes sein mußten. Nun war er gekommen, um hier eine Mohammedaner-Mission ins Leben zu rufen. Und dazu mußte er natürlich die nötigen Missionare haben. Er hoffte, sie in den Dörfern zu finden. Mehrmals warb er in beiden Kirchen, aber ohne Erfolg. Man sagte ihm:

„Unsere Kinder und jungen Leute beherrschen selbstverständlich die Kirgisensprache gut, weil sie ja hier geboren sind und täglich mit den Kirgisen in Berührung kommen. Doch zu Missionaren taugen sie nicht; außerdem brauchen wir sie zu Hause. Aber in Kojantogai wohnt ein Oberförster Jantzen. Er hat in seiner Jugend in Chiwa acht Jahre die mohammedanischen Sprachen Turkestans und auch den Koran studiert. Er ist der Mann für Sie, Mr. Broadbent. Er ist zwar auch ein Christ, aber er ist von der Wahrheit abgewichen und lebt bereits jahrelang in der Welt. Vielleicht können Sie ihn für Ihre Sache gewinnen."

So kam Mr. Broadbent zu mir und schilderte mir sein Anliegen. Er berichtete auch, was man ihm über mich gesagt hatte. Still hörte ich ihm zu und sagte schließlich: „Es tut mir wirklich leid um Sie, Mr. Broadbent. Doch ich denke überhaupt nicht daran, diesem verlogenen und räuberischen Kirgisenvolk das Evangelium zu sagen. Das bedeutete wirklich, die Perlen vor die Säue zu werfen. Viel lieber möchte ich sie alle nach Sibirien schicken, denn sie belügen und betrügen mich täglich."

Mr. Broadbent hörte mich an und erwiderte dann: „Ich weiß, daß Sie ein Abgewichener sind, der die Wahrheit gut kennt. Aber wie können Sie es nur ertragen, daß hier in Ihrer Umgebung Menschen in der Finsternis dahinsterben, die Sie nicht gewarnt haben? Wissen Sie denn nicht, was in Hesekiel 33,8 steht? Dort heißt es gerade für Sie, Herr Jantzen: Wenn Du (Gläubiger) den Gottlosen nicht gewarnt hast vor seinem Wesen und er stirbt so dahin, dann wird Gott von Ihnen, Herr Jantzen, das Blut der Verlorenen von Ihrer Hand fordern! Wo immer ich sein werde, werde ich für Sie beten, bis ich höre, daß Sie mit dem Evangelium in türkischer Sprache diesen armen mohammedanischen Völkern Turkestans die Botschaft vom Kreuze unseres Herrn Jesus Christus verkündigen."

Er verabschiedete sich und fuhr nach England zurück. Der liebe Bruder Broadbent hat Wort gehalten. Seine

Gebete und die von Onkel Jakob Jantzen wurden erhört. Aber wie? Das war schrecklich – und doch war es meine Rettung.

Es war an einem Sonntagabend. Wie gewöhnlich saßen wir mit den fünf Jungen, die alle sehr musikalisch waren, draußen im herrlichen Mondschein und musizierten. Jeder von ihnen spielte entweder die Balalaika oder die Mandoline, die beiden Ältesten die Gitarre und manchmal die Violine und ich die Zither. Wir waren mit unserem Konzert zu Ende, da sagte ich: „Jungen, die Preise auf dem Markt für fette Ochsen sind im Moment sehr gut. Wie wäre es, wenn wir jetzt unsere Ochsen aus den Bergen holten? Das gibt gutes Geld auf dem Markt."

Die Jungen fanden es gut, und so wurde bestimmt, daß am nächsten Morgen die beiden Ältesten, Abram und Bernhard, in die Berge reiten sollten, um mit den Hirten zusammen die hundert Ochsen nach Hause zu treiben. Nach einem Ruhetag sollten sie dann nach Dimitrowka auf den Markt gebracht werden.

Drei Tage später kam die schöne Herde zu Hause an. Meine Jungen hatten sich den ganzen Weg über an den schönen Tieren erfreut, wie auch Mutter und wir anderen über das fette, glänzende Vieh staunten. Am anderen Morgen in aller Frühe kam der Hirte und rief mich: „Bai, Herr, unter den Ochsen ist die Lungenpest ausgebrochen. Ein paar sind schon in der Nacht krepiert, viele stöhnen und sind krank. Wir können die Ochsen unmöglich zum Markt bringen; wir müssen sie in Quarantäne stellen."

Sofort stand ich auf und lief mit ihm los, die Sache zu untersuchen. Aber es war so, wie er es gesagt hatte!

In etwa sechs Wochen waren nicht nur die hundert Ochsen, sondern auch alle 36 Rasse-Kühe tot. Hinzu kam noch der Tod von fünf Rasse-Pferden, die an einer unbekannten Krankheit zugrunde gingen. Und als ob es noch nicht genug war: Unser lieber Hermann, acht Jahre alt, bekam Typhus und konnte nicht leben und nicht sterben!

Nun sank der stolze, in Regierungskreisen so gefeierte Oberförster Jantzen vor dem Gericht Gottes auf die Knie. Und Gott sprach lange zu mir durch seinen Heiligen Geist und zeigte mir alle meine Sünden und Ungerechtigkeiten, die ich in meinem Stolz an so vielen, vor allem an den mohammedanischen Völkern meines Bezirks begangen hatte.

Wie lange das Gericht Gottes in mir dauerte, weiß ich nicht mehr. Ganz, aber auch ganz zerbrochen lag ich da vor Gott und rang um Gnade und Frieden um Jesu Christi willen! Und Gott erbarmte sich meiner und erhörte mich. Zum Zeichen seiner Begnadigung erfüllte er mich mit seinem Frieden. Zu beschreiben ist das alles nicht. Und was mir bis heute das Unerklärlichste von allem ist – aller Haß in mir ist seitdem total verschwunden. Schon damals hätte ich die mir zuvor so widerwärtig erscheinenden Kirgisen umarmen und ihnen sagen können: „Kommt doch mit mir zum Herrn Jesus; er hat auch euch lieb und will euch selig und glücklich machen."

Nach all diesen Erlebnissen nahm ich meinen Abschied vom Staatsdienst und zog nach Orloff in mein eigenes Haus. Meine Wirtschaft verkleinerte ich. Abram war bereits verheiratet, und Bernhard folgte ihm bald. Heinrich heiratete ein paar Jahre später. So blieben vorläufig noch Hermann, Fritz, Franz und die 26-jährige Anne daheim. Die Übergabe meines Postens und die Abwicklung der damit verbundenen Geschäfte in den zehn Forsteien dauerte fast zwei Jahre. In der Zwischenzeit hatte ich in unseren Gemeinden auch alles in Ordnung gebracht.

Kapitel 8

# Zeugendienst

So war ich endlich ganz frei, und für mich galt nur noch: Jetzt mußt du nachholen, was du bisher in deinem Leben versäumt hast.

Doch wie sollte ich Versäumtes nachholen? Als Missionar? Nein, denn das hätte lediglich den Wechsel von einem weltlichen zu einem geistlichen Beruf bedeutet. Ich war aber voll und ganz bereit, die Liebe Gottes in Christus gegen uns Sünder durch Wort und Tat zu bezeugen. Also ging ich nach meinem persönlichen Gotterleben als ein Zeuge Jesu Christi unter die Mohammedaner mit der Botschaft von Jesus Christus, wie Paulus sie in 1. Korinther 2,1-4 ausspricht:

„Und ich, als ich zu euch kam, Brüder, kam nicht mit Vortrefflichkeit der Rede oder Weisheit, euch das Zeugnis Gottes zu verkündigen. Denn ich hielt nicht dafür, etwas unter euch zu wissen, als nur Jesus Christus den Gekreuzigten. Und ich war bei euch in Schwachheit und in Furcht und in vielem Zittern; und meine Rede und meine Predigt war nicht in überredenden Worten der Weisheit, sondern in Erweisung des Geistes und der Kraft."

Achtzehn Jahre hatte ich als Beamter hauptsächlich mit nomadisierenden Kirgisen, Kasachen, Kuraminsen und anderen Zeltbewohnern zu tun gehabt. Hunderttausende gab es von ihnen. Sie sind schwer zu regieren, und in meinem Beamtenstolz hatte ich mich oft an ihnen versündigt. Nach meiner Bekehrung zwang mich der Heilige Geist, zu ihnen zu gehen und mit ihnen soviel wie möglich wieder in Ordnung zu bringen, indem ich meine Schuld bekannte und um Verzeihung bat. Verständnislos und voller Erstaunen fragten sie mich:

„Wie ist das möglich, daß Sie auf einmal so verändert sind? Früher, in Ihrer Uniform, haben wir kaum gewagt, Sie anzusprechen, und wenn wir nach den russischen Gesetzen etwas nicht recht gemacht hatten, wurden wir oft hart bestraft. Und jetzt kommen Sie in Zivil zu uns und bitten uns noch um Vergebung, obwohl doch eigentlich wir die Schuldigen waren?!"

Ich erwiderte ihnen: „Ich habe euch oft in meinem Zorn und Beamtenstolz ungerecht behandelt und euch viel zu schwer bestrafen lassen."

„Aber wie kommt das nur, daß Sie so verändert sind?"

„Der Herr Jesus hat das durch den Heiligen Geist in mir zuwege gebracht. Er hat mir ein neues Herz voller Liebe für euch geschenkt. Auch hat er mir alles vergeben, und nun bin ich mit solchem Frieden erfüllt, daß ich es euch mitteilen muß."

Das brachte sie in Erstaunen und zum Nachdenken, und sie wollten wissen, ob der Herr Jesus auch sie so verändern könnte.

Nun konnte ich ihnen die frohe Botschaft von Jesus Christus verkündigen. Auch sie vergaben mir meine Schuld, und wir schieden als gute Freunde.

So bin ich dann viel unter diesen Völkern gereist, und nach einigen Jahren kamen mehrere zum Glauben. Nachdem sie das durch ihren Lebenswandel bestätigt und mit mir die Schrift studiert hatten, wollten sie getauft werden. Nach weiterem Forschen über den Sinn der Taufe kamen wir zu der Überzeugung, daß nirgendwo das Symbol der Taufe besser beschrieben ist als in Römer 6,3-4, wo es heißt: „Gestorben sein mit Christus und begraben durch die Taufe in seinen Tod; und dann auferstanden mit ihm, um in einem neuen Leben zu wandeln." So kamen wir auf das Untertauchen, das dann durch mich an ihnen vollzogen wurde. Anschließend feierten wir das heilige Abendmahl miteinander.

Im Jahre 1911-1912 nahm ich an einem Kurs in der

Allianz-Bibelschule in Berlin teil. Diese Schule wurde 1903 von Pastor Köhler in Verbindung mit Brüdern aus der Molotschna zur Ausbildung von Evangelisten für Rußland und den slawischen Osten gegründet. Im ersten Weltkrieg verlegte man die Schule nach Wiedenest im Rheinland, wo sie heute noch besteht.

Nach dem Abschluß des Kurses folgte ich vielen Einladungen und kam in so manche Brüderkreise in Holland und Deutschland, wo ich in Kirchen und anderen Kreisen Vorträge hielt. Dadurch lernte ich sehr viele liebe Menschen und bedeutende geistliche Männer kennen.

Kurz vor meiner Heimreise nach Rußland besuchte ich noch einmal die Bibelschule in Berlin, um dort eine Abschiedsrede zu halten. Da war auch der weithin bekannte Bruder Jakob Kroeker aus Wernigerode anwesend, den ich ja als meinen Verwandten schon von Rußland kannte.

Am folgenden Morgen begleiteten mich alle Lehrer – an der Spitze Pastor Chr. Köhler sowie die Lehrer Warns und Meichsner – zum Bahnhof Tiergarten. Unter dem Gesang des Liedes „Gott mit uns, bis wir uns wiedersehn" verließ der Zug den Bahnhof und brachte mich nach Marienburg. Dort empfing mich der liebe Bruder Cornelius Andres aus Sandhof und nahm mich auf in seinem gastfreien Heim. Er fuhr dann mit mir auch nach Neuteichsdorf, wo einst mein Vater und Großvater geboren worden waren.

Am nächsten Tag besuchten wir meinen Vetter Gerhard Jantzen in Herrenhagen auf seinem ansehnlichen Gut. Dann brachte Bruder Andres mich nach Elbing, von wo aus ich zu Fuß Augustwalde besuchte – den Geburtsort meiner Mutter – und wo ich noch etliche Verwandte aufsuchte.

Danach ging es weiter nach Warschau. Dort arbeitete ich sechs Tage. Über Kiew erreichte ich dann Sofiewka.

Die nächste Station war Rückenau. Dort wohnte Bruder Jakob Reimer, der uns vor einigen Jahren mit Bruder Jakob Kroeker in Turkestan besucht hatte. Bruder Reimer nahm mich nun mit nach Apaulee zur Familie Sudermann, wo wir mit anderen Geschwistern zusammen einen gesegneten Sonntag verlebten. Es war auch deshalb ein schönes Zusammentreffen, weil Bruder Jakob Kroeker aus Wernigerode inzwischen angekommen war. Hier war es, wo mir Bruder Kroeker zum dritten Mal ganz entschieden sagte:

„Mein lieber Bruder Jantzen, vergiß es nie, was ich dir hier noch einmal sage: Je entschiedener du dich auf die Seite des Herrn Jesus stellen wirst, um so sicherer wirst du mit großer Enttäuschung und bitterem Herzeleid erfahren, daß dich deine engsten Brüder nicht verstehen und allein lassen werden."

Damals habe ich ihn nicht verstanden. Aber spätere, bittere Erfahrungen haben es mich verstehen gelehrt. Der liebe Bruder Reimer ermahnte mich außerdem: „Bruder Jantzen, du kommst aus der sogenannten Allianz-Bibelschule in Berlin. Nun rate ich dir: Sprich das Wort ‚Allianz' nie in unseren mennonitischen Gemeinden aus; dann bekommen nämlich alle Angst."

Nach diesem Sonntag besuchte ich zusammen mit Missionar Friesen noch einige Dörfer und Gemeinden, wo wir überall Versammlungen hatten. Schließlich fuhr ich von dort weiter zu dem Trakt an der Wolga, wo ich in Hahnsau geboren wurde. Bei lieben Verwandten in Köppenthal logierte ich. Viele alte Jugendfreunde wurden in den umliegenden Dörfern besucht. Leider fand ich dort wenig geistliches Leben.

Auch hier kam der Tag der Abreise. Ich bestieg einen Wolgadampfer, der mich flußabwärts nach Astrachan brachte, von wo aus ich mit einem Schiff nach Baku fuhr. Dort wurde ich von dem ehemaligen Dolmetscher, dem später so berühmt gewordenen Dr. F.W. Baedeker sehr herzlich empfangen. Dr. Baedeker hat ja unermüdlich in Rußland und Sibirien die Gefängnisse besucht, wodurch er so bekannt wurde.

Dabei war auch Patwakan Tarajans, ein Armenier, der am Kings College in London studiert hatte. Als ein sehr entschiedener Christ arbeitete er als Missionar und Prediger in Baku. Durch seine Tätigkeit war dort eine ansehnliche Gemeinde entstanden, die er leitete. Bei seinem sehr reichen, Ölquellen besitzenden Bruder wurde ich untergebracht. Tagsüber arbeitete ich nun unter den Türken und Aserbeidschanen im Hafen von Baku, und abends hatten wir Versammlungen in der armenischen Gemeinde des Bruders Tarajans. Diese Arbeit dauerte ungefähr zwei Wochen. Dann reiste ich weiter nach Tiflis.

Hier muß ich nun einmal kurz innehalten. Bei meinem Abschied von der Bibelschule in Berlin war auch Bruder Broadbent aus England anwesend gewesen, mein alter Freund, den ich zuerst in Turkestan getroffen hatte. Als großer Missionsfreund und Vertreter der Bibelgesellschaft reiste er durch viele Länder und verkündete – wo er nur konnte – das Evangelium. So kamen durch seinen Dienst in der Türkei mehrere Türken zum Glauben, die aber sehr verfolgt wurden. Zwei von ihnen waren lange Zeit im Gefängnis, wo sie gequält und gefoltert wurden, damit sie ihren neuen Glauben widerrufen sollten. Man schnitt ihnen die Fußsohlen und den Rücken auf, streute Salz in die Wunde und schlug dann mit Stöcken auf sie ein. Bruder Broadbent hörte davon.

Mit Hilfe des englischen Konsuls gelang es ihm mit großer Mühe, diese türkischen Christen zu befreien. Er brachte sie nach Tiflis, wo eine russische baptistische Gemeinde bestand. Das war etwa im Jahre 1910. Jetzt, zwei Jahre später, hatte Mr. Broadbent aus Tiflis traurige Nachrichten über die beiden Brüder erhalten. Deshalb bat er mich, sie aufzusuchen und ihnen geistlich zu helfen. Dies war die eigentliche Ursache meiner Reise dorthin.

Als ich den beiden Brüdern in Tiflis die Grüße von Mr. Broadbent überbrachte, wurde ich sehr freundlich aufgenommen. Sie waren Pächter größerer Wein- und Obstgärten. Es gesellte sich noch ein wohlhabender armenischer Bruder zu uns. Nachts logierte ich bei den Geschwistern Steinbrecher in der Agentur der Britischen Bibelgesellschaft. Jeden Tag besuchte ich die zwei türkischen Brüder. Sie waren wirklich geistlich krank, verzweifelt und hoffnungslos wegen der abweisenden Haltung der Baptistengemeinde, die verlangte, daß sie sich bei ihnen noch einmal taufen lassen sollten; anders könnten sie nicht in die Gemeinde aufgenommen werden. Das wiederum konnten diese Brüder nicht verstehen, die mir sagten: „Wir sind doch in Stambul (Konstantinopel) im Beisein anderer Missionare auf den Namen Jesu Christi getauft worden. Warum jetzt noch einmal?"

Sie glaubten, daß alle Kinder Gottes eins sind und keine Verschiedenheit unter ihnen mehr besteht. Und nun mußten sie hier erleben, daß man ihre Taufe nicht anerkannte. So kam es, daß sie an allem „Christentum" schlechthin am Verzweifeln waren. Was alle Quälereien im Gefängnis nicht fertiggebracht hatten, das schien jetzt die Haltung der baptistischen Gemeinde zu bewirken!

Eines Tages saß ich wieder einmal mit den beiden Türken im Garten auf einer von Weinbergen beschatteten Bank, mit der Aussicht durch eine schöne Allee auf das Eingangstor. Die beiden Brüder hatten mit mir über ihre verzweifelte Lage gesprochen. Da öffnete sich das Tor, und herein trat der Gründer und Leiter der russischen Baptistengemeinde. Er hatte davon gehört, daß ich in Tiflis war, und wollte sich mit mir bekanntmachen. Er stellte sich mit den Worten vor: „Ich bin der Gründer und Leiter der russischen Baptistengemeinde hier in Tiflis."

Darauf antwortete ich: „Lieber Freund, vielleicht haben Sie noch nie in Ihrem Leben ein so wahres Wort ausgesprochen, wie in diesem Augenblick, als Sie sagten, daß Sie der Gründer und Leiter der Baptistengemeinde sind – und daß dies nicht Sache des Heiligen Geistes war. Denn wäre er der Gründer und hätte er die Leitung, dann würden diese zwei türkischen Brüder nicht so lieblos behandelt werden, wie es jetzt der Fall ist. Sie wußten doch, daß sie Christen und getauft sind; Sie wußten, daß beide um des Glaubens willen im Gefängnis waren, wo sie ungeachtet aller Folter dem Heiland treu blieben. Ihre Rücken und Fußsohlen, die ich gesehen habe, zeugen noch heute davon. Aber Ihr unchristliches Verhalten wird verständlich, wenn Sie sagen, daß Sie es sind, der die Gemeinde gründete. Dann kann es ja auch nicht anders gehen. Ihr ‚Ich' steht dem Heiligen Geist im Wege."

Das zu hören war ihm zuviel, und er verschwand sehr rasch wieder.

Weil der schon erwähnte armenische Bruder ein großes Haus hatte, dazu ein spontaner Christ war, sorgte er dafür, daß wir jeden Abend, etwa zwölf Tage lang, in seinem Hause öffentliche Versammlungen halten konnten. Mit jedem Abend füllte sich der Raum mehr, und viele unglückliche Menschen fanden Frieden. Merkwürdig war, daß auch der baptistische Leiter nie fehlte und jeden Abend da war. Aber er schwieg. Der Heilige Geist wirkte mächtig in jenen für mich unvergeßlichen Abendstunden in unserer Mitte.

Der letzte Abend fiel auf einen Sonntag. Am Vormittag hatten wir eine geschlossene Versammlung von entschiedenen Kindern Gottes. Ungefähr fünfzehn Personen waren gekommen. Diese wurden der Kern einer Gemeinde kirchenfreier Kinder Gottes. Da der Eigentümer des Hauses der armenische Bruder war – ein begabter

Redner übrigens –, übernahm er die weitere Führung dieser Gruppe.

Am Nachmittag veranstalteten mir diese lieben Brüder einen Abschiedstee. Hierzu waren noch viele sympathisierende Freunde eingeladen worden, die auch meistens an den Abendstunden teilgenommen hatten. Jeder bekam Gelegenheit, sich frei über sein geistliches Empfinden auszusprechen. Fast alle nahmen regen Anteil daran. Jedem erkennbar arbeitete der Heilige Geist mächtig in ihnen.

Gegen sechs Uhr abends sprach ich noch ein Abschiedswort, und danach forderte ich auf, gemeinsam das Lied zu singen „Komm zu dem Heiland". Es ist in so viele Sprachen übersetzt, daß es wohl alle kannten. So erklang das Lied zugleich in mehreren Sprachen. Ein Durcheinander – und doch welch Gleichklang der Seelen. Wie man mir sagte, waren in jeder Versammlung außer den überglücklichen türkischen Brüdern auch Armenier, Tscherkessen, Lesginen, Grusinier, Russen und einzelne Deutsche gewesen.

Nach einer abschließenden Gebetszeit, woran sich auch die beiden türkischen Brüder beteiligten, begleiteten mich alle zum Bahnhof.

Auf dem Wege dorthin lud mich eine Dame, die mir schon in der letzten Versammlung aufgefallen war, noch zu einem Tee ein. Sie wohnte in der Nähe des Bahnhofs. Meine Begleiter gingen weiter, um am Bahnhof auf mich zu warten, während ich mit der Dame zu ihrer Wohnung ging. Dort erzählte sie mir, daß sie die Frau des Baptistenpredigers sei, der sie verlassen habe. Mit tiefem Herzeleid und unter Tränen sagte sie: „Seit zehn Jahren kümmert sich mein Mann nicht mehr um mich und wohnt in einem anderen Haus. Nur durch die Gnade Gottes, dessen Eigentum ich bin, lebe ich noch und freue mich Gottes, meines Heilandes."

Nachdem wir beide noch gebetet hatten, verließ ich

das Haus und lief eilends zum Bahnhof, wo die Brüder auf mich warteten. Schnell drückten sie mir die Fahrkarte in die Hand, und nach einem nochmaligen „Gott mit uns, bis wir uns wiedersehn“ stieg ich ein, und der Zug verließ den Bahnhof.

Spät am Nachmittag des folgenden Tages traf ich in Baku wieder bei Bruder P. Tarajans ein. Für den Abend hatte auch er eine Abendversammlung angesagt. Eine große Gemeinde hatte sich versammelt.

Dann ging es zum Hafen, wo ich ein Schiff bestieg, das mich über das Kaspische Meer nach Usunada brachte. In Krasnowodsk nahm ich den Zug, der mich durch ganz Turkmenien, in tagelanger Reise über Merw, Bairamali, Tschardschui, Buchara und Samarkand endlich nach Taschkent brachte. Hier wurde ich von meiner lieben Frau und unseren beiden Jüngsten, Hermann und Fritz, dreizehn und zwölf Jahre alt, empfangen. Die Freude des Wiedersehens war nach so langer Abwesenheit unbeschreiblich. Meine liebe Frau hatte die 400 Kilometer lange Reise von unserem Dorf Orloff im eigenen Wagen über Tschimkent nach Taschkent in sechs Tagen zurückgelegt. Damals gab es noch keine Eisenbahnverbindung.

Mit einer Mietdroschke fuhren wir vom Bahnhof zur Karawanserei, wo unser Wagen stand. Es kam mir so vor, als ob sich auch unsere Pferde über das Wiedersehen freuten. Als Mennonitenbauer war ich schon immer ein großer Pferdefreund gewesen.

Wir blieben ein paar Tage in Taschkent, besuchten einige Freunde und kauften dies und das ein. Dann traten wir die Heimreise an und trafen bald wohlbehalten zu Hause ein, wo uns die vier verheirateten Kinder froh begrüßten. Am nächsten Tag kamen viele Verwandte und Predigerbrüder aus den Dörfern Romanowka, Nikolaipol, Gnadenthal und Gnadenfeld zur Begrüßung. Auch in den beiden Gemeinden, Kirchengemeinde und Brüdergemeinde, waren die Begrüßungen sehr herzlich.

Kapitel 9

# Unter Mohammedanern und Russen

Nach dem Abschluß der Ernte trat ich mit Bruder Abram J. Janzen eine Missionsreise an. Bruder Janzen hatte zwei Jahre vor mir die Bibelschule in Berlin besucht und war ein großer Missionsfreund. Zu Pferde wagten wir uns immer weiter in die Berge unseres Talas-Tals im Tienschan-Gebirge, um den sogenannten Schwarz-Kirgisen das Evangelium von Jesus Christus zu verkünden.

Unsere Reise dauerte viele Wochen. Wir besuchten die einzelnen Auls (Zeltgruppen) und wurden von den Leuten überall sehr gastfrei und freundlich aufgenommen; das ist echt mohammedanische Sitte. Viele kannten mich von früher aus meiner Beamtenzeit.

Sehr aufmerksam hörten sie uns zu und waren auch oft sehr gerührt und ergriffen. Aber meist bettelten sie uns um Weizen an, um Brot backen zu können. Weizen fehlte ihnen, während sie Fleisch wie immer sehr viel hatten. Aber Weizen konnten wir ihnen nicht geben, unser Reisezweck war doch ein ganz anderer. Und das konnten sie überhaupt nicht verstehen, daß sich fremde Menschen um ihr Seelenheil kümmerten. Sie blieben aber immer freundlich.

Auf dieser Reise in den Bergen und Tälern eröffneten sich uns oft unbeschreiblich schöne Aussichten. Es gab aber auch Überraschungen anderer Art, die nicht so angenehm waren. An einem Samstag ritten wir über einen hohen Kamm und gerieten in einen Schneesturm – und das Anfang August. Sehr vorsichtig passierten wir den Kamm und stapften durch den knietiefen Schnee, die Pferde am Zaum, langsam abwärts. Endlich kamen wir in einem großen Gebirgskessel – Hetmentube genannt – wieder auf den richtigen Weg. In diesem Tal lag ein großes Russendorf. Ganz abgeschlossen durch die hohen Schneeberge hatten sich die Bewohner hier angesiedelt und wohnten dort bereits seit fünfzehn Jahren. Das Dorf bestand aus etwa dreihundert Höfen und war von großen Weizenfeldern und Obstgärten umgeben. Etwas weiter entfernt hatten sie einen sehr großen Heuschlag und ausgedehnte Viehweiden mit viel Vieh.

Am Eingang des Dorfes fragte Bruder Abram etwas ratlos: „Wo werden wir hier einkehren? Hier gibt es doch keine Karawansereien."

„Bei dem erstbesten Bauern", lautete meine Antwort. Und so kam es auch. Wir ritten in einen großen, sauberen Hof, in dem gerade eine Frau unter einer breiten Veranda stand und mit einem Samowar beschäftigt war. Ein Tisch stand da, umgeben mit Bänken.

Wir grüßten die Frau und fragten, ob wir bei ihnen einkehren dürften; wir seien reisende Missionare und Evangelisten. Sie rief ihren Mann, der gerade den Hinterhof kehrte, denn es war Samstag. Er hieß uns mit sichtbarer Freude willkommen und fügte hinzu: „Seit vielen Jahren haben wir kein Evangelium gehört, und lesen können wir auch nicht. Wenn Sie möchten, sorge ich dafür, daß heute am Vorabend des Sonntags das ganze Dorf hier auf diesem Hof zusammenkommt, um das Evangelium zu hören. Wir sind ja Christen und haben es nötig."

Nur zu gern gingen wir auf seinen Vorschlag ein, worauf er die Frau beauftragte, den Samowar aufzustellen und für uns hungrige Männer zu sorgen. Dann brachte er unsere Pferde in den Stall und versorgte sie mit Futter. Es dauerte eine Weile, bis er zurückkam. Inzwischen hatte uns die Frau mit herrlichen Speisen bewirtet. Schließlich meinte ich zu meinem Gefährten: „Ich will doch mal sehen, wo unser Wirt geblieben ist."

Im Hinterhof fand ich ihn – eifrig damit beschäftigt, ein zweijähriges fettes Rind abzuledern, das er gerade geschlachtet hatte. Auf meine Frage, weshalb er gerade an einem Samstag-Nachmittag schlachten würde, antwortete er: „Wir haben nach so vielen Jahren hohe Gäste bekommen, die uns das Evangelium verkünden wollen. Die müssen doch was Gutes essen, und ich und meine Familie essen auch mit."

Als er mit der Arbeit fertig war und alles Fleisch versorgt hatte, setzte er sich zu uns. In dem Moment kamen seine erwachsenen Söhne mit ihren Sensen vom Feld in den Hof. Sofort befahl er ihnen, sich auf ihre Pferde zu setzen und das ganze Dorf einzuladen, zu seinem Hof zu kommen, um das Evangelium zu hören; es seien zwei Missionsevangelisten von weither gekommen, um auch hier das Evangelium zu verkünden.

Die jungen Männer stiegen sofort auf ihre Pferde und jagten durch das Dorf, um die Leute alle einzuladen. Und wie der Wirt es angeordnet hatte, so geschah es auch. Kurz vor Sonnenuntergang war der große Hof voller Menschen, Männer und Frauen, junge und alte und auch die Kinder. Jeder wollte an diesem Ereignis teilhaben. Unsere Zuhörer saßen im Gras und wir beide auf Stühlen vor ihnen.

Wir lasen aus dem Johannes-Evangelium, Kapitel 1 und 3 – und daraus vor allem Vers 16 – und sprachen hierüber. Mit einem Gebet schlossen wir die Versammlung. Es war ihnen fremd, daß wir ohne Bekreuzigung zu Gott redeten, das hatten sie noch nicht erlebt. Doch alle waren so ergriffen, daß sie uns baten, noch einige Tage zu bleiben. Sie wollten noch mehr hören, denn sie hatten es ja nötig. Obwohl es Erntezeit war, beschlossen sie, die Arbeit erst einmal liegenzulassen und zu jeder Versammlung zu kommen.

Gerne erfüllten wir ihnen ihre Bitte und blieben noch ein paar Tage. Sie versammelten sich regelmäßig am Vor- und Nachmittag, hörten aufmerksam zu und stellten viele Fragen, die wir dann so beantworteten, wie es der

Heilige Geist uns ins Herz gab. Abram und ich sagten uns immer wieder: „Noch niemals zuvor sind wir so heilshungrigen Seelen begegnet."

Der Herr war in unserer Mitte, das sahen und hörten wir bei vielen persönlichen Aussprachen und Fragen am Schluß jedes Zusammenseins. Hier hatten wir nun einmal Menschen vor uns, die durch ihr abgeschiedenes Leben unberührt von allem religiösen Richtungs- und Sektenstreit geblieben waren. Echte, freie Naturkinder, aber auch frei von aller Voreingenommenheit, von allen Vorurteilen!

Doch schließlich mußten wir weiterreisen. Nach einem überaus herzlichen Abschied machten wir uns auf den Weg – mit schweren Reisetaschen, die unsere Wirte mit gebratenem Fleisch, Brot und Obst vollgepackt hatten. Unsere Herzen waren voller Lob und Dank, und noch heute gedenke ich gern und voller Dankbarkeit an diese Tage. Wie es weiterging, dafür würde der Herr nach Jesaja 55,11 schon selbst sorgen: „Das Wort soll nicht leer zurückkommen." Gesund und wohlbehalten kamen wir wieder zu Hause an.

Kapitel 10

# Ein Besuch in Ak-Metschet

Im September 1913 unternahm ich mit meiner lieben Frau eine Reise nach Chiwa, um meinen Vater und die anderen Verwandten in Ak-Metschet zu besuchen. Meine Mutter war bereits heimgegangen.

Es war eine lange Reise, denn Chiwa ist 1700 Kilometer von Aulie-Ata entfernt. Mit unserem eigenen Wagen fuhren wir bis Taschkent, von dort mit dem Zug bis nach Tschardschui am Amu-Darja. Dort übernachteten wir bei dem chiwesischen Konsul, einem alten Bekannten aus früheren Zeiten. Am nächsten Tag ging es mit dem Dampfschiff nach Chiwa, das wir nach einer ruhigen Nacht wohlbehalten erreichten.

In Ak-Metschet bereitete man uns einen sehr herzlichen Empfang, ganz besonders mein Vater. Er war schon mehr als 85 Jahre alt. Onkel Claas Epp war inzwischen auch schon gestorben. Alle wußten, daß ich seit 1905 ein anderer Mensch geworden war, und auch, daß ich in Berlin gewesen war und dort die Bibelschule besucht hatte. Sie wußten, daß ich nun viel reiste und als Missionar arbeitete – unter den Mohammedanern und auch unter den anderen Völkern des Landes. Deshalb bat man mich, auch hier zu evangelisieren. In der Hauptsache war es Ohm W. Penner, der leitende Prediger der Gemeinde, der darauf bestand. Die kleine, zehn Familien zählende Epp-Gemeinde stand ja abseits, für sich allein.

Mit schwerem, bangem Herzen folgte ich diesem Ruf. Wußte ich doch genau, was ich hier vor mir hatte – nämlich das genaue Gegenteil von dem, was ich gerade in jenem großen Russendorf erlebt hatte.

Einen ganzen Monat habe ich jeden Abend in der Kirche gesprochen. Wie schwer es mir gefallen ist, weiß der

Herr allein. Trotz, vielleicht auch wegen der viele Jahre dauernden Uneinigkeiten – hervorgerufen durch die engherzig eingestellte chiliastische Auffassung – hatten alle zwar eine große Bibelkenntnis, aber den Herrn Jesus selbst hatten sie nicht. Es fehlte das eigene, persönliche Erleben seiner neuschöpfenden Kraft, der bewußte Besitz des ewigen Lebens im Herzen.

Das, was ich ihnen deswegen immer und immer wieder einzuprägen, nahezubringen versuchte, war dies:

„Meine lieben Brüder! Auch einem frommen Mennoniten gilt das Wort, das der Herr Jesus zu dem Gelehrten und Lehrer in Israel sagte: Es sei denn, daß jemand neu geboren werde, sonst kann er das Reich Gottes nicht sehen (Joh. 3,3). Um dem Nikodemus die Wichtigkeit dieses Wortes recht aufs Herz zu legen, bekräftigt der Herr Jesus dies noch mit einem Eid durch das doppelte ‚Wahrlich, wahrlich!' Es ist eine Bezeugung und Forderung, die aus dem Munde des eingeborenen Sohnes Gottes kommt. In Johannes 2,12-13 lesen wir, daß Kinder Gottes nicht von Menschen geboren werden, sondern von Gott. Hieraus sehen wir, worum es sich handelt. Mit all unseren humanistischen Frömmigkeiten erreichen wir gar nichts und sind Verlorene. Nikodemus war wohl auch ein sehr frommer Mensch, aber das genügte nicht. Wozu der Herr Jesus in diese Welt gekommen ist, sagt er uns in Matth. 18,11 und in Luk. 19,10. Des Menschen Sohn ist gekommen, zu suchen und selig zu machen, was verloren ist.

So wie ihr alle wißt, bin ich als Kind von wirklich frommen, gut christlichen, mennonitischen Eltern christlich erzogen worden. Auch wurde ich, nach einer tatsächlichen Bekehrung, auf meinen Wunsch 1882 mit der Besprengungstaufe in die Gemeinde aufgenommen. Ich hatte damals vollen Frieden und wußte mich durch die Taufe mit Christo begraben in den Tod und auferstanden, um in einem neuen Leben zu wandeln, wie es in Römer 6,4 heißt.

Durch die Lehrstreitigkeiten in unserer Gemeinde und beeinflußt von dem losen Leben am Hof zu Chiwa, wo ich als Dolmetscher tätig war, litt mein inneres Leben so sehr, daß ich nach Aulie-Ata umzog. Dort trat ich in den Staatsdienst und kam noch weiter vom Herrn ab. So lebte ich viele Jahre in innerem Unfrieden, bis mein zweiter, für mich schrecklicher Zusammenbruch kam. Im hellen Lichte Gottes – Gott ist Licht – wurde ich in meinem Sündenbewußtsein total zerbrochen. Doch Gottes Gnade war größer als meine Sünden, und er schenkte mir erneut vollen Frieden. Das wirkte sich vor allem darin aus, daß aller Haß mein Herz verließ und seitdem mein Herz mit seiner Liebe erfüllt ist. Er befreite mich auch von manchen anderen Dingen, die ihm nicht gefallen haben können.

Mit dieser seiner Liebe hatte ich nun die Missionsarbeit begonnen. Der Herr segnete meinen Dienst, so daß bereits einige Mohammedaner den Herrn Jesus als ihren Heiland angenommen haben. Nach gründlichem Unterricht in der Schrift habe ich sie dann – Röm. 6,4 entsprechend – auf ihren Wunsch getauft. Als ich später merkte, daß sie Anstoß daran nahmen, daß ich selbst nicht so getauft worden war wie sie, habe ich mich um ihretwillen in der Missionsschule in Berlin durch Untertauchen noch einmal taufen lassen."

Als meine lieben Brüder in Ak-Metschet das hörten, riefen sie: „So bist du also ein Baptist!" Ich widersprach: „Durchaus nicht! In allem bin ich seit 1905 nur dem Geist der Wahrheit in mir gefolgt, und er hat mich nach Joh. 16,13 so geleitet."

Eines Abends war unser Hauptthema der Sinn der letzten Worte in Joh. 3,16: „Das ewige Leben haben." Wir sagten uns, das ewige Leben ist doch Gottes Leben, denn allein er ist ewig. Und was ist Gott? Gott ist die Liebe nach 1.Joh. 4,8 und 16. Hier nun sagte der Herr Jesus: „Wer an ihn glaubt, der hat das ewige Leben." Da nun in 2.Kor. 5,19 gesagt ist „Gott war in Christo" und wir nun durch den Glauben an Christus das ewige Leben haben, haben wir also Anteil an Gott.

Mit anderen Worten: Ein Kind Gottes hat Gott in seinem Herzen mit allen Eigenschaften und Gesinnungen. Und weil Gott die Liebe ist, kann auch ein Kind Gottes nicht anders als alle Menschen liebhaben, es kann also unmöglich jemanden töten. Das wiederum entspricht unserer sogenannten mennonitischen Wehrlosigkeit.

Eingehend beschäftigten wir uns auch mit 1.Kor.13, wo Paulus uns sagt, was Liebe ist. Hier kann sich jeder prüfen und dann feststellen, wie er persönlich zu diesen Worten des Paulus steht.

In diesem Sinn habe ich während dieser Wochen – je nach der Leitung des Heiligen Geistes – gesprochen. Aber es war eine Arbeit, die mir ungemein schwerfiel. Die von vielen Vorurteilen gegen andersdenkende Menschen erfüllten Herzen ließen sie zu keinem richtigen Urteil über sich selbst kommen. Ethisch gut, christlich und fromm erzogen, verstanden sie dennoch nichts von dem wirklichen, ewigen Leben in einem Kinde Gottes. Mit tiefer Wehmut dachte ich an das Abschiedswort von Bruder Kroeker, das ich ja früher schon anführte. Unverstandensein ist schwer. Und doch waren sie alle sehr lieb zu meiner Frau und mir.

Am Schluß meiner Arbeit dort erlebte ich noch eine große Freude, als mein Schwager Franz Pauls, bei dem mein lieber, tauber Vater wohnte, zu mir sagte: „Schwager Hermann, ich weiß jetzt auch, daß der Herr Jesus mein Heiland ist. Auch ich habe ihn erlebt, und tiefer Friede erfüllt nun mein Herz. Jetzt kann ich dich voll und ganz verstehen." Mit ähnlichen Worten und strahlendem Blick kam noch eine achtunddreißigjährige Schwester zu mir.

Unsere Betrachtungen in jenen Wochen brachten unseren von allen so hochgeschätzten und geliebten alten Lehrer und Prediger in solch tiefes Nachdenken, daß er eines Morgens mit dem Wunsch zu mir kam, mit mir in der stillen Umgebung von Ak-Metschet spazieren zu gehen. An einer einsamen Stelle angekommen, setzten wir uns, und Bruder Penner sagte: „Nach all unserem Forschen in diesen Wochen bin ich für mich dahingekommen, daß ich sagen muß, ich bin gar nicht bekehrt, geschweige denn ein Kind Gottes. Mir fehlt ein innerer Beweis davon, wie es in Römer 8,16 steht: ‚Derselbe gibt Zeugnis unserm Geist, daß wir Gottes Kinder sind.'"

Tränen standen in seinen Augen, als er mir das sagte, und ich wußte vor Schreck nicht gleich, was ich dazu sagen sollte. Es ist dies nun alles schon so lange her, daß ich mich an Einzelheiten unseres Gesprächs nicht mehr erinnere. Es sei nur noch erwähnt, daß die Kämpfe von Bruder Penner sehr schwer und ernst waren. Schließlich beteten wir noch zusammen und gingen nach Hause. Bruder Penner hat noch Jahre gelebt und gepredigt; doch war und blieb er ein schwermütiger Mann und soll einen schweren Tod gehabt haben.

Als nun unsere Zeit um war, reisten wir wieder nach Taschkent zurück und kehrten bei Bruder Abram J. Janzen ein, der inzwischen dort als Mitarbeiter der Bibelgesellschaft angestellt worden war. Wir arbeiteten noch einige Zeit zusammen in der sartischen mohammedanischen Altstadt. Dann reisten meine Frau und ich heimwärts, wobei wir auf der sechstägigen Reise viele Traktate und Evangelien unter der mohammedanischen Bevölkerung verteilten.

Kapitel 11

# Missionserlebnisse

Es war wohl im Mai 1915, als ich wieder auf eine längere Reise von Orloff nach Taschkent ging. Auf diesem Wege mußte man viele Russen- und Sartendörfer passieren, aber auch viele Kirgisen-Auls. Solche Reisen unternahm man entweder in einem Bauernwagen oder zu Pferde, wie ich es häufig tat. Unterwegs ließ ich mir viel Zeit, um auf jeder Station in den Auls und Dörfern das Evangelium zu predigen und Schriften zu verteilen.

In den Karawansereien befanden sich gleich am Eingang Teehallen, in denen die Reisenden, aber auch gewöhnliche Marktbesucher auf Teppichen saßen und ihren Tee tranken. So setzte auch ich mich immer zu ihnen, meine Tasche mit Schriften in russischer und usbekischer Sprache gleich daneben.

Bald wurde die Teegesellschaft darauf aufmerksam und wollte wissen, was in der Tasche ist. Ich nahm dann ein paar Schriften heraus und verteilte sie an alle, die lesen konnten. Dann bat ich den, der es am besten konnte, laut vorzulesen – z.B. Joh. 3,16 –, und wie der Herr es mir dann eingab, leitete ich anschließend im Gespräch zu anderen Schriftstellen über.

Viele kannten mich schon von früher und hörten die Bibelworte gern. Zwar war die Aufnahme des Wortes sehr unterschiedlich, aber auf die Mehrheit machte es einen großen Eindruck. Mich selbst leitete hier vor allem das Wort aus Jesaja 55,11: „Also soll das Wort, das aus meinem Munde geht, nicht wieder leer zurückkommen, sondern tun, was mir gefällt und soll ihm gelingen, dazu ich es sende."

So endete auch diese Reise wieder bei Bruder Janzen im Haus der Bibelgesellschaft. Wie gewöhnlich blieb ich auch diesmal längere Zeit dort. Wir besuchten dort die russische Baptistengemeinde, der sich auch einige Deutsche angeschlossen hatten. Man nahm uns mit viel Liebe auf, als würden wir zu ihnen gehören. Auch wurden wir mehrmals aufgefordert, das Wort Gottes auszulegen.

Taschkent, die Hauptstadt des damaligen Turkestan, war eine sehr große, schön gelegene Stadt mit mehr als 200 000 europäischen Einwohnern. Im Westen, durch den Keleß-Fluß von der Neustadt getrennt, lag die noch größere mohammedanische Altstadt, wo nur Sarten, Usbeken, Tadschiken und vereinzelt auch Kirgisen wohnten. Die Altstadt hatte viele Basare, zu beiden Seiten der sehr engen, verwinkelten Gassen. Während der Sommerhitze liegt alles in einem diffusen Halbdunkel, weil die Straßen mit Rohrmatten überspannt sind. Ein Fremder kann sich dann leicht verirren, und wenn er die Sprache nicht spricht, ist sein Los nicht beneidenswert. Kam es doch in der „guten alten" Zeit gar nicht so selten vor, daß Europäer spurlos verschwanden.

In der Altstadt waren auch die großen Moscheen und theologischen Hochschulen mit tausenden Studenten. Hier herrschte der islamische Fanatismus immer sehr stark.

An fast allen Straßenecken gibt es Teehäuser, die immer besetzt waren, denn in der tropischen Hitze braucht der Körper viel Flüssigkeit. Man war immer durstig. Unaufhörlich drängten sich die Menschen und lange Kamelkarawanen durch die engen Straßen. Es war sehr schwierig, überhaupt durchzukommen.

So zwängten auch wir uns immer wieder mit unseren schweren Büchertaschen durch das Gedränge. Dabei begegneten wir einmal einer Gruppe bettelnder Derwische, das sind Mönche, die singend und bettelnd die Basare aufsuchen. Den Mohammedanern gelten sie als Heilige; auf jeden Fall sind sie ganz besonders fanatisch. Als sie uns nun mit unseren Büchern sahen, sprangen sie auf uns zu, spuckten in unsere Gesichter und schrien: „Weg mit diesen verfluchten Christenhunden, diese Gaururs", d.h. Ungläubige. Es war unser Glück, daß die Polizei schnell kam und die Derwische verjagte.

Doch ungeachtet so manchen Widerstandes haben wir auf den Touren verhältnismäßig viele Traktate und Evangelien verteilen können. Selbst in den Teehäusern konnten wir mit einigen Gästen über ihr Seelenheil sprechen.

Sonntags gingen wir zu den Baptisten, der einzigen Christengemeinde in Taschkent. Sie sangen viele schöne Lieder aus der „Gusli", dem allbekannten Liederbuch von Iwan Stepanowitsch Prochanow. Allein wegen des Gesangs kamen viele Russen und deutsche Geschäftsleute zu den Versammlungen, die gar keine gläubigen Christen waren. Manche von ihnen kamen zum Glauben und wurden später getauft.

So kam auch eine deutsche Frau zum Glauben, deren Mann als Reserve-Soldat irgendwo an der persischen Grenze diente. Sie teilte ihm ihr Glück mit. Doch anstatt sich zu freuen, schrieb er ihr einen zornigen Brief, in dem er damit drohte, sie zu erstechen, wenn sie ihren Glauben nicht wieder aufgeben würde. Der Mann hieß Laubach. Er besaß eine erstklassige Schlachterei und Wurstfabrik mit vielen Angestellten. Außerdem besaß er ein großes Haus. Sie waren lutherische Leute; doch er war ein sehr roher, gewalttätiger Mann.

Bald darauf kam er zu einem längeren Urlaub nach Hause. Für seine Frau begann eine schreckliche Zeit, denn er schlug und quälte sie. Aber sie blieb ihrem Glauben treu. Das versetzte ihn in immer größere Wut.

An einem Sonntagnachmittag hörten wir von der Not dieser Frau. Bruder Janzen und ich gingen zu dem Mann und sprachen mit ihm. Schrecklich war sein Toben. Es war ein harter Kampf. Wie haben wir und auch seine Frau mit dem Herrn um diese Seele gerungen. Und Gott erhörte wunderbar!

Endlich begann er sich zu besänftigen. Ja, wir konnten ihn sogar dazu überreden, mit uns zur Versammlung zu kommen. Gedrückt und still ging er mit uns; aber andächtig und offensichtlich sehr ergriffen lauschte er der Predigt. Nach der Predigt knieten alle nieder – so war es in dieser Gemeinde Brauch –, und alle beteten laut, wie es jedem ums Herz war.

Was mag da alles im Herzen unseres Freundes Laubach vorgegangen sein? Wir wissen es nicht. Doch von da an fehlte er nie. Zu Hause war er ein stiller Mann geworden. Kurz darauf kam er zu einer gründlichen Bekehrung und zu vollem Frieden. Er wollte getauft werden. Bei ihm und besonders bei seiner Frau war das Glück sehr groß. Sie konnte es kaum fassen: „Göttlich groß ist nun mein Glück."

Nach Meinung der Brüder sollte er am folgenden Sonntag im Salar-Fluß getauft werden, der am äußersten Ende der Stadt an einem Badeplatz vorbeifloß. An dem Sonntagmorgen – nach der Predigt und einer Gebetszeit – zog die ganze Gemeinde zum Fluß. So viele wie nur möglich drängten in das Badezelt, das zum Wasser hin offen stand. Eine Treppe führte ins Wasser. In einer Ecke gab es einen kleinen Umkleideraum. Nach einer Ansprache des leitenden Bruders über Bekehrung und Taufe und dem sich anschließenden Gebet stieg der Täufer in weißem Gewand ins Wasser. Der Täufling folgte. Aber ganz unvermutet kehrte er um und lief ins Zelt zurück. Gleich darauf erschien er wieder und ging ruhig die Treppe hinab ins Wasser. Er wurde getauft. Während er und der Täufer sich umzogen, sang die Gemeinde, und mit Gesang ging es auch wieder zurück ins Versammlungshaus, wo dann die Feier beendet wurde.

Bruder Janzen und ich mußten mit dem glücklichen Ehepaar Laubach noch in ihr Haus kommen. Es war inzwischen Abend geworden. Nach dem Tee wollten wir uns verabschieden, aber Bruder Laubach bat mich dringend, bei ihm zu bleiben.

Als wir am nächsten Morgen vom Teetisch aufstehen wollten, griff mein Gastgeber in seine Brieftasche, überreichte uns dreihundert Rubel und sagte: „Lieber Bruder Jantzen, nehmt das Geld, kauft für hungrige Sarten in der Altstadt Brot, und gebt ihnen zu essen. Dann verkündigt ihnen das Evangelium, und ihr werdet sehen, daß eure Zuhörer mit sattem Magen schneller für das Evangelium zu haben sein werden als mit hungrigem."

Am nächsten Morgen tat Bruder Laubach dasselbe und so auch den dritten Tag. Da meinte ich erstaunt: „Aber Bruder Laubach, ist das nicht zuviel, was du tust? Du hast doch auch eine Frau und Kinder."

„Meine lieben Brüder, mein Portemonnaie ist auch getauft worden und gehört dem Herrn. Habt ihr bei meiner Taufe nicht gemerkt, wie ich vor dem Einsteigen ins Wasser noch einmal in den Umkleideraum zurücklief? Die Ursache war diese: Als ich mich zur Taufe umkleidete, sagte der Geist Gottes zu mir: ‚Adam (sein Vorname), nimm auch dein Portemonnaie mit, das muß auch getauft werden.' Doch der Teufel flüsterte mir zu: ‚Du hast doch noch Frau und Kinder zu versorgen.' Da folgte ich ihm. Als ich aber ins Wasser steigen wollte, sagte der Geist Gottes wieder zu mir: ‚Adam, halt, jetzt oder nie, geh schnell zurück, und hole dein Portemonnaie, das muß auch getauft werden, denn von nun an gehört es mir.' Da bin ich schnell zurückgelaufen und habe es geholt. Vor den Menschen hielt ich es verborgen. So wurde mein Portemonnaie mitgetauft und gehört nun voll und ganz dem Herrn. Darum, liebe Brüder, seid nicht besorgt um mich, ich weiß, was ich tue. Und nun glückliche Reise in die Altstadt."

Eines Tages saßen wir beide im Haus der Bibelgesellschaft. Wegen der großen Hitze stand das Eingangstor weit offen. Da sahen wir einen ziemlich zerlumpten

Hadschi eintreten, das ist ein Mekka-Pilger, der eine Reise nach Mekka hinter sich hat. Man kann die Pilger gut erkennen, weil sie einen besonders gewickelten, weißen Turban auf dem Kopf und einen gelbbraunen Pilgermantel tragen. Dieser Mann kam herein, setzte sich – offenbar sehr müde und erschöpft – auf dem Boden nieder und fragte, ob wir das große Buch von Luther in der usbektürkischen Sprache hätten. Wir begriffen nicht gleich, was für ein Buch er meinte. Da erklärte er, daß in dem Buch viel von Jesus, dem Sohn der Jungfrau Maria, gesagt sei. Nun wußten wir, daß er die Bibel meint.

Bruder Janzen reichte ihm eine schöne Bibel in seiner Sprache. Gleich fing er an zu lesen, und zwar so fließend, daß wir uns verwundert ansahen. Nun erzählte er uns, daß er zweimal als Pilger in Mekka und Medina gewesen war. Nach der zweiten Reise habe er den Rückweg über Jerusalem und Bethlehem gewählt und auf allen heiligen Plätzen gebetet. Aber er habe keinen Frieden für seine Seele gefunden. Nun sei er über Konstantinopel und die Krim in die Ukraine gewandert. Dort habe er deutsche Leute getroffen, die nicht die russische Kirche mit ihrem Bilderdienst besuchen. In seinem radebrechenden Russisch habe er zu ihnen von dem Unfrieden in seinem Herzen gesprochen. Da hätten sie ihm gesagt, er müßte das große Buch von Luther lesen; in dem Buch sei viel von Jesus, dem Sohn der Jungfrau Maria, gesagt. Wenn er das lesen würde, könnte er Frieden finden. Nun – und jetzt sei er überall auf der Suche nach diesem Buch in seiner Sprache.

Wir behielten den Mann bei uns und studierten einige Tage mit ihm zusammen die Schrift. Wie ein Schwamm nahm er auf, was wir mit ihm besprachen. Schließlich reiste er weiter nach Andischan, wo er zu Hause war. Ein paar Monate später erhielt ich in Orloff einen Brief von ihm, in dem er schrieb: „Ich habe nun in Jesus meinen

Heiland gefunden und möchte von Euch getauft werden."

Bruder Jantzen erhielt den gleichen Brief von ihm. So reiste ich nach Taschkent und von dort mit Bruder Janzen in das vierhundert Kilometer entfernte Andischan. Wir fanden unseren neuen Bruder Mussa Machmudi glücklich und in großer Freude. Einige Mühe bereitete ihm lediglich der Umstand, daß Jesus der Sohn Gottes ist – wo doch Gott überhaupt nicht verheiratet war.

Es dauerte einige Zeit, ihm das zu erklären. Ich bewies es ihm aus dem Koran. Mohammed selbst gibt dazu eine Erklärung, wenn er sagt: „Jesus ist – wie der Auftrag Gottes an Gabriel lautete – von der Jungfrau Maria empfangen und geboren worden, ohne einen menschlichen Vater zu haben, wie auch Adam keinen menschlichen Vater gehabt hat, und ist somit allein auf Gottes Wort hin geboren. Darum wird Jesus auch das Wort Gottes genannt. Er hat ohne Sünde gelebt und ist gestorben. Aber Gott hat ihn auferweckt und lebend in den Himmel genommen."

Weiter sagt der Koran, daß Jesus für viele zur Seligkeit gekommen ist. Das mohammedanische Buch Schariat sagt dies alles noch viel deutlicher.

Endlich drang das vollständige Licht des Wortes Gottes bei unserem Bruder Mussa Machmudi durch, und er kam zu vollem Frieden und zu voller Freude. Nach einigen weiteren Tagen des Schriftstudiums haben wir ihn auf seinen Wunsch in dem Namen des dreieinigen Gottes – des Vaters, des Sohnes und des Heiligen Geistes – getauft. Darauf feierten wir mit ihm das heilige Abendmahl und kehrten wieder nach Hause zurück.

Bruder Mussa Machmudi wurde durch sein Zeugnis – zumal er auch in den mohammedanischen Schriften sehr gut bewandert war – für viele in seiner Umgebung zum großen Segen. Durch ihn bekam ein sehr gelehrter junger Mann in Aimkischlack, dreißig Kilometer von

Andischan entfernt, von Bruder Janzen ebenfalls eine Bibel in seiner Sprache, die er eifrig las. Bald darauf konnten wir ihn in seinem Dorf besuchen. Er war der Sohn eines reichen Kaufmanns.

Der junge Mann hieß Mamadschan, war verheiratet und hatte ein reizendes Töchterlein. Als hochgelehrter Mullah besaß er eine große Bibliothek. Wir wurden sehr freundlich von ihm aufgenommen und studierten mit ihm einige Tage die Bibel. Bruder Mussa Machmudi war ebenfalls dabei. Als gelehrter, ehemaliger Mohammedaner, der nun Christ war, machte dessen entschiedenes Zeugnis einen tiefen Eindruck auf den jungen Mann.

Nachdem wir noch in der ganzen Stadt einige Traktate und Evangelien verteilt hatten, kehrten wir über Chodschent nach Hause zurück.

Wenige Monate später bat uns Mamadschan brieflich, noch einmal zu ihm zu kommen; er wollte von uns getauft werden.

Wieder wurden wir sehr herzlich empfangen und in seiner Bibliothek einquartiert. Doch ungeachtet aller Wiedersehensfreude blieb uns nicht verborgen, daß ein schwerer Druck auf ihm lastete. Er teilte uns mit, daß er Eigentum des Herrn geworden sei – aber das hätte für ihn sehr schwere Folgen gehabt. Sein Vater habe ihn enterbt und ihm auch seine Frau und das Töchterchen genommen. Vom Bibliothekszimmer abgesehen, dürfte er sich in keinem Zimmer des Hauses aufhalten. Sein Essen bringt man ihm in dieses Zimmer, ohne ein Wort zu sagen.

Wir blieben einige Tage bei ihm. Essen und Trinken wurde uns gebracht. Mamadschan hatte es irgendwo „draußen" für uns bestellt. Nachts schliefen wir mit ihm in der Bibliothek auf dem mit dicken Teppichen belegten Fußboden, ganz nach ländlicher Sitte. Tagsüber vertieften wir uns in die Schrift. Wir stellten auch ihm alle möglichen Fragen und merkten dabei, daß er tief in den Sinn des Wortes Gottes eingedrungen war. Eines Tages fragte ich ihn: „Lieber Mamadschan, wie kommt es, daß du immer so merkwürdig lächelst, wenn wir dir eine Frage stellen?"

Er antwortete sehr ernst: „Liebe Brüder, ihr versucht nun schon seit Tagen herauszubekommen, wie tief mein Glaube an den Herrn Jesus ist; denn ihr wollt wissen, ob ihr mich taufen könnt. Das ist eure Pflicht. Denn wir Mohammedaner gelten im allgemeinen als falsch und verlogen. Aber nun muß ich euch etwas erzählen:

Seitdem ich die Bibel habe, studiere ich viel darin. Dabei sind in mir immer wieder Fragen entstanden, die ich mir nicht beantworten konnte. Aber ich suchte doch die volle Wahrheit. In meiner Verzweiflung saß ich eines Tages hier auf diesem Platz und rief: ‚O Herr Jesus, wo du doch vom Tode auferstanden bist und lebst und nun hier die Bibel sagt: Ich bin bei euch alle Tage bis an der Welt Ende! – offenbare dich auch mir. Ich suche dich!' Auf diesen Schrei hin öffnete ich meine Augen und sah ihn vor mir stehen, mit ausgebreiteten Armen und einem Blick, den ich euch nicht beschreiben kann. Ich sprang auf und wollte mich in seine Arme werfen – aber da war er schon wieder verschwunden. Und nun, liebe Brüder! Ich habe ihn gesehen und bin sein Eigentum und möchte das bezeugen, indem ich mich taufen lasse nach Römer 6,4. Macht jetzt, was ihr für richtig haltet."

Dieses schlichte Zeugnis berührte uns zutiefst. Um Mitternacht gingen wir zusammen mit den eingeladenen Zeugen, Bruder Mussa Machmudi und einer russischen Baptistin, zur Stadt hinaus und tauften Mamadschan im vorbeifließenden Fluß. Nach der Rückkehr feierten wir fünf unter viel Lob- und Danksagung das Mahl des Herrn. Wir wußten es, daß der Herr in unserer Mitte war.

Warum wir die Taufe so spät in der Nacht und nicht am hellen Tag durchführten? Nun, wir waren in einer mohammedanischen Stadt. Die Einwohner hätten nie und nimmer eine Taufe zugelassen. Es bestand sogar die Gefahr, daß man uns deswegen getötet hätte.

Am nächsten Tag reisten wir zurück und nutzten dabei wie immer die Gelegenheit, an die Mitreisenden in den Waggons Traktate zu verteilen. Daraus entwickelte sich so manches Gespräch mit den Reisenden über den Glauben und ihr Seelenheil. Die Mohammedaner jener Zeit waren schließlich sehr religiös und sprachen gern über Religion und geistliche Bücher.

## Kapitel 12

# Der Jamudenaufstand

In diesen Tagen des Jahres 1916 las ich daheim in der Turkestaner Zeitung folgende Nachricht: „Chiwa haben die Turkmenen mit viel Mühe erobert. Seit-Ispendjar, sein Hof und auch ein deutsches Dorf wurden ausgeraubt und niedergemetztelt."

Der alte Fürst Seit-Muchamet Chan war schon gestorben und sein Sohn Ispendjar Chan geworden. Doch er konnte mit den Jamuden nicht fertigwerden und besaß auch nicht die Autorität wie sein Vater. So kam es zum Turkmenenaufstand. Die Usbeken, zu denen auch der Chan gehörte, sind ein friedliebendes Volk; die Turkmenen oder Jamuden dagegen sind stolz, tapfer, aber auch angriffslustig und räuberisch. Es dauerte nur wenige Wochen, da hatten die Jamuden den westlichen Teil des Landes mit der Hauptstadt Chiwa erobert.

Gleich zu Beginn des Aufstandes hatte Chan Ispendjar zwar die Russen um Hilfe gebeten, aber die Hilfe kam zu spät. Der Fürst, sein Hof, viele andere Fürsten und Bürger wurden getötet. Nachdem ich das Telegramm gelesen hatte, machte ich mich sofort auf den Weg nach Chiwa. In Taschkent hielt ich bei Bruder Janzen an und erzählte ihm alles. Kurzentschlossen begleitete er mich bis Tschardschui, um unterwegs Bibeln und Traktate zu verteilen.

Über Tschina, Dschisak, Samarkand und Buchara erreichten wir in 34-stündiger Fahrt Tschardschui am Amu-Darja. Dort wollten wir zu einem baptistischen Bruder gehen; doch die Polizei nahm uns in Gewahrsam und brachte uns zum Kommissar. Der untersuchte unsere Papiere. Mein Vorname war in russischer Form geschrieben und lautete daher nicht Hermann, sondern

German (die russische Sprache kennt den H-Laut nicht). Er holte die anderen Beamten und schrie: „Da haben wir's! Sogar bis hierher haben die Deutschen ihre Spione geschickt! In den Karzer mit den beiden!"

Ich sagte ihm: „Ich bin ein russischer Bürger und in Rußland geboren; ebenso mein Kamerad. Wir wohnen seit vielen Jahren im Kreise Aulie-Ata, und da fragen Sie, wer wir beide sind?" Er akzeptierte meinen Protest; aber wir mußten doch die Nacht im Polizeibüro zubringen. Am nächsten Morgen wurden wir mit vielen Entschuldigungen entlassen. Endlich konnten wir nun zu dem Baptistenbruder gehen, den wir aus früheren Zeiten kannten und von dem wir gut aufgenommen wurden.

Doch ich hatte nur einen einzigen Wunsch – nach Petroalexandrowka und Chiwa zu kommen, und zwar so schnell wie möglich. Der einzige Dampfer auf dem Amu-Darja war gerade vor zwei Tagen abgefahren. Da lernte ich einen Uralkosaken kennen, der in Petroalexandrowka wohnte. Ich wurde mit dem Kosaken einig, daß wir ein Fischerboot kaufen und bis Hanka zusammen reisen wollten, das gegenüber von Chiwa liegt. Er würde dann allein weiter nach Petroalexandrowka reisen.

Als wir das Boot gekauft hatten, fuhren wir noch am selben Abend von einer geheimen Stelle ab. Schließlich herrschte Kriegszustand, und am Amu-Darja wurde alles streng bewacht. Bruder Janzen und der andere Bruder begleiteten uns noch bis zum Boot. Ohne Zwischenfall erreichten wir am vierten Tag Hanka. Hier fuhr der Kosak allein weiter, während ich mich zu Fuß auf den Weg machte.

Eingehüllt in einen langen chiwesischen Mantel, die Reisetasche auf dem Rücken, quälte ich mich durch das Ufergestrüpp zu dem Dorf Haake, das etwa vier Kilometer entfernt lag. Ein chiwesischer Fischer, der einen Esel mit sich führte, holte mich ein. Ich bat ihn, mir den

Esel zum Reiten zu lassen. Er willigte ein. Also setzte ich mich auf das faule Tier, während der Fischer neben mir herlief und den Esel antrieb.

Wir näherten uns dem Stadttor, und da sah ich schon, daß russische Soldaten alle anhielten und visitierten, die in diese Stadt wollten. Es gelang mir aber, unkontrolliert durchzuschlüpfen, und so ritt ich bis zum Eingangstor des Hauses, in dem der Stadthalter Aminbei wohnte – ein alter Bekannter aus früheren Zeiten.

Der Hof war voller Kosaken, die mich vom Esel zogen und wissen wollten, wer ich sei. Meiner Kleidung nach war ich ein Chiwese; aber die blauen Augen paßten nicht dazu. Das war verdächtig. Ein Offizier trat an mich heran und herrschte mich an: „Wer bist du?"

„Ich bin einer von den Ak-Metschet-Deutschen."

Zweifelnd schlug er ein Notizbuch auf und sagte: „Nenne mir alle Ak-Metscheter dem Namen nach, so wie sie wohnen."

Nachdem ich das getan hatte, ließ er mich frei. In dem Augenblick erschien auch mein alter Freund Amin-Bei und begrüßte mich freundlich, wobei er zu dem Offizier sagte: „Das ist seit vielen Jahren mein Freund aus Ak-Metschet."

So war denn alles in Ordnung, und ich blieb bei Amin-Bei. Am anderen Morgen ließ er mich durch seinen Reitknecht zu Pferde nach Ak-Metschet bringen, eine 45 Kilometer lange Reise.

Wie groß war die Freude aller meiner Verwandten und Freunde, als sie mich sahen. Jeder von ihnen sah sehr blaß und müde aus. Aufgeregt berichteten sie, was geschehen war. Die Gefahr für sie sei sehr groß gewesen; denn die Jamuden wollten sie – als Freunde des Chan Ispendjar – allesamt umbringen. Doch ein befreundeter Jamude hätte ihnen diesen Plan verraten. Er sagte: „Übermorgen, am Montag, ist der festgesetzte Tag.

Dann kommt ein Jamudenheer und räumt mit allem auf."

Hierauf sei die ganze Gemeinde in der Kirche zusammengekommen, habe die ganze Nacht und den folgenden Sonntag gefastet und gebetet. Am Abend begannen die russischen Kanonen, von der Ak-Metscheter Seite her, die Stadt Chiwa zu beschießen. Dadurch wurden die Jamuden aus dem Dorf gedrängt. Der Kampf dauerte zwei Tage. Nachdem die Jamuden etwa 150 Kilometer weit verfolgt worden waren, gaben sie auf. Der Aufstand der Jamuden war kläglich zusammengebrochen. Von dem Geschlecht der Begaduren war nur ein Bruder des Chan Ispendjar, der Seit-Abdulla, übriggeblieben.

Seit-Abdulla kannte ich seit meiner Jugendzeit sehr gut. So machte ich mich auf, ihn zu besuchen. Ich beglückwünschte ihn zu seiner Rettung und blieb vier Tage bei ihm. Er freute sich ganz offensichtlich über meinen Besuch. Doch er stand noch unter dem Eindruck des Erlebten und sagte: „Mein lieber Jaman Aga (mein dortiger Name), mein Vater, dem Sie viele Jahre als Dolmetscher gedient haben, ist eines natürlichen Todes gestorben. Aber sein Nachfolger, Seit-Ispendjar, und alle meine anderen Brüder, wurden von den Jamuden ermordet. Jetzt bin ich Chan. Aber wie wird mein Ende sein?"

Den ganzen Tag mußte ich bei ihm bleiben, und da hatte ich gute Gelegenheit, mit ihm über sein Seelenheil zu sprechen. Dazu nahm ich mein usbektürkisches Neues Testament aus der Tasche und gab ihm auch eines. Erfreut nahm er es in seine Hände, und wir saßen den Rest des Tages auf seiner Veranda und vertieften uns in die Schrift. Alles war ihm neu und unbekannt. Ich erkannte, daß er für alles, was wir besprachen und lasen, sehr empfänglich war. Auch die folgenden Tage nutzten wir in dieser Weise. Dann mußte ich abreisen. Der Chan überreichte mir seine prächtige Fotografie, auf deren Rückseite er schrieb: „Dies meinem lieben Brat (Bruder)

Jaman Aga zum Andenken an unser Zusammensein in den dunkelsten Tagen meines Lebens im Jahre 1916 in Chiwa." Gezeichnet: Seit-Abdulla Bagadur Chan.

Als die Bolschewisten im Jahre 1918 nach Chiwa kamen, stürzten sie auch seine Regierung. Abdulla – aller seiner Habe beraubt – mußte bis zu seinem Tode als Knecht arbeiten. Das war die letzte Nachricht, die ich von ihm erhielt.

Rasch erreichte ich den Dampfer in Urgentsch, mit dem ich flußabwärts nach Tschardschui kam. Der Abschied von meinen Lieben in Ak-Metschet war sehr kurz. Von Tschardschui brachte mich der Zug dann in drei Tagen nach Aulie-Ata, der Endstation der Bahn. Von dort ging es mit dem Wagen weiter nach Orloff.

Kapitel 13

# Kirgisenaufruhr

Unterwegs erzählte mir der Fuhrmann allerlei schlimme Dinge. Die russische Regierung habe nun auch alle mohammedanischen Völker Turkestans zum Militärdienst aufgerufen. Aber nicht, um mit der Waffe gegen die Deutschen zu kämpfen, sondern nur um Laufgräben zu graben. Doch alle Kirgisen widersetzten sich. Schließlich hatten sie in ihren Moscheen immer zu Allah für den Sieg der Deutschen über die Russen gebetet. Daß nun auch sie eingezogen wurden, ließ sie vermuten, daß die Germanen bereits alle Russen erschossen hätten und sie jetzt deren Reihen schließen sollten.

In den Russendörfern waren schon längst alle Männer zwischen 17 und 45 Jahren eingezogen worden. Nur noch alte Männer, Frauen und Kinder traf man dort an. Nun rotteten sich die Kirgisen zu Horden und Banden zusammen und überfielen die Dörfer, ermordeten viele Menschen auf abscheuliche Weise und raubten alle Häuser aus. Anschließend steckten sie die Dörfer in Brand.

Alle diese Greuelnachrichten wurden mir daheim bestätigt. Angst und Panik wuchsen ins Unermeßliche. Viele schickten ihre Töchter fort. Unsere Tochter Anna brachten wir zu Verwandten in Samara am Trakt, wo sie ein Jahr blieb.

Auf diese Weise vernichteten die Kirgisen in der Umgebung von Istickkul-Prisspeck, nicht weit von unserem Dorf entfernt, vierzig russische Dörfer. Doch sie zerstörten nicht nur die Häuser, sondern auch die reife Frucht auf den Feldern, so daß praktisch alles vernichtet war.

In einer mondhellen Nacht erschien auf unserem Hof

eine große Schar Kirgisen. Entsetzt und voller Angst sahen wir, daß alle bewaffnet waren. Einer stieg vom Pferd und kam an das Fenster, hinter dem ich schlief. Er kannte sich offensichtlich gut aus. Er rief meinen Namen. Ich öffnete das Fenster und fragte, was er wollte. Er antwortete:

„Unsere Häuptlinge haben uns geschickt, Sie zu holen. Wir lagern auf der großen Weide von Klutschowka. Die Häuptlinge wollen mit Ihnen beraten, weil Sie Deutscher sind. Satteln Sie schnell Ihr Pferd, und kommen Sie schnell. Die Beratung muß vor Tagesanbruch beendet sein. Und wir haben noch zwölf Kilometer zu reiten."

Es war offensichtlich unsinnig, in irgendeiner Form Widerstand zu leisten. Hier waren höfliche Bitten, fester Ernst und Drohung vereint. Nachdem ich meine Frau und die Kinder beruhigt hatte, ritt ich mit dem Trupp.

Auf der großen Weide mochten tausende Kirgisen versammelt sein. Die Häuptlinge saßen auf einem Hügel und warteten auf mich. Höflich baten sie mich, in ihrer Mitte Platz zu nehmen. Dann sprach mich der offensichtlich ranghöchste Häuptling an:

„Freund Rahman Bai (mein Name unter diesen Stämmen), wir haben Sie kommen lassen, um mit Ihnen einiges zu besprechen. Wie Sie wohl wissen, sind wir dabei, mit den Russen ein Ende zu machen. Nachdem die Deutschen die Russen so zusammengeschossen haben, daß sie uns nun einziehen wollen, haben wir beschlossen, den Deutschen von hier aus zu helfen. Denn wir sind ihre Freunde und beten immer für sie in den Moscheen. Hat doch ihr Pascha, Kaiser Wilhelm, vor einigen Jahren den Seit-Hamiet Pascha, den Sultan der Türkei, in Konstantinopel besucht. Auch ist er am Freitag (der mohammedanische Sonntag) mit dem Sultan zum Gottesdienst in der Moschee gewesen – mit einem weißen Turban wie der Sultan. Nachdem der germanische

Pascha für seinen Sohn um die Hand der Tochter des Sultans geworben hat (was im übrigen gar nicht stimmt), sind wir gute Freunde der Deutschen.

Wir wissen, daß in euern acht Dörfern Deutsche wohnen und daß ihr den Russen so gegenübersteht wie wir. Die Russen behandeln euch so wie uns. Das haben wir bei den Pferdeablieferungen gesehen. Wo ein russischer Bauer ein Pferd stellen mußte, da mußtet ihr zwei geben. Die Russen hassen euch ebenso wie uns. Doch nun ist die Zeit der Rache gekommen. Vierzig Dörfer sind schon mit ihren Einwohnern vom Erdboden verschwunden. Jetzt sind die Dörfer Alexandrowka, Dimitrowka, Klutschowka, Wodnoie und Alexanowka an der Reihe. Eure Dörfer liegen genau dazwischen; aber euch wird nichts geschehen. Um euch zu bewahren, sind eure Dörfer schon seit einigen Nächten von unseren Wachen umgeben, die natürlich niemand sehen darf. Aber sie passen auf, daß euch keiner von unseren Leuten aus Versehen angreift. Nun unser Rat an euch: Kommt mit uns, und rächt euch mit uns an unserem gemeinsamen Feind."

Fieberhaft bemüht, den rechten Ton zu treffen, begann ich: „Meine Freunde, ich danke euch für so viel Entgegenkommen und Vertrauen. Doch muß ich euch sagen: So wahr es ist, was ihr über unser Verhältnis zu den Russen sagt, so wahr ist es auch, daß unsere acht Dörfer von Christen bewohnt werden, denen Christus die Rache verboten hat. Darum können wir nicht mit euch gehen. Doch wenn ihr es wünscht, möchte ich euch einen Rat geben."

„Wir vertrauen Ihnen vollständig, Rahman Bai, denn wir kennen Sie schon viele Jahre. Darum wissen wir, daß Sie uns einen guten Rat geben werden."

„Liebe Freunde, ihr denkt, daß schon so viele Russen erschossen wurden, weil man euch jetzt einzieht. Aber das ist ein großer Irrtum. Rußland ist viel, viel größer, als ihr ahnt und kann noch sehr viele Soldaten einziehen. Das werdet ihr noch sehen. Ich irre mich nicht, wenn ich euch sage: Wahrscheinlich schon sehr bald werden viele Soldaten kommen, um euch zu strafen. Darunter werden viele Söhne und Väter von denen sein, die ihr umgebracht habt. Und die werden sich rächen. Darum rate ich euch als euer Freund: Flieht sofort mit allem, was ihr habt, in die Berge. Dort wartet zehn Tage, und seht, ob ich recht habe."

Darauf kamen alle Hauptleute zu einer Beratung zusammen. Sie dauerte recht lange. Schließlich rief man mich in den Kreis zurück. Wieder sprach der ranghöchste Häuptling zu mir, indem er sich vor mir erhob:

„Lieber Rahman Bai, wir haben beschlossen, Ihren Rat anzunehmen und ihn zu befolgen; denn wir wissen, Sie meinen es gut mit uns."

Dann wurden alle Männer zusammengerufen, und der Hauptmann wiederholte ihnen alles, was wir besprochen hatten und was beschlossen worden war. Dann erhob er seine Hände zum Himmel und rief: „Zum Zeichen, daß wir den Rat unseres Freundes Rahman Bai angenommen haben, erheben wir unsere Hände zum Himmel und rufen: ‚Allah ga schkur!', d.h. Gott sei gedankt." Wie ein Donnerschlag erklang dieser Ruf aus den wohl mehr als tausend Kehlen. Dann folgte das Kommando: „Jeder flüchtet mit seinem Zelt, Vieh und Familie tief in die Berge – bis zum nächsten Aufruf!"

Doch es erklang kein neuer Aufruf mehr. Wie ich vermutet hatte, rückten Tausende russische Soldaten an – unter ihnen viele Väter und Söhne der Ermordeten – und rächten sich an allem, was Kirgise hieß und in ihre Hände fiel, in noch grauenvollerer Weise, als es die Kirgisen getan hatten. Die Soldaten drangen tief in die Täler und Berge vor und vernichteten alle und alles, was sie nur finden konnten. Viele reiche Kirgisen aber waren mit ihrem geraubten Gut – darunter viele Mädchen – in das fünf Tagesritte entfernte Chinesisch-Turkestan geflüchtet.[5]

Kapitel 14

# Unter den Bolschewiken

Im Jahre darauf, 1917, brach die Revolution aus – mit all ihren schrecklichen Folgen. Die Missionsarbeit wurde verboten, und ich mußte still und untätig zu Hause bleiben. Das tat mir einerseits richtig gut. Doch die Ruhe dauerte nicht lange. Bereits im Juli erließ die neue Regierung einen Befehl, daß alle Völker und Stämme Delegierte wählen mußten, die dann in der jeweiligen Gouvernementsstadt die Gemeindeinteressen zu vertreten hatten.

Unsere Gemeinde – sie bestand aus zwölf Dörfern – wählte mich, weil ich außer Russisch auch alle vier mohammedanischen Sprachen beherrschte, die in dem großen Turkestan gesprochen werden. Als meine Mitarbeiter und Ratgeber wurden die Brüder P.J. und H.M. gewählt, ebenfalls mit vollem Stimmrecht. Schon im selben Monat mußten sich alle Delegierten aus Turkestan im großen Gouvernementsgebäude versammeln. Der bisherige Gouverneur wurde mit allen Unterbeamten gefangengenommen; er war abgesetzt.

Weil uns allen eine solche Regierung ohne gewähltes oder bestelltes Oberhaupt fremd und unbekannt war, wurde ein Vorsitzender gewählt, der ein Kommunist und zugleich ein Feind aller bisherigen Regierungsformen war; ein Herr Kerenski, der ja später eine Zeitlang Rußlands Präsident war. Bei allen Angelegenheiten gab Stimmenmehrheit den Ausschlag. In diesem Gremium standen 5 Prozent Europäer den 95 Prozent Mohammedanern gegenüber, die selbstverständlich alles in ihrem Sinn beschlossen.

Immer wieder kamen aus Moskau sprachgewandte, studierte Männer, die – verbittert durch den langen

Krieg – gegen die zaristische Regierung schimpften und hetzten. Die Versammlungen dauerten viele Tage. Wir drei Mennoniten hatten nicht viel zu sagen. Täglich erreichten uns neue Verordnungen aus Moskau, so daß die Verwirrung immer größer wurde.

Wir drei wohnten damals im Bibeldepot bei Bruder Janzen. In der freien Zeit gingen wir beide wie gewohnt in die Altstadt und sprachen mit unseren mohammedanischen Freunden. Aber viel konnten wir nicht ausrichten.

Bei den Delegiertentreffen wurde zunächst nicht viel über Religion gesagt, obwohl hin und wieder einer der „hochgeachteten" Moskauer Redner sich gemein und niederträchtig über die langhaarigen Popen ausließ. Schließlich seien sie ja an allem Unheil schuld.

Als wir von Taschkent heimkamen, mußten wir immer wieder an den Beratungen in Aulie-Ata teilnehmen. Aber im Oktober ging es dann wieder nach Taschkent, wo diesmal Aufruhr herrschte.

Vom 25. bis 28. Oktober fanden blutige Kämpfe statt, bei denen viele Menschen ums Leben kamen. Die Bolschewiken kämpften gegen die Links-Revolutionäre. Die Bolschewiken waren – im Gegensatz zu den Links-Revolutionären – alle sehr gut bewaffnet. In der Festung saßen außerdem noch einige zarentreue Soldaten. Sie wurden zuerst niedergemacht. Darauf zogen die Sieger durch die ganze Stadt und metzelten wahnwitzig und entmenscht alles nieder, was ihnen in den Weg kam – Männer, Frauen und Kinder. Bald lagen die Straßen voller Leichen. Den Vorsitzenden der Links-Partei steckten sie lebendig in den Heizkessel der Lokomotive, die zur Abfahrt bereitstand, und verbrannten ihn. Er war ein alter Bekannter von mir. Baronef war Direktor der Staatsbank gewesen, ein feiner Mensch, der seine junge Frau mit mehreren Kindern zurückließ.

Wir drei Mennoniten saßen während dieser schrecklichen Ereignisse bei Bruder Janzen im Keller.

Als es endlich still geworden war, stürmten die siegreichen Bolschewiken die Häuser der sogenannten „reichen Bonzen", um alles, was dort übrig war, für die neue Regierung zu requirieren. „Rauben" ist ein kapitalistischer Ausdruck, den die Bolschewiken für sich ablehnten.

Sobald wir konnten, machten wir uns auf den Weg nach Hause; immer mit der bangen Frage im Herzen: Wie mag es dort aussehen? Wir erreichten die große Stadt Tschimkent und sahen zu unserer großen Erleichterung, daß dort alles ruhig war. Wir kamen noch durch viele russische Dörfer; aber niemand wußte etwas von dem schrecklichen Geschehen in Taschkent. Auch daheim war alles ruhig.

Doch schon bald darauf erschienen auch in unseren Dörfern Bolschewiken und ihre Kommissare, die große Versammlungen abhielten. Alle, die älter als sechzehn Jahre waren, mußten dort erscheinen – Männer und Frauen. Hochtrabende Reden über Glück und Wohlstand wurden da geschwungen. Vor allem aber mußten nun alle Parteimitglied werden. Bei uns Mennoniten fanden sie freilich wenig Verständnis.

Das Bibeldepot mußten wir im Jahre 1918 schließen. Bruder Janzen kehrte deswegen mit seiner Familie zu uns zurück und wohnte in Nikolaipol. Er hat dann eine Zeitlang in Orloff als Lehrer gearbeitet. Die beiden Orte lagen sieben Kilometer auseinander. An den Sonntagen hat er uns oft in der Schule mit dem Wort Gottes gedient, und alle empfingen reichen Segen.

Nach der Ernte erreichten uns strenge Befehle, daß wir alles abliefern müßten, was wir für uns selbst nicht brauchten oder was als Staatsgut diente. Alles mußte in dem 35 Kilometer entfernten Dorf Alexandrowka abgeliefert werden. Das war für uns Bauern ein schwerer

Schlag, aber es blieb dabei. Kurz darauf kamen die Machthaber und nahmen uns Pflüge, Putzmühlen, Mähmaschinen und viele Wagen fort.

Außerdem wurden alle drei Monate neue Wahlen für unseren Kreis angeordnet. Kein Gewählter durfte die Annahme der Wahl verweigern – galt er dann doch als Konterrevolutionär, d.h. er wurde als Zarist abgestempelt und dementsprechend behandelt. Bei einer solchen Wahl traf mich das Unglück, daß ich bei der Kreiskommissar-Wahl so viele Stimmen bekam, daß ich Stellvertreter des Hauptkommisssars wurde. Dieser Kommissar, ein früherer Kriegsgefangener aus Galizien – Soroka hieß er –, war kein schlechter Mann, so eine Art Edel-Kommunist, der in Rußland geblieben war; aber er trank gerne.

Mit ihm zusammen mußte ich nun täglich in der Kreiskanzlei arbeiten und war dadurch gezwungen, immer in der Stadt zu sein. Abends ging ich oft in die Altstadt, wo ich mit meinen mohammedanischen Freunden über wichtigere Sachen sprechen konnte als nur über die traurigen Verhältnisse in unserem Land.

Fast täglich fanden Sitzungen im Kommissariat statt, an denen alle Kreisdelegierten teilnehmen mußten. Nach Moskauer Muster, das über Taschkent an uns gekommen war, verabschiedeten wir laufend neue Beschlüsse. Wie schon erwähnt, standen wir mit 5 Prozent den 95 Prozent Mohammedanern gegenüber. Und sie, die zuvor vom zaristischen Regime Unterdrückten, waren uns feindlich gesonnen. Weil der Bolschewismus ihnen zunächst große Freiheiten einräumte, waren sie fast alle Parteimitglieder geworden und beherrschten dadurch das Polizeibüro (GPU) wie auch viele andere Instanzen. Für sie war es selbstverständlich, sich an ihren früheren Herren zu rächen.

Daher hatten Soroka und ich immer einen schweren Stand, weil sie häufig völlig unsinnige und unvernünftige Beschlüsse verabschiedeten. Die intellektuellen Mohammedaner hielten sich in allem mehr abseits und wollten von der bolschewistischen Ideologie nichts wissen. Dennoch setzten die Mohammedaner durch ihre Stimmenmehrheit alle ihre Aufträge durch, worin sie zum großen Teil von den Front-Heimkehrern unterstützt wurden. Diese heimgekehrten Soldaten waren alle zutiefst verbittert und enttäuscht. Viele von ihnen arbeiteten als Schreiber in den Kanzleien, die wiederum von den Mohammedanern beherrscht wurden.

Im Herbst kam aus Moskau das Enteignungsgesetz und dazu der Befehl, daß jeder Volksvertreter das Gesetz unterschreiben muß. Also wurden wieder alle Delegierten zusammengerufen und im voraus bekanntgegeben, daß es die Worte „mein“ und „dein“ von nun an nicht mehr gibt. In der Versammlung wurde das neue Gesetz zur Unterschrift vorgelegt. Die große Mehrheit erklärte sich dazu bereit. Doch ich widersetzte mich, worauf der Präsident eine Erklärung von mir verlangte. Ich stand auf und sagte:

„Wir haben bei uns im Dorf einen Nachbarn, der vor zwanzig Jahren als junger Mann mit seiner Frau und zwei Kindern arm aus dem fernen Rußland nach Turkestan zu uns kam. Die ganze Zeit hat er schwer gearbeitet und sich etwas Land erworben. Wenn ich nun das Gesetz unterschreibe, dann enteigne ich doch diesen Mann. Also muß ich mich fragen: Wofür hat denn der Mann alle diese Jahre gearbeitet? Dabei ist er ein echter Revolutionär. Und solche Fälle wie ihn gibt es noch viele. Lenin hat uns doch gesagt, daß wir als Bolschewisten verpflichtet sind, für den Proletarier zu sorgen und ihn zu schützen. Darum kann ich das Gesetz nicht unterschreiben.“

Darauf schrien die Delegierten auf mich ein: „Weg mit ihm, weg mit dem Delegierten Jantzen! Er ist ein Gegenrevolutionär, ein Monarchist, ein Kapitalist.“ Andere schrien: „Er hat ja auch als Missionar manche von unseren Leuten aus der Moschee zu seiner Lehre hingezogen ...“ usw.

Ich stand auf und verließ den Saal. In meinem Quartier ging ich gleich schlafen, denn es war schon spät geworden. Nach ein paar Stunden wurde ich durch Klopfen geweckt. Ich stand auf und fragte, wer da ist. Da antwortete mir die bekannte Stimme Ibraimofs, des Vorsitzenden der kommunistischen Partei der Mohammedaner, der zugleich auch Vorsitzender der GPU war, ein sehr gelehrter Tatar und ein guter Freund von mir. Er sagte:

„Lieber Freund Jantzen, wie töricht waren Sie heute, das Gesetz der Enteignung nicht zu unterschreiben! Wissen Sie, was nachher passiert ist? Ich wurde nach dem Ende der Sitzung ins Polizeibüro gerufen wegen einer ‚wichtigen Sache‘. Als ich hinkam, hörte ich, daß es sich um Ihre Person handelte. Es wurde abgestimmt und beschlossen, Sie aus dem Weg zu räumen, und zwar durch Erschießen. Morgen um 7 Uhr werden Soldaten kommen, die Sie zur Erschießung abholen sollen. Allein konnte ich natürlich nichts für Sie tun. Aber als alter Freund, der ich als Gast früher so oft bei Ihnen Brot und Salz genossen habe, muß ich Sie warnen. Damit folge ich dem Gesetz der mohammedanischen Gastfreundschaft Ihnen gegenüber und bin frei von Ihrem Blut. Ich habe Sie gewarnt. Hier steht Ihr Reitpferd, und der Sattel liegt daneben. Sie haben noch Zeit zu fliehen. Darum vorwärts! Allah leite und schütze Sie. Bis auf bessere Zeiten, als wir sie jetzt haben.“ Mit diesen Worten verschwand er.

Schnell sattelte ich mein Pferd, ritt noch zu meinem Kollegen, sagte ihm, was passiert war, ohne den Warner zu verraten, und übergab ihm die Stempel und Schlüssel der Kanzlei. Darauf wünschte er mir, daß meine Flucht gelingen möge, und ich ritt davon. Es waren 65 Kilometer bis Orloff. Doch eine finstere Nacht schützte mich.

Zu Hause schilderte ich meiner Frau und meinen Kindern – sie waren inzwischen alle verheiratet – meine Lage. Ich ging davon aus, daß man mich zuerst bei mir zu Hause suchen würde. Darum wollte ich in die Berge fliehen, um mich bei den Schwarz-Kirgisen zu verstekken. Also bestieg ich mein Pferd und ritt in die Berge.

Wie ich vorausgesehen hatte, so kam es auch. Soldaten suchten mich daheim. Und bei dieser Gelegenheit durchsuchten sie das ganze Haus und nahmen mit, was ihnen gefiel. Es war eine schwere Zeit für meine Familie.

Tagsüber hielt ich mich in den höheren Regionen der Berge auf; abends schlich ich mich zu irgendeinem Aul und blieb dort über Nacht. Doch vorher vergewisserte ich mich immer, ob im Aul keine Soldaten waren. Hatte ich das festgestellt, so suchte ich mir das beste Zelt aus, konnte ich doch nur so sichergehen, keinem armen Zeltbewohner zur Last zu fallen.

Immer wurde ich sehr freundlich empfangen und mit den besten Sachen bewirtet. Sie kannten mich ja alle schon seit vielen Jahren. Wenn wir dann um den Kochkessel saßen, in dem das Fleisch kochte, konnte ich ihnen das Evangelium verkünden und mit manchem über sein Seelenheil sprechen. Sie hörten aufmerksam zu und stellten viele Fragen. An solchen Abenden nahmen die Bewohner des Auls häufig regen Anteil. Mehr als vier Monate lebte ich so unter ihnen, immer von einem Aul zum andern wechselnd. Nie hat mich einer verraten.

Eines Abends war ich Gast eines sartischen Mullah (Geistlicher), der mit einer Kara-Kirgisin verheiratet war und unter diesem Volk als Lehrer arbeitete. Da hörte ich plötzlich, daß draußen jemand nach mir fragte. Ich zuckte erschreckt zusammen, dann aber erkannte ich die

Stimme meines lieben Mitarbeiters, Bruder A. Janzen. Er stieg sofort ab, und wir begrüßten uns im Zelt. Was war das für eine Überraschung! Tagelang hatte er mich gesucht und nun endlich gefunden.

Ich wollte wissen, weshalb er mich gesucht hätte. Darauf antwortete er mir, daß nichts als die Liebe zu mir ihn dazu gezwungen habe. Er wollte nun mein Los mit mir teilen. Ich versuchte ihm klarzumachen, daß sein Plan zwar von guter Freundschaft zeuge, sich aber nicht verwirklichen ließe; denn ich mußte ja jeden Morgen hinauf in die höheren Regionen der Berge. Inzwischen aber war es schon Spätherbst, d.h. es war dort oft schon sehr kalt, dazu regnerisch, und außerdem herrschte manchmal Schneegestöber. Feuer durften wir nicht machen – es hätte uns verraten.

Doch er blieb unbeirrt dabei, mein Los mit mir zu teilen. Viele Tage waren wir so zusammen. Seine Liebe tat mir sehr wohl; andererseits aber bedrückte es mich, ihn in Gefahr zu wissen, die ihm ja genauso wie mir drohte. Deswegen sagte ich zu ihm: „Mein lieber Abram, ich weiß, daß man mich sucht. Nun stell dir mal vor, daß sie mich eines Tages doch finden, und unglücklicherweise bist du dann bei mir hier in der Wildnis. Dann wird man dich ebenso behandeln wie mich. Dazu bist du mir zu schade. Außerdem hast du ja nichts mit ihnen zu tun, und sie haben nichts gegen dich."

Meine ständigen Vorhaltungen überzeugten ihn schließlich doch. Eines Tages verabschiedeten wir uns voneinander, wie seinerzeit David und Jonathan. Traurig ritt er nach Hause.

Das Wetter in den Bergen wurde schließlich auch für mich unerträglich. Ich erkrankte so schwer an Rheumatismus, daß ich es vor Schmerzen nicht mehr aushalten konnte. In meinen Schmerzen und meiner Verzweiflung sagte ich: „Herr Jesus, ich kann so nicht weiterleben. Ich muß mich an die Bolschewisten ausliefern und der GPU übergeben. Ist es dann dein Wille, daß sie mich erschießen, so ist das auch gut."

Eines Nachts ritt ich dann auf Umwegen nach Hause und erzählte meinen Lieben von meinem Entschluß. Auch sie sahen keinen anderen Ausweg für mich. Ein paar Tage versteckte ich mich noch zu Hause. Kurz davor waren meine Verfolger noch dagewesen und hatten alles, auch die Nachbardörfer, nach mir abgesucht. Schließlich mußte ich Abschied nehmen. Nach Einbruch der Nacht ritt ich auf Umwegen zur Stadt. Mein jüngster Bruder, den ich noch besuchte, ritt mit mir, um mein Pferd zurückzunehmen.

Als ich in der Stadt bei der GPU ankam, wunderten sich die Herren sehr. Ich erklärte ihnen: „Ich wußte, daß ihr mich zum Tode verurteilt habt. Dabei bin ich doch nur um der Ordnung willen für das Proletariat eingetreten. Deshalb bin ich geflüchtet, denn ich wollte mich nicht erschießen lassen, bloß weil ich nach meinem Gewissen gehandelt habe. Ich möchte keinen meiner Mitmenschen mit Gewalt zu etwas zwingen und fühle mich deswegen auch unschuldig. Doch jetzt bin ich krank und kann nicht länger in den Bergen leben. Deswegen bin ich freiwillig gekommen, um mich zu stellen. Wollt ihr mich erschießen – da liegt der Revolver. Ich habe mit diesem Leben abgeschlossen und bin auch bereit zu sterben."

Da verwunderten sie sich noch mehr. Sie standen auf, zogen sich in das andere Zimmer zurück, um zu beraten, was sie machen wollten. Als sie zurückkamen, ließen sie mich durch zwei Soldaten in das Gefängnis abführen. Das fiel mir mit meinen rheumatischen Gliedern entsetzlich schwer. Mein Bruder Heinrich nahm mein Pferd und einen kurzen Abschiedsbrief an meine Lieben mit, den die Soldaten mir zu schreiben erlaubten, und ritt traurig nach Hause. Mich brachte man in eine kleine Zelle, wo ich die Nächte auf dem kalten Asphaltboden liegen mußte. Ein Bett gab es nicht. Was das für mich war, kann ich nicht beschreiben; der Herr weiß es.

Elf Tage und Nächte habe ich so zugebracht. Das Essen wäre für einen gesunden Menschen viel zuwenig gewesen. Aber ich hatte keinen Appetit und habe deswegen nur wenig gegessen. Am zwölften Tage holten mich zwei Soldaten mit großer Mühe und unter vielen Schmerzen aus der Zelle. Ich dachte, daß nun die erlösende Kugel kommen würde. Doch es kam anders.

Man führte mich über den großen, mit hohen Mauern umgebenen Gefängnishof in ein Nebengebäude, in dem der Gefangenen-Kommissar seine Wohnung und Kanzlei hatte. Der Kommissar saß hinter einem grünen Tisch und hatte allerlei Papiere vor sich. Er sah mich an und fragte: „Name? Verheiratet?" usw. Nachdem er alles notiert hatte, sagte er: „Ich sehe, du bist krank, wer hat dich arretiert?"

Noch während ich seine Fragen beantwortete, bemerkte er, daß ich ein Buch in der Tasche hatte und wollte wissen, was das sei. Ich antwortete: „Es ist meine Taschenbibel.".

„Hat man dir die nicht abgenommen, als man dich festsetzte?"

Ich antwortete, daß man mir meine Uhr und mein Portemonnaie genommen hatte, aber nicht die Bibel.

„Glaubst du denn noch an die Bibel?" Meine Antwort war: „Ja!", worauf er laut lachte und sagte: „Gut, dann nimm die Bibel und lies mir etwas vor."

Ich nahm meine Bibel aus der Tasche. Ohne viel nachzudenken, schlug ich sie auf. Es war Jesaja 3, was ich ihm vorlas. Zwischendurch rief er: „Wer hat das geschrieben? Das ist ja genau das, was wir heute im großen Rußland erleben!"

„Das hat der Prophet Jesaja geschrieben."

„Wann hat er das geschrieben?"

„Etwa sechshundert Jahre vor Christi Geburt."

„Wie konnte er denn wissen, was wir heute in Rußland haben werden? Vieles stimmt doch so genau mit dem überein, was wir heute hier haben."

„Der Heilige Geist Gottes hat es ihm diktiert."

Er war ganz verwundert und dachte lange nach. Schließlich fragte er, ob das in allen Bibeln so steht. Ich bejahte. Nach weiterem Nachdenken sagte er: „Ich muß eine Bibel haben."

Darauf bat ich ihn um ein Stück Papier und eine Feder und sagte: „Ich schreibe an meinen Freund hier in der Stadt, der wird Ihnen eine Bibel besorgen." Er gab mir das Gewünschte, worauf ich an den Freund schrieb, der ihm dann eine Bibel schickte.

Nach einigen Tagen brachte man mich wieder zu ihm. Als er mich sah, schrie er: „Du hast mich belogen! Jetzt habe ich eine Bibel, und ich habe sie durchsucht, ob sie dasselbe sagt. Aber das steht nicht drin."

Ich versicherte ihm, daß der Text auch in seiner Bibel steht, schlug das Kapitel auf und gab es ihm zu lesen. Er war erstaunt. Schließlich meinte er: „Ich muß Bibelstudium haben. Darum werde ich dich täglich als meinen Schreibgehilfen holen lassen, und dann können wir zusammen studieren. Ich sehe, du bist krank, du mußt ein Bett haben."

So wie er es gesagt hatte, geschah alles. Als sein Schreiber bekam ich nun die Freiheit, vormittags und nachmittags ohne Begleitung frei bei ihm ein- und auszugehen; und wir studierten miteinander die Bibel. Zwischendurch gab es ein Gerichtsverhör, und es wurde mir erlaubt, zu Hause einen Besuch zu machen, ich bekam Bettdecken, Kissen und anderes. Auch Schriften und Traktate in russischer und usbektürkischer Sprache ließ ich mir mitbringen und verteilte sie an andere Gefangene.

In meine Zelle brachte man eines Tages einen riesigen, schwarzbärtigen, langhaarigen, sehr düster aussehenden

Mann. Der Sprache nach kam er aus Sibirien. Man sagte mir, er sei ein Kirchenräuber und Mörder. Ich dachte bei mir: So eine Gesellschaft! Er sprach nie, wenn man ihn nicht dazu aufforderte. Meistens lag er still auf seinem muffigen Strohsack und fühlte sich scheinbar wohl dabei. Doch schimpfte er viel über das schlechte Essen. Wenn ich etwas von zu Hause bekam, teilte ich es mit ihm. Das ließ er sich sehr gern gefallen und – gut schmecken. Langsam taute er mir gegenüber auch etwas auf, aber nur sehr wenig.

Eines Tages bekamen wir ein großes Stück Brot, das wir uns teilen mußten. Weil wir kein Messer hatten, standen wir ratlos da. Mit einem Mal griff er unter den Tisch und holte einen Dolch hervor, den er dort versteckt hatte. Ich erschrak und wunderte mich, wie er den nur hatte hereinschmuggeln können. Er sagte kalt und ruhig: „Nimm nur das Messer, es ist noch neu. Damit habe ich noch keinem Menschen den Hals abgeschnitten, da klebt noch kein Blut dran. Teile das Brot, denn du bist der Ältere von uns beiden." Das machte ich dann auch.

Später brachte man noch einen Kosakenoffizier zu uns in die Zelle. Er hatte ein verwundetes Bein und hinkte. Er war ein freundlicher, sympathischer Mann mit einem offenen Charakter, erzählte und sang auch schön. Hier muß ich einfügen, daß die Gefangenen untereinander meist sehr offen, schamlos und in voller Wahrheit über ihre Verbrechen sprechen. Dabei gehen sie von dem Standpunkt aus: Wir sind ja alle gleich, sonst wären wir nicht hier.

So auch unser Kosakenoffizier. Er erzählte uns, daß er nach der Umwälzung im Reich, als auch die Zarenfamilie ermordet worden war, innerlich so in Aufruhr gekommen war, daß er vom Herbst 1917 bis 1918 an der Spitze einer großen Schar gegen die Roten gekämpft hatte. Endlich sei er ihnen schwer verwundet in die Hände gefallen. Um nicht erkannt zu werden, hatte er vorher seine Uniform weggeworfen und einen falschen Namen angenommen. In der Zelle lag er dicht neben mir. Bald merkte er, daß ich betete und die Bibel las. Dadurch vertraute er mir schließlich so, daß er sich ganz aussprach.

„Ich bin ein abgewichener Christ, Mitglied einer Baptistengemeinde. In dem langen Krieg verrohte ich, und nach dem Zusammenbruch unseres Zarenreiches verzweifelte ich immer mehr und habe alles geistliche Leben verloren. Bitte, beten Sie doch für mich, denn ich bin sehr unglücklich."

Gerne habe ich mich um ihn bemüht, und schließlich begann er auch wieder zu beten. Oftmals sang er viele der russischen Lieder aus der Gusli von Prochanow. Auch dichtete er viele Lieder, die er mir zum Andenken in ein Heft schrieb. Seine melodische Stimme hat mir oft wohlgetan.

Wegen meiner rheumatischen Schmerzen schlief ich nachts schlecht. Meistens schlief ich erst gegen Morgen ein. Um sechs Uhr wurden alle Gefangenen mit großem Tumult und Gedröhne an der Tür geweckt, was mir immer sehr unangenehm war. Um mich davor zu bewahren, sang mein Kollege kurz vor dem Wecken mit sanfter Stimme ein schönes Morgenlied in mein Ohr. So hatte ich viel Gutes von ihm. Doch eines Tages wurde er aus der Zelle geholt und erschossen. Ich hoffe aber, ihn beim Herrn wiederzusehen.

Meine Bibelstunden mit dem Gefängniskommissar gingen mehrere Wochen täglich weiter, und ich bemerkte eine sichtliche Veränderung bei ihm. Doch eines Tages war er nicht mehr da. Sein Nachfolger, ein Österreicher und früherer Gefangener, erzählte mir, daß der Kommissar um seine Entlassung gebeten hatte. Die sei ihm genehmigt worden, und so sei er in seine Heimat zurückgekehrt. Auch diesen Mann hoffe ich beim Herrn wiederzusehen.

Jeden Tag durften alle Gefangenen zur festgesetzten Zeit zwanzig Minuten im Gefängnishof einen Rundgang machen. Hierbei fiel mir eines Tages ein Schneeball vor die Füße, der über die Mauer geflogen kam. Dabei brach er auseinander, und ich sah, daß ein Stück Brot, in Papier eingewickelt, vor mir lag. Schnell raffte ich alles auf und verbarg es in meinen Kleidern, denn wir wurden beim Spaziergang streng bewacht. In meiner Zelle öffnete ich das Päckchen und fand darin folgendes Gedicht:

Wie schön ist's doch, ganz still zu sein,
wenn Gott wir nicht verstehn.
Wie redet man sobald ihm drein,
als ob er was versehn.
Wie stellt man ihn zur Rede gar,
wenn seine Wege wunderbar
und unbegreiflich werden!

Man fragt: „Warum mir dies und das?"
Man seufzt: „Ach, wie soll's werden?"
Man klagt: „Wie geht's ohn Unterlaß
so widrig mir auf Erden!"
Man murrt: „Mein Unglück ist zu groß,
ich hätt' ein bessres Los verdient,
als mir ist zugefallen."

Dies tun wir, und der Güt'ge schweigt,
bis er durch seine Taten
glorreichen Ausgang uns gezeigt,
daß ihm noch nichts mißraten.
Dann kommt auch endlich unsre Stund,
wo voll Beschämung wir den Mund
vor ihm nicht auftun mögen.

Kommt dann zum Ziel der dunkle Lauf,
tust du den Mund mit Freuden auf
zu loben und zu danken.
Dann wird es nach der kurzen Zeit
recht innig dich erfreuen,
daß du fein still gewesen bist
und nichts hast zu bereuen.

Und endlich nach der Schweigezeit,
kannst du in sel'ger Ewigkeit,
laut jubeln, Gott zur Ehre!

Später erfuhr ich, daß eine Nichte von mir dies Gedicht mir zum Trost über die Mauer geworfen hatte. Und ein Trost ist es mir geworden. Rätselhaft blieb mir, weshalb es gerade mir vor die Füße fiel; denn sie konnte mich von draußen gar nicht sehen. Aber ich habe dem Herrn dafür gedankt.

Inzwischen hatten sich die Nichtmohammedaner in Turkestan, um sich besser gegen die gewalttätigen bolschewistischen Mohammedaner schützen zu können, auch zu einer kommunistischen Partei organisiert, deren Leiter mich sehr gut kannten. Die Vorsitzenden dieser Partei reichten eines Tages bei der mohammedanischen GPU eine Petition ein, worin sich die siebzehn leitenden Männer mit ihrem Leben für meine politische Zuverlässigkeit verbürgten und meine sofortige Freilassung forderten. Alle siebzehn hatten unterschrieben. Daraufhin wurde ich entlassen, um weiter in meinem Amt als stellvertretender Kreiskommissar zu arbeiten. Fünf Monate hatte ich auf der Flucht und weitere fünf Monate als zum Tode Verurteilter im Gefängnis zugebracht. Die Freilassung kam im April 1919.

Von nun an mußte ich an allen Parteiversammlungen teilnehmen. Als Vertreter der Interessen unserer Gemeinden und auch der russischen Bauern in rund 75 Dörfern hatte ich – vom christlichen Standpunkt aus gesehen – oft einen sehr schweren Stand.

Inzwischen wurde in den Dörfern sehr viel requiriert – Getreide, Pferde, Kühe, Schweine, Schafe usw. Natürlich waren die Bauern davon nicht begeistert, und mancher machte dann seinem Ärger Luft, indem er sagte: „Der Jantzen ist gerade so ein Bolschewist wie alle anderen in der Stadt. Wäre der nicht so, dann würden sie uns nicht so ausrauben."

Dabei sahen sie doch, daß ich und meine fünf Söhne genauso behandelt wurden. Mich schmerzte diese Einstellung, denn sie taten mir ja alle so leid!

Kapitel 15

# Die acht „Mächtigen“

Aus diesen und ähnlichen Spannungen kam niemand mehr heraus. Es war wohl schon 1920, als aus Moskau acht Delegierte in unsere deutschen Dörfer kamen. Es waren deutschsprechende feurige Kommunisten aus Deutschland und Österreich, zurückgebliebene Kriegsgefangene. Sie hatten von der höchsten Regierungsstelle, dem Zentralkomitee, den Befehl erhalten, uns in den Schulen und Dörfern zu bolschewisieren; koste es, was es wolle.

Diese Männer übten einen kaum zu ertragenden Terror aus. Sie verlangten z.B. vollkommen willkürlich – wann immer es ihnen einfiel – die besten Pferde, die sie dann in kurzer Zeit zuschanden ritten. Oder sie forderten innerhalb von fünfzehn Minuten einen mit besten Pferden bespannten Pferdewagen, um nach dem dreißig Kilometer entfernten russischen Dorf Dimitrowka zu jagen. Halbtot kamen die Pferde von einer solchen Tour nach Hause. Und das alles nur, um dort Schnaps zu trinken, den sie bei uns nicht bekamen. Dazwischen veranstalteten sie fast täglich Propagandaversammlungen, wo alle Stimmberechtigten erscheinen mußten. So blieb die Arbeit auf den Feldern liegen. Keine Proteste halfen; vielmehr drohten sie mit Militär aus der Stadt.

Eines Tages teilten sie unter sich die acht Schulen auf, in denen ja auch unsere Lehrer wohnten. Die wurden aus ihren Wohnungen vertrieben, durften nichts mitnehmen. Dabei wehrte sich eine Lehrersfrau. Einer der bolschewistischen Lehrer griff ein Beil und verletzte die Frau schwer.

All diese Gewalttaten meldeten mir unsere Dorfkommissare. Das waren unsere Leute, die regelrechte Protokolle aufsetzten. Diese Angelegenheiten vertrat ich dann in unseren Kreiskommissarssitzungen, in denen ich gegen den Terror protestierte. Doch ich fand wenig Gehör, denn diese acht Männer waren von der höchsten Instanz in Moskau mit Extra-Vollmachten gesandt worden. Das heißt – wir erreichten nichts mit den 36 Protokollen, die nach und nach bei mir ankamen.

Schließlich begann ich mit den Vertretern unserer Dörfer darüber zu beraten, was nun weiter geschehen sollte. Inzwischen hatten nämlich die „Acht“ laut strengstem Befehl aus Moskau erreicht, unsere Lehrer als Gegenrevolutionäre nach Sibirien verbannen zu lassen.

Nach all diesen Ungerechtigkeiten war ich selbst auch ganz müde und mutlos geworden. Von meinem Hof hatte man alle landwirtschaftlichen Maschinen fortgenommen; und nicht nur das. Auch mein größeres Haus hatte man beschlagnahmt. Meine beiden jüngsten Söhne mit ihren Familien wurden daraus vertrieben, und dafür zog eine bolschewistische Familie ein. Auf diese Weise waren die Bolschewiken vollständig Herr über mein Eigentum. Immer wieder kamen unsere Prediger und Gemeindeleiter zu mir und drängten mich, doch nach Moskau zu reisen, um dort unser Recht zu suchen.

Lange widersetzte ich mich diesen Bitten. Vor allem meine Frau wollte davon nichts wissen. Unsere Kinder unterstützten sie in dieser Ablehnung; hatten sie doch schon genügend Angst in der Vergangenheit ausgestanden. Aber unsere Ohms hörten nicht auf zu bitten, bis sie mich eines Nachts soweit hatten. Sie versprachen, während meiner Abwesenheit voll und ganz für meine Familie zu sorgen. So willigte ich schließlich mit folgenden Worten ein: „Gut, ich werde tun, was ihr wollt, wenn meine Frau und Kinder zustimmen.“

„Na, Vater, geh nur noch diesmal. Untergehn muß ja doch sowieso alles, und was du erreichst, werden wir ja dann sehen“, entschied schließlich meine Frau.

Am folgenden Morgen begannen große Vorbereitungen für die lange Reise. Es mußte gebacken und gebraten werden. Überall herrschte Hungersnot, weil man auf den Höfen alles beschlagnahmt hatte, so daß ganze Dörfer ausgestorben waren. Doch endlich war alles fertig, und am 10. Dezember 1920 fuhr ich ab.

Diese Reise konnte ich von uns aus mit der Bahn antreten; denn trotz aller Unruhen war die Bahn bis zu uns ausgebaut worden. In Taschkent traf ich einen mennonitischen Bruder aus Alexanderthal in Altsamara, der gerade für sein Dorf getrocknetes Obst eingekauft hatte und nun abreisen wollte. Wir wurden einig, zusammen zu reisen und verließen Taschkent noch am selben Tag.

Die Züge fuhren nur sehr langsam, denn die Lokomotiven wurden mit Holz geheizt, Kohlen gab es keine. Weil die Reise immer weiter in Richtung Norden ging, wurde es auch immer kälter. In Orenburg lag Schnee, und es war bitterkalt. Um Heizmaterial zu besorgen, gab es hier einen Tag Unterbrechung. Auf dem Bahnsteig und in der Station lagen überall Verhungerte und Erfrorene. Manchmal sah man auch Sterbende. Aber niemand kümmerte sich um sie. Es war für uns ein schrecklicher Anblick.

Schließlich fuhr der Zug weiter in Richtung Westen. Aber auf dem halben Wege nach Samara blieb der Zug auf der Station Sorotschinsk im Schnee stecken. Ein bitterkalter, wütender Schneesturm tobte. Der Zugführer rief: „Wir können nicht weiterfahren. Jeder Passagier muß sehen, wo er bleibt oder hier im Zug erfrieren.“

Wir beide stiegen aus und entdeckten einen mageren Bauern mit einem noch magereren Pferd vor seinem Schlitten. Wir fragten ihn, wohin er fährt. Seine Antwort: „Ich suche Leute, die ich mit dem Schlitten irgendwo hinbringen kann, damit ich etwas Geld verdiene."

Wir forderten ihn auf, uns nach Alexanderthal zu den Deutschen zu bringen. Er zögerte, weil er fürchtete, daß sein Pferd die 120 Kilometer nicht schaffen könnte. Doch er ließ sich bereden. Auf unsere Frage, was die Fahrt kosten solle, verlangte er nur Brot, kein Geld. Da wir unsere Säcke voller Lebensmittel hatten, waren wir uns schnell einig. Unsere Säcke wurden auf den Schlitten geladen, und es ging weiter. Bald bat unser Fuhrmann um etwas zu essen. Wir gaben es ihm, und er war sehr froh und dankbar.

In den Dörfern, die wir passierten, übernachteten wir bei der Polizei; denn in vielen Häusern lagen Verhungerte und Erfrorene. Weil ich mein Mandat als Kreiskommissar von Aulie-Ata bei mir hatte und das der Polizei vorzeigen konnte, sorgte die jeweilige Dienststelle immer für eine warme Stube, einen Samowar und Futter für das Pferd. Somit hatte es auch unser Fuhrmann gut.

Alles zu beschreiben, was wir auf dieser Reise erlebten, würde zu weit führen. Es ist mir auch entfallen, wieviel Tage wir unterwegs waren. Endlich kamen wir in Alexanderthal an, wo ich bei Prediger J. Kliewer einkehrte. Mit großer Freude wurden wir von ihm, seiner Frau und den Schwiegereltern aufgenommen. Auch unser „Muschik" konnte noch etliche Tage wohlversorgt ausruhen.

Die Mennonitendörfer hatten sich in Kooperativen gut organisiert und waren dadurch zu der Zeit noch von vielen Requirierungen verschont geblieben. Dadurch lebten sie verhältnismäßig gut.

Ungefähr fünf Wochen mußte ich dort warten, bis die Züge wieder fuhren. Inzwischen besuchte ich viele Verwandte und Freunde, so auch meinen Vetter Johannes J. Janzen, der jetzt in Brasilien Prediger und Lehrer ist. Auch so manche Verwandte meiner Frau konnte ich wiedersehen. Mehrere Male mußte ich auch am Sonntag in den Kirchen und in anderen Versammlungen sprechen. Doch schließlich konnte ich mit frisch aufgefüllten Reisesäcken nach Moskau weiterfahren. Dort fand ich im Hauptquartier die Brüder Peter Fröse und Cornelius F. Klassen.

Aber nun begann der Kampf gegen die acht „Mächtigen", die von Moskau nach Aulie-Ata gesandt worden waren. Die beiden Brüder Fröse und Klassen haben mir bei den Gängen von einer Instanz zur andern treu geholfen. Doch wir konnten nicht viel ausrichten. Keiner von den großen Herren wollte glauben, daß sich ihre Parteigenossen in 36 Fällen so schwer gegen die bolschewistischen Gesetze versündigt haben sollten. Andererseits konnten sie auch nicht die vielen Unterschriften der Koloniekommissare einfach wegleugnen. Deswegen beharrte ich auf meiner Forderung, solche Übertreter der bolschewistischen Gesetze zur Verantwortung zu ziehen und uns von solchem Terror zu befreien. Außerdem sollte man unsere Lehrer aus Sibirien zurückrufen.

Eines Tages schickte man mir einen Vertreter der Komintern ins Haus, ebenfalls ein deutschsprechender früherer Kriegsgefangener. Er kam mit allerlei Drohungen; doch ich blieb fest. Endlich versprach das Zentralkomitee (ZK), daß man die acht Männer zur Verantwortung ziehen und auch die Lehrer zurückgerufen würde. Ich könnte also nach Hause fahren. Diese Zusage wollte ich schriftlich haben, denn ohne ein Schriftstück konnte ich nicht zurückfahren. Endlich brachten die Brüder Klassen und Fröse es fertig, daß nun das ZK dieses Schriftstück ausfertigte. Sofort danach trat ich die fünftausend Kilometer lange Rückreise an, die natürlich auch wieder vielerlei Unterbrechungen und Erlebnisse brachte. Die Reise hin und zurück hatte insgesamt fast sechs Monate gedauert.

Schon am Tag nach meiner Ankunft wurden alle

Stimmberechtigten betont streng und bestimmt von den acht „Mächtigen“ einberufen. Ich nahm natürlich auch teil und saß auf der ersten Bank vor dem Leiter der Versammlung. Der stand auf und berichtete, daß ich im Auftrag aller nach Moskau gereist sei, um Beschwerden gegen sie vorzubringen. Ich hätte die Geschehnisse dort so vorgebracht, daß sie nun vor Gericht gestellt und höchstwahrscheinlich erschossen würden. Doch das Ganze sei ein Mißverständnis. Aus diesem Grunde hatten sie eine Erklärung geschrieben. Wenn die Gemeinde ihnen diese Erklärung unterschreiben würde, so könnten sie freigesprochen werden. Als Christen und Antimilitaristen müßte uns ja unmöglich sein, sie in den Tod jagen zu wollen. Alles sei wahrscheinlich nur von diesem schlechten Christen Jantzen – er zeigte mit dem Finger auf mich – falsch dargestellt worden.

Seine Rede wirkte sehr rührend, und unsere Leute waren ergriffen. Etliche sagten, daß sie es ja so gar nicht gemeint hätten. Schließlich stand ich auf und fragte, wobei ich die Protokolle in der Hand hielt und auf sie zeigte: „Liebe Mitbürger, sind diese Protokolle in meiner Hand wahr oder unwahr?“

„Natürlich sind sie wahr“, lautete die einhellige Antwort.

Dann zog ich mein Delegiertenmandat hervor und fragte noch einmal: „Ist dieses Delegiertenmandat noch in Kraft, bin ich noch euer Delegierter, oder habt ihr jemand anderes gewählt?“

„Nein, du bist und sollst auch unser Delegierter bleiben.“

Da wandte ich mich zu den acht Angeklagten und sagte: „Habt ihr das gehört?“ Zur Versammlung rief ich dann: „Als euer Vertreter und Delegierter bin ich die Gemeinde, und hier hat niemand von euch etwas zu sagen. Darum verlaßt jetzt diese Versammlung und geht nach Hause an eure Arbeit.“ Nochmals wandte ich mich an die acht Männer: „Hiermit schließe ich die Versammlung. Ihr habt nur noch das zu tun, was die GPU euch sagt und vorschreiben wird und wohl schon vorgeschrieben hat. Alle weiteren Folgen habt ihr euch selbst zuzuschreiben und nicht mir."

Darauf verließ ich den Saal und ging nach Hause. Am anderen Morgen kamen einige von unseren Predigern mit dem Leiter der „Acht" und fingen zu bitten an. Den Leiter bat ich, sofort den Hof zu verlassen. Mit meinen lieben Brüdern hatte ich dann noch viel Mühe, ihnen zu erklären, daß sie sich selbst zu Lügnern stempeln würden und mich zum Tode verurteilten, wenn sie die Erklärung unterschreiben würden. Endlich kehrten sie alle in ihre Dörfer zurück. Am anderen Morgen hörten dann alle Leute, daß die acht „Mächtigen" verschwunden seien. Niemand hat sie mehr gesehen, auch die GPU nicht.

Nach einigen Wochen kamen unsere Lehrer aus dem Norden wieder nach Hause, bezogen wieder ihre Schulen und konnten vorläufig ungestört ihre Arbeit verrichten. Auch ich mußte zum Kreiskommissariat in die Stadt zurück.

Kapitel 16

# „Auf daß sie alle eins seien“

Um diese Zeit war es, als mich eines Tages auf der Straße ein Evangelist begrüßte, ein Angehöriger der russischen Baptistengemeinde in Taschkent. Bruder Schetjinin war ein sehr begabter Redner. Er erzählte mir, daß die Gemeinde in Taschkent ihn geschickt hatte, um ein paar Wochen in Aulie-Ata zu evangelisieren. Die orthodoxe Kirche werde ja bereits verfolgt; aber sie – die Baptisten – könnten noch ungestört arbeiten. Darum hätte die Gemeinde beschlossen, noch solange zu wirken, solange es noch Tag ist, denn die Nacht würde mit Sicherheit kommen, in der niemand mehr etwas wirken kann. Nun hätte er bereits einen Saal gemietet und Einladungsplakate für die Versammlungen aufgehängt. Aber niemand würde kommen. Ob ich wohl wüßte, was er machen könnte.

Ich sagte ihm: „Kennst du nicht deine russische Seele? Ich werde dir helfen. Morgen reite ich in unsere Dörfer. Wir haben da sehr gute Chöre. Die werde ich einladen, für ein bis zwei Wochen hierher zu kommen und uns mit ihren schönen russischen Evangelisationsliedern zu helfen.“

Er freute sich sehr. Am folgenden Tage suchte ich den Dirigenten des Chors der Brüdergemeinde auf und erzählte ihm alles. Gleichzeitig bat ich ihn, am übernächsten Tag, also Freitagabend, mit seinem Chor zur Stadt zu kommen. Auch möchten sie für zwei Wochen Lebensmittel, Samowar und Kochgeräte mitbringen, denn in der Stadt könnte man durch die Zeitumstände nicht viel kaufen. Futter für die Pferde sollten sie auch nicht vergessen. Um die Unterkunft brauchten sie sich freilich nicht zu sorgen. Ich würde eine mir gut bekannte, nun leerstehende Karawanserei mieten, wo alle Raum hätten.

Nach einigem Nachdenken sagte mein Bruder Dirigent: „Der Evangelist ist ein russischer Baptist. Ich weiß nicht, ob meine Sänger darauf eingehen werden. Doch ich werde alles tun, damit sie kommen. Wirst du auch den anderen Chor einladen?"

„Ja", lautete meine Antwort. Bei dem anderen Bruder bekam ich die gleiche Antwort. Am nächsten Tag ritt ich zurück und bereitete alles vor, wie ich es versprochen hatte.

Und wirklich erschien am Freitagabend ein Wagen nach dem anderen in dem großen Hof der Karawanserei – jeder voller Sänger und mit Sang und Klang.

Bruder Schetjinin und ich begrüßten alle herzlich und mit aufrichtiger Freude, besonders aber die zwei Ältesten der Gemeinden, Bruder K. von der Mennoniten-Kirchengemeinde und Bruder B. von der Mennoniten-Brüdergemeinde. Nachdem alles abgeladen und geregelt war, alle gegessen und getrunken hatten, es aber noch zu früh für die Versammlung war, schlug ich vor, singend durch die Straßen bis zum Saal zu ziehen. Wir würden dann ja sehen, was passierte. Der Herr würde durch seinen Heiligen Geist sicher alles recht leiten.

Alle stimmten dem zu, und so zog ein Chor von dreißig Sängern mit ihrem Dirigenten voraus, während der andere Chor in einem gewissen Abstand folgte. Alle sangen für den evangelischen Glauben, und das erregte bei den Passanten auf den Straßen großes Aufsehen, so daß viele bis zum Saal folgten, den Bruder Schetjinin gemietet hatte.

Dort wurden einige Lieder gesungen, wobei die Bürger der Stadt sichtlich ergriffen zuhörten. Dann gab ich Bruder Schetjinin einen Wink, und er lud alle herzlich ein, in den Saal zu kommen, da er ihnen etwas Wichtiges mitzuteilen hätte. Bald war der Saal vollbesetzt, viele fanden keinen Platz mehr und standen draußen, um durch die offenen Fenster zuzuhören. Auch die sechzig Sänger mußten draußen bleiben.

Als alles zur Ruhe gekommen war, stand der Bruder auf und hielt eine ergreifende Ansprache. Nach einem Schlußgebet lud er alle ein, am nächsten Abend wiederzukommen, da er ihnen noch viel zu sagen hätte. Fast alle versprachen wiederzukommen, und nach einem Schlußlied gingen alle still auseinander.

Am folgenden Abend hatten wir eine ebenso große Versammlung. Bruder Schetjinin sprach mit großer Geistesfreudigkeit; so auch am Sonntagabend. Wir alle waren überzeugt, daß der Herr durch sein Wort und seinen Geist, die ganz offensichtlich in vielen Herzen wirkten, in unserer Mitte war. Das bezeugten auch die Aussprachen, die mit einigen Teilnehmern nach Beendigung der Versammlung stattfanden.

Als wir uns am Sonntag nach einer besonders guten Morgenversammlung zur Mittagszeit um den langen Tisch versammelten und ich die fröhliche Sängerschar und andere Teilnehmer sah, muß ich wohl dabei gelächelt haben. Denn Bruder Schetjinin fragte mich: „Lieber Bruder Jantzen, sage uns doch, warum du gerade jetzt gelächelt hast, als dein Blick auf unsere große Gesellschaft fiel. Wenn das ein heiliges Lächeln war, dann wollen wir daran teilnehmen, wenn das aber nicht der Fall ist, dann mußt du bekennen und Buße tun."

Da war ich nun allerdings in die Enge getrieben und dachte: Wenn ich jetzt die volle Wahrheit sage, dann bringe ich unsere beiden Brüder, die Gemeindeältesten, die mit am Tische sitzen, in Verlegenheit. Also schwieg ich. Aber Bruder Schetjinin bestand auf einer Antwort, ebenso die beiden Ältesten.

Schließlich sagte ich: „Als die Schriftgelehrten dem Herrn Jesus einmal eine Frage stellten, die er ihnen nicht beantworten wollte, stellte er eine Gegenfrage und sagte dazu: ‚Beantwortet meine Frage, dann beantworte ich eure auch.‘ Ihre Antwort auf Jesu Frage war: ‚Wir wissen es nicht‘, worauf Jesus antwortete, daß er ihnen auch nicht antworten wird. So möchte auch ich eine Frage stellen. Wenn ihr die beantwortet, dann bekommt ihr auch von mir die Antwort, warum ich gelächelt habe.

Könnt ihr drei schriftgelehrten Brüder mir sagen, warum der Herr Jesus zu seinen Jüngern sagte: ‚In meines Vaters Hause sind viele Wohnungen, und wenn es nicht so wäre, würde ich dann sagen: Ich gehe hin, um euch die Wohnung zu bereiten?‘ Und nun frage ich mich, warum sagte der Herr Jesus das? Denn ich muß doch annehmen, daß es im Himmel keinen kalten Winter und keinen lästig heißen Sommer gibt, weder Schnee noch Regen, so daß man ein Dach über sich überhaupt nicht braucht.“

Da lachten die Brüder und antworteten: „Bruder Jantzen, du hast dir eine wunderliche Frage ausgedacht.“

„Das ist aber keine Antwort auf meine Frage“, wandte ich ein. Nach einigem Hin und Her sagten sie schließlich: „Wir können dir die Frage nicht beantworten, weil wir nicht wissen, warum der Herr Jesus das zu seinen Jüngern sagte.“

„Gut, ich gebe euch bis morgen Mittag Zeit, darüber nachzudenken. Vielleicht könnt ihr mir dann die Antwort geben.“

Das fanden sie gut. Als ich nun beim nächsten Mittagsmahl fragte, ob sie mir jetzt die Antwort geben könnten, sagten alle drei Brüder: „Nein!“

„Dann werde ich auf meine Weise Auskunft geben und damit auch gleichzeitig eure Frage an mich beantworten, und dann könnt ihr meine Antwort be- oder verurteilen. Gelächelt habe ich aus diesem Grunde:

Ich sah unseren langen Tisch entlang, sah unsere lieben Sänger so fröhlich und vergnügt miteinander essen und sich unterhalten, wobei sich einer über den anderen freute, und dachte: Hier ist keine Trennung, alle sind gleichgesinnt. Doch, o weh! Wenn nun unser lieber Bruder Schetjinin, der doch Baptist ist, sagen würde: ‚Liebe Brüder, der Herr hat uns in seiner Gnade hier in Aulie-Ata in eine gemeinsame Arbeit gestellt, die wir unter seiner Leitung ja so gerne tun, um mit Gesang und Evangeliumsverkündigung Sünder zur Buße zu rufen und ihnen zu sagen, wie lieb der Herr sie alle hat, so daß er niemanden von sich stößt. Außerdem haben wir alle miterlebt, daß sein Geist unter den Zuhörern wirkt, und deswegen lege ich euch nun nahe, ehe wir die leiblichen Speisen zu uns nehmen, erst auf die Knie zu gehen, um den Herrn anzubeten. Wir wollen ihm dafür danken, daß er auch uns zu einer Neuschöpfung gemacht hat, so daß wir nun als Gottes Kinder mit Wort und Lied von ihm als seine Zeugen in diese Welt gestellt sind. Deswegen schlage ich noch vor: Laßt uns erst das heilige Abendmahl miteinander feiern und dann unser Mittagsmahl zu uns nehmen.‘

Meine lieben Brüder, daran habe ich gedacht. Und darüber ist mein Lächeln dann wohl etwas wehmütiger geworden. Ich wußte, wenn unser Bruder Schetjinin diesen Vorschlag gemacht hätte, dann hättest du, lieber Bruder B., mit den Deinen den Saal durch die eine Tür verlassen, und du, lieber Bruder K., hättest mit den Deinen den anderen Ausgang genommen. Und das, obwohl wir wissen, daß wir alle Gottes Kinder sind oder wie Paulus es ausdrückt: ‚Glieder am Leibe Jesu Christi‘. Kann es wohl eine engere Verbundenheit mit ihm und untereinander geben? Wahrscheinlich ist mir auch deswegen der schlechte Gedanke in den Sinn gekommen: Sollte der Herr Jesus vielleicht deswegen zu seinen Jüngern gesagt haben (dem Sinn nach): ‚Ich kenne euch; für den Fall der Not werde ich Wohnungen vorbereiten; denn ihr werdet euch selbst in der größten Seligkeit nicht vertragen'? – Meine Brüder, mein Herz blutet, wenn ich daran denke, wie der Zustand unter Gottes Volk ist."

Damit schwieg ich. Da saßen meine drei Brüder und sagten kein Wort. Auch die lieben Sänger wurden ganz still und wechselten nur wenige Worte. Schließlich stand ganz unerwartet Bruder B. auf und sagte: „Ich bekenne hier, daß ich mit unheiligen Vorurteilen erfüllt hergekommen bin. Mit diesen Vorurteilen, so glaube ich, bin ich für das Werk des Herrn ein Hindernis gewesen, anders hätte der Segen wohl noch viel größer sein können. Das tut mir wirklich leid." Mit dem gleichen Bekenntnis schloß sich auch Bruder K. an.

Nach einem nochmaligen gemeinsamen Gebet stiegen alle in ihre großen Wagen und kehrten in ihre Heimat zurück. Abends ging ich dann wie gewohnt in die Altstadt zu meinen Mohammedanern, um mit ihnen persönlich zu sprechen.

Kapitel 17

# Neue Nöte

In all dieser Zeit mußte ich, ob ich wollte oder nicht, im Kreiskommissariat bleiben, um nach Möglichkeit die Interessen unserer und vieler anderer Dörfer im Kreise zu vertreten. Aber insgesamt wurde nur sehr wenig erreicht. Das Jahr 1922 war überhaupt reich an Not und vielem Elend.

Schon bald nach der Enteignung, bei der man auch den Kirgisen ihre Viehherden genommen hatte, entstand eine große Hungersnot unter ihnen. Überall auf unseren Feldern und in der Steppe lagen die Verhungerten. Entsetzlicher Verwesungsgeruch quälte uns, aber niemand kümmerte sich darum. Da mußte ich wieder und wieder an Jeremia 25, 32 und 33 denken, wo es heißt:

„So spricht Jehova der Heerscharen: Siehe, Unglück geht aus von Nation zu Nation, und ein gewaltiger Sturm macht sich auf von dem äußersten Ende der Erde. Und die Erschlagenen Jehovas werden liegen an jenem Tage von einem Ende der Erde bis zum andern Ende der Erde; sie werden nicht beklagt und nicht gesammelt werden; zu Dünger auf der Fläche des Erdbodens sollen sie werden."

Da kam mir die Frage: Deutet das auf den Bolschewismus hin? Ist die Zeit der Erfüllung dieses Kapitels gekommen? Als einige Jahre später alle Religion und Gottesdienste verboten wurden und alle Leiter auf oft schreckliche Weise gefoltert und ermordet wurden, habe ich oft an dieses Wort denken müssen. Wenn ich solche Gedanken in den Jahren nach 1930 in Brüderkreisen in Europa äußerte, belächelte man mich oft mitleidig. Doch heute, im Jahre 1950, denken viele ganz anders als damals.

Eine weitere Not kam mit dem Ausbruch der Typhus-Epidemie. Ganze Familien starben aus. Unser jüngster Sohn Franz, fünfzehn Jahre alt, starb auch. Zwei andere Kinder und ich lagen wochenlang zu Bett, wurden aber alle wieder gesund. Auch mein geliebter Bruder Abram erlag nach langem Leiden der Krankheit. An seinem Grabe sprach der alte Bruder Franz Bartsch, früher Lehrer in Lysanderhöh am Trakt. Er sprach in ergreifender Weise über Jesaja 57,1, wo es heißt: „Der Gerechte kommt um, und niemand nimmt es zu Herzen, und die Frommen werden hingerafft, ohne daß jemand es beachtet, daß der Gerechte vor dem Unglück hinweggerafft wird."

Neben der Witwe und ihren Kindern habe auch ich damals an Bruder Janzen viel verloren. Die Gemeinden empfanden das wohl nicht so sehr, weil ihnen der Bruder zu „allianzgesinnt" war. Er hatte nämlich alle Kinder Gottes gleich lieb, so wie der himmlische Vater, der ja den Wert oder Unwert der verschiedenen Meinungen und Auffassungen in der Lehre am besten zu schätzen und zu beurteilen weiß. „All unser Wissen ist ja nur Stückwerk", sagt Paulus in 1. Kor. 13,9.

In jenen Hungerjahren hatten wir in den zwei Gemeinden eine Garküche eingerichtet. Jeden zweiten Tag wurden zwei fette Ochsen geschlachtet. Sie wurden in kleine Stücke zerlegt und in großen Kesseln gekocht, gemischt mit Kartoffeln, Mehlrüben oder Hirse. Zweimal täglich wurden etwa 400-500 Kirgisen mit einer Schüssel Suppe gespeist. Sie schliefen in den großen, leerstehenden Scheunen auf Stroh. Zwischendurch wurden ihnen biblische Geschichten erzählt. Sie lernten Bibelsprüche – vor allem Joh. 3,16 –, die sie vor dem Essen aufsagten. Diesen Unterricht führten einige unserer jungen Leute mit ihnen durch. Von Zeit zu Zeit kam ich aus der Stadt, um in den Kirchen zu sprechen, eine Art Andacht zu halten. Wenn ich nicht da sein konnte, dienten ihnen auch die Brüder G. Regier und G.R. Braun.

Das Werk führten wir ungefähr ein Jahr durch; dann wurde es verboten und aufgehoben. Außerdem konnten unsere Gemeinden selbst bei bestem Willen die dafür erforderlichen Mittel nicht mehr aufbringen. Letztlich waren es diese Requirierungsmaßnahmen, mit denen sich Lenin die Proletarier schuf.

All unser abgeliefertes Getreide, Kartoffeln usw. lagen hoch aufgehäuft auf den Bahnhöfen unter freiem Himmel – streng bewacht – und verfaulten in Regen und Schnee. Rundherum wurden ganze Stämme – etwa die Schwarzkirgisen in den Bergen – durch die Hungersnot weggerafft. Unsere und die russischen Bauern wußten sich immer noch irgendwie zu helfen. Ein großer Teil der den Kirgisen weggenommenen Viehherden, Pferde, Rindvieh, Kamele und Kleinvieh, verhungerte.

Im Herbst dieses notvollen Jahres 1922 erschien in Tschimkent ein junger, fanatischer Kommunist, ein Jude aus Moskau. Er hatte Befehl und Vollmacht vom Zentralkomitee (ZK), alle von der GPU genannten Kulaken (Großbauern) in Turkestan in ihren Dörfern oder in der Garnison zu liquidieren, d.h. zu erschießen. Kulaken hatten in der Regel alle irgendwann einmal Arbeiter oder Arbeiterinnen beschäftigt. In Tschimkent meldete die mohammedanische GPU selbstverständlich nur russische Bauern, obwohl alle ansässigen Usbeken auch immer Knechte gehalten hatten. Dieser Bevollmächtigte stellte alle dreihundert gemeldeten Bauern in eine Reihe und erschoß sie mit eigener Hand! Niemand konnte etwas dagegen tun, denn ihm stand ja die ganze Garnison zur Verfügung.

Anschließend kam er nach Aulie-Ata. Ich war gerade nicht in der Stadt. Auch hier übergab ihm die GPU eine Liste mit den Namen russischer Bauern und achtzehn Namen von unseren Bauern, die früher einmal wohlhabend gewesen waren. Auch mein Name stand auf der Liste. Weil unser Kreis sehr groß war, schickte die GPU Soldaten in alle Dörfer und ließ die betreffenden Bauern verhaften. Sie kamen in der Stadt ins Gefängnis.

Als man mich und meinen Nachbarn Cornelius Wall, der einen großen Laden gehabt hatte, holte und in die Stadt brachte, trafen wir im Gefängnis bereits auf vierhundert Leidensgenossen.Das Gefängnis war überfüllt. Wir achtzehn Mennoniten lagen mit einigen Lutheranern und noch anderen – insgesamt fünfzig Personen – in einer größeren Zelle. Da waren Russen, Armenier, Grusinier und Deutsche. Es war so eng, daß wir teilweise unter- und übereinander lagen. Auch unter den Pritschen drängten sich die Gefangenen. Luft war so knapp, daß man kaum atmen konnte, die Wände voller Wanzen, ebenso die Pritschen. In der Nacht stand in einer Ecke ein großer Kübel für die Notdurft, der die Luft noch mehr verpestete.

Fast jeden Abend kam der Blutmensch mit seinem Sekretär und einigen Soldaten um neun Uhr den langen Gang entlang, wo er die Soldaten postierte. Er selbst ging in die einzelnen Zellen und suchte sich seine Schlachtopfer aus. Sie mußten in den Gang hinaustreten. Hatte er nach seiner Meinung genug – wie uns die Wärter berichteten, suchte er immer etwa zwanzig bis fünfundzwanzig Mann aus –, dann wurden sie hinausgeführt und in einem gegenüberliegenden kleinen Wald kurzerhand erschossen. Das geschah auch oft in Gegenwart der Wärter, die uns am nächsten Morgen bei unserem 15-Minuten-Lüftungsumgang im Gefängnishof alles erzählten.

Eines Abends kam auch unsere Zelle Nr. 9 an die Reihe. Als der Blutmensch eintrat, sprang alles voller Aufregung hoch. Wir sahen vor uns einen noch jungen Mann, vielleicht 27 Jahre alt. Behängt mit zwei schweren Revolvern, trug er außerdem noch einen kaukasischen Dolch im Gürtel. Neben ihm stand sein Sekretär, scheinbar ein Russe, mit einem großen Buch unter dem Arm. Der junge Mann schleuderte uns einen schrecklichen Fluch entgegen und brüllte dann: „Ich habe euch Kulaken schon lange gesucht, und endlich habe ich euch gefunden. Hier, seht her, das ist meine Vollmacht vom ZK, mit dem Befehl, euch alle ohne Gericht zu erledigen, d.h. euch mit diesem Revolver zum Mond zu schikken."

Nun mußte der Sekretär das Buch öffnen und Namen aus unserer Zelle vorlesen. Es waren nicht viele. Doch jeder stand in allerhöchster Spannung da, ob wohl sein Name aufgerufen würde. Die Stille war für manche fast unerträglich. Die Aufgerufenen mußten vortreten, manchmal zehn, manchmal auch weniger. Wenn sie dann vor ihm standen, verfluchte er sie, dann Gott und Jesus und seine Mutter, wie alle Heiligen; dann befahl er drei der vor ihm Stehenden auf den Gang zu treten, und zu den anderen sagte er: „Morgen, so wahr ich hier stehe, schicke ich euch auf den Mond."

Dann verließ er unsere Zelle und machte es ebenso in den anderen Zellen. Endlich hörten wir, wie das eiserne Außentor geöffnet wurde. Schüsse ertönten, und keiner von den Aufgerufenen kehrte zurück. Eines Tages wurde ein langjähriger Bekannter von mir, ein Kosak und tüchtiger Bauer, um fünf Uhr nachmittags eingeliefert. Um zehn Uhr abends war er tot.

Wie uns die Wärter am nächsten Morgen erzählten, waren seine Frau und seine erwachsenen Kinder in einem Wagen dem Vater nachgefahren, weil sie sehen wollten, was man mit ihm machen würde. Er war ein aufrichtiger, unbescholtener Mann. Die Frau hatte sich mit ihrem Wagen bis vor das Gefängnis gewagt und dort an der Straße stillgehalten. Nachdem sie dem Pferd Futter gegeben hatte, war sie an das Tor gegangen und hatte gefragt, ob ihr Mann dort sei und was man mit ihm machen würde. Der Wächter hatte ihr geantwortet, daß er das nicht wüßte. Allerdings würden an jedem Abend Gefangene erschossen.

Hierauf sei die Frau zu ihrem Fuhrwerk zurückgekehrt. Als kurze Zeit später ein Trupp Gefangener herausgeführt wurde, hatte sie ihren Mann erkannt. Entsetzt sei sie auf den Blutmenschen zugelaufen und habe um Gnade gefleht. Doch der hätte sie nicht nur abgewiesen, sondern auch die Kinder heranholen lassen. Auf dem Hinrichtungsplatz mußte die Frau mit ihren Kindern das Grab für den Vater graben. Man befahl ihr, nicht zu tief zu graben, damit ein Arm aus dem Grabe herausragen könne, so daß die Krähen ihn auch finden könnten! Der Befehl wurde ausgeführt. Und damit die fast wahnsinnige Frau nicht in der Nacht die Leiche fortholte, stellte man eine Wache an das Grab.

Täglich schickten unsere Gemeinden Eilboten zum Tor. Sie beschenkten die Wächter, damit sie Auskunft gaben, ob die Unsrigen noch am Leben waren. Sobald der Bote Nachricht hatte, kehrte er um. Das alles erfuhren wir durch unsere Wächter. Zu Hause kamen unsere Lieben an jedem Abend in den Kirchen zusammen und beteten für uns.

Eines Abends hatten sich auf den Rat eines Predigers alle versammelt und 35 Stunden für unsere Befreiung gebetet und gefastet. Und der Herr erhörte ihr Gebet.

Als man wieder einmal eine Anzahl Bauern herausgeholt hatte, um sie zu erschießen, erschien ein Eilbote mit einem Telegramm für den Blutmenschen. Dieser öffnete es, und in seiner Nervosität las er es laut, im Beisein einiger Wächter: „Mit Empfang dieses Telegramms sind alle Ihre Vollmachten annulliert. Kehren Sie umgehend nach Moskau zurück.“

Das erzählten uns die Wärter am anderen Morgen. Kurz danach kam der Blutmensch mit der ganzen GPU zu uns ins Gefängnis und teilte allen Gefangenen mit, daß er nach Moskau reise, wenn auch nur für kurze Zeit. Sofort nach seiner Rückkehr würde er uns alle liquidieren, so wahr er jetzt vor uns stehe. Dann wandte er sich an die GPU und befahl, keinen der Kulaken freizulassen, sonst würden sie auch erschossen. Hierauf verließ er das Gefängnis und verschwand für immer. Er kam nie wieder.

Wir lagen dann noch lange in düsterer Erwartung einer ungewissen Zukunft. Schließlich erfuhr dann die GPU, daß der Blutmensch nicht wiederkommen würde, worauf wir von unseren Leuten mit Lebensmitteln losgekauft wurden. Das war aber nicht so einfach, weil es auch in unseren Dörfern nichts mehr gab. Man hatte ihnen alles weggenommen. Aber durch die Mithilfe anderer kamen wir achtzehn Bauern doch endlich frei. Manche hatten neun Monate im Gefängnis zugebracht; ich war fast sieben Monate dort gewesen.

Körperlich und seelisch zerschlagen kam ich zu Hause an. Weil die Gemeinden inzwischen einen anderen Delegierten gewählt hatten, d.h. hatten wählen müssen, war ich nun endlich frei. Auch meines Amtes im Kreiskommissariat war ich enthoben. Aber man vergaß mich nicht. Fast wöchentlich führten Männer von der GPU bei mir unter allerlei Drohungen Haussuchungen durch. Ich merkte, man hatte mich im Visier. Immer stärker wurde in mir die Gewißheit, daß mir nur eines blieb: die Flucht. Auch die Kinder bedrängten mich zu fliehen: Sie wurden nicht verfolgt. Doch ich? Aber wohin konnte ich mit meiner alten, gebrechlichen Frau flüchten?

Kapitel 18

# Flucht nach Deutschland

Über meine Lage hatte ich inzwischen an Bruder Johannes nach Wiedenest in Deutschland geschrieben. Damals gelangten die Briefe noch unzensiert ins Ausland. Doch von Deutschland aus konnte mir niemand helfen. Spät abends, wenn meine Frau schlief, stand ich manchmal auf und schlich in die stille Nacht hinaus. Stundenlang saß ich dann auf einem kleinen Hügel hinter unserem Garten und habe viel mit meinem himmlischen Vater gesprochen. Ich sagte wohl: „Du siehst doch, daß ich hier nicht länger bleiben kann. Auf der einen Seite bin ich den mohammedanischen Herrschern im Wege, auf der anderen Seite den Bolschewiken, die ja von Dir nichts wissen wollen. Nun verfolgen sie mich, weil ich sie oftmals auf Dich und auf ihr Gewissen aufmerksam gemacht habe. Hast Du wirklich kein Eckchen mehr auf dieser Erde für mich, wo Mutter und ich noch unsere letzten Erdentage in Ruhe und Stille beenden können?"

So vergingen einige Monate, immer unter dem Druck von Bedrohung und Gefahr. Eines Abends erschien auf meinem Hof wieder mein Freund Ibraimof, Vorsitzender der mohammedanischen Kommunistenpartei und der GPU. Ermüdet von seinem langen Ritt – 65 Kilometer hatte er zurückgelegt –, setzte er sich nieder und sagte:

„Lieber Vater Jantzen, vor einigen Jahren habe ich Sie, um des Brotes und Salzes willen, das ich bei Ihnen genossen hatte, davor gewarnt, Ihrem Erschießungskommando in die Arme zu laufen. Ich riet Ihnen zu flüchten. Das haben Sie damals auch getan. Wenn Sie sich auch später freiwillig stellten, weil Sie krank geworden waren, so sind Sie doch schließlich freigekommen. Dann kamen Sie letztes Jahr wieder als zum Tode Verurteilter ins Gefängnis. Und wieder sind Sie freigekommen.

Weil Sie aber nun hauptsächlich unserer mohammedanischen Kommunistenpartei im Wege sind, hat man vorgestern auf unserer Plenarsitzung beschlossen, Sie aus dem Weg zu räumen. Durch das Los wurde die Person bestimmt, die das ausführen muß. Ihren Namen darf ich natürlich nicht nennen. Doch wie schon einmal, so bin ich auch jetzt als Ihr alter Freund gekommen, um Sie zu warnen. Ich rate Ihnen, um jeden Preis zu flüchten, denn einem Meuchelmörder können Sie nicht entgehen. Er wird Sie finden, wo immer Sie sich auch aufhalten mögen."

Ibraimof blieb bei uns zur Nacht. Mutter bewirtete ihn, so gut sie es noch konnte. Am folgenden Morgen, nach dem Frühstück, nahm er sichtlich bewegt von uns Abschied, wobei er Mutters Hand mit der einen und die meine mit der anderen Hand festhielt und sagte: „Mamascha, Papascha, nehmt's nicht leicht, was ich euch gesagt habe. Flieht!" Darauf bestieg er sein Pferd und verschwand. Wir aber standen ratlos da und fragten uns: Wohin?

Kurze Zeit später kam ein Brief von Bruder Warns mit einer Einreiseerlaubnis für Deutschland und folgender Mitteilung: „Lieber Bruder Jantzen, die Einreiseerlaubnis habe ich Dir bei unserer Regierung erwirkt. Wie Du aber hierherkommen kannst, wissen wir nicht. Doch werden wir dauernd für Dich und Deine liebe Frau beten. Einmal hier angekommen, bist Du bei uns herzlich willkommen."

Dieser Brief war so etwas wie ein Morgenrot nach finsterer Nacht. Alles hatte ja so aussichtslos dunkel ausgesehen. Es blieb aber noch die große Frage, wie wir die 9000 Kilometer bis Berlin und Wiedenest zurücklegen konnten. Wir mußten dazu die Auslandspässe haben, die nur die GPU ausstellen konnte. Und bei der stand ich auf der Schwarzen Liste. Würde ich dort um die Pässe bitten, würde man mir statt der Pässe die Kugel geben, denn ich galt doch als Gegenrevolutionär. Und selbst wenn ich die Pässe erhielt, hatte ich damit noch keine Reiseerlaubnis. In Turkestan bestand das Gesetz, daß nur Besitzer eines Parteiausweises eine Fahrkarte bekamen.

Also saß ich weiter ratlos im Finstern und wußte nicht, wie es weitergehen sollte. Nachts schlich ich immer wieder zu dem stillen Hügel und sprach mit meinem himmlischen Vater und seinem Sohn Jesus Christus. In meinem Ringen kam ich schließlich dahin, daß ich ungefähr so sagte: „Herr Jesus, wir lesen an vielen Stellen der Bibel, daß du das Haupt und wir die Glieder sind, was ich ja glaube. Du kennst meine aussichtslose Lage. Wenn es trotzdem Dein gnädiger Wille ist, uns nach Europa zu bringen, was ich doch annehmen muß, nachdem ich die Einreiseerlaubnis für Deutschland bekommen habe, dann gib Du mir einen Rat, wie ich es machen muß, damit ich den unumgänglichen Paß bekomme. Denke Du als mein Haupt für mich, und offenbare mir, Deinem Gliede, Deine Gedanken. Was Du mir sagst, das will ich tun. Ich bitte Dich in Deinem Namen!"

Hierauf bekam ich innerlich ganz entschieden den Auftrag: „Du mußt dir hier im Kolonieamt eine Bescheinigung geben lassen, daß du alle Staatsauflagen erfüllt hast und auch in der Gemeinde keine Schulden hinterläßt. Damit gehe zur GPU, und laß dir die Auslandspässe ausstellen."

Als ich das am Morgen Mutter und den Kindern erzählte, erschraken sie alle und sagten: „Aber Vater, alles andere, nur das nicht! Du gehst ja damit direkt in die Höhle des Löwen!"

„Das weiß ich, doch muß ich auf den Rat von oben hin so handeln."

So ging ich denn zum Kolonieamt und holte mir die

Bescheinigung, daß ich keine Schulden hinterlasse und somit frei bin. Dann machte ich mich auf den Weg zur Stadt. Die Reise dauerte einen ganzen Tag.

Als ein zagender Mensch saß ich in meinem Wagen und dachte: „Ist es nicht Wahnsinn, was du jetzt tust? Ist es nicht bloße Einbildung, was du meinst, von oben bekommen zu haben. Wird denn Gott um deinetwillen ein Wunder tun und dir die Pässe zukommen lassen?", und doch hieß es andererseits in mir: „Du mußt tun, was dir aufgetragen ist!" Welch ein Streit von Licht und Finsternis in mir!

Abends kam ich in meinem Nachtquartier an, aber schlafen konnte ich nicht. Endlich kam der Morgen. Das Frühstück schmeckte mir nicht. Doch schließlich machte ich mich auf den Weg zur GPU, wo – wie ich annahm – meine Verfolger saßen.

Als ich bangend eintrat, erkannte ich sofort, daß lauter fremde Leute an den Schreibtischen saßen. Der Vorsitzende, zu meiner Verwunderung ein Russe, kam mir freundlich entgegen und fragte: „Nun, Väterchen, Sie kommen ja schon so früh, womit kann ich Ihnen helfen? Was ist Ihr Wunsch?"

„Ich möchte mit meiner Frau eine Reise nach Deutschland und Holland machen, wo wir allerlei Verwandte und Freunde haben. Die möchten wir besuchen. Dazu brauchen wir Auslandspässe, die ich von hier haben muß. Von Zuhause bin ich frei. Ich habe alle meine Verpflichtungen erfüllt."

Mit diesen Worten legte ich die Bescheinigung vom Kolonieamt vor, die er durchlas. Dann sagte er: „Das stimmt, doch müssen Sie Geduld haben. Setzen Sie sich nur einstweilen. Die Sache ist nämlich so: Wir alle sind hier fremd und kennen Sie nicht. Alle GPU-Beamten von hier sind für zehn Tage zu einer Plenarkonferenz nach Taschkent einberufen. Wir sollen sie inzwischen hier vertreten. Darum muß ich erst die Schwarze Liste durchsuchen, ob Ihr Name darin steht. Dann allerdings wissen Sie ja, was mit Ihnen geschieht."

Er begann zu suchen. Auf einem langen Bücherbrett standen alle Bücher, für jeden Monat eins mit den betreffenden Namensregistern. Er fand meinen Namen in den Büchern älteren Datums nicht. Doch seine Hand kam immer näher an das Februar-Buch vom Jahr vorher, in dem mein Name stehen mußte. Still saß ich und zitterte, innerlich seufzend: „O Vater!"

Plötzlich drehte der Mann sich um und sagte: „Ach, in den paar Büchern werden Sie wohl auch nicht sein." Gleich diktierte er seinem Schreiber den Berechtigungsschein für einen Auslandspaß von Moskau für meine Frau und für mich. Er unterschrieb, drückte den Amtsstempel darunter, gab mir das Papier und sagte: „Ich wünsche Ihnen eine glückliche Reise. Wenn ich auch so ein Kapitalist wäre wie Sie, würde ich auch mal gerne ins Ausland fahren und sehen, wie die Menschen dort leben."

Hierauf drückte er mir die Hand und entließ mich. Ob ich mich bedankt habe, weiß ich nicht mehr. Nichts als Staunen und Verwirrung war in mir. Auf der Straße angekommen sagte ich: „O Vater, wie groß bist Du in Deinem Erbarmen gegen einen solchen elenden, ungöttlichen Menschen wie ich es bin!"

Doch wie sollte es nun weitergehen? Wie und womit sollte ich fahren? Wie kam ich an die dazu nötige Parteikarte? Still sagte ich meinem himmlischen Vater dieses nächste Problem.

Plötzlich höre ich von der anderen Straßenseite jemanden meinen Namen rufen, und gleichzeitig kommt ein alter Bekannter, ein Bahnbeamter, auf mich zu. Er streckt mir die Hand entgegen und fragt: „Warum gehen Sie schon so früh in Gedanken vertieft und kopfhängend spazieren? Ist es wahr, was mir Ihr Sohn Heinrich erzählte, daß Sie nach Deutschland reisen wollen? Wenn dem so ist, wie wollen Sie zu einer Fahrkarte kommen? Sie haben doch keine Parteikarte?"

„So ist es, aber wir möchten nach Deutschland reisen."

„Sie als gläubiger Mann denken natürlich: ‚Der himmlische Vater wird für mich sorgen.' Doch ich denke hierüber anders. Einen himmlischen Vater gibt es nicht mehr. Da bin ich mit den Bolschewiken einer Meinung. Denn wenn ein Gott da wäre, so hätte er sich schon lange über unser zerstörtes Volk und Land erbarmt... Doch ich wollte Ihnen etwas anderes erzählen.

Wie Sie wissen, bin ich Moskauer. Meine Mutter, über neunzig Jahre alt, wohnt noch dort in unserem Haus. Nun bekam ich ein Telegramm, in dem sie mir mitteilt, daß sie krank ist. Meine Frau und ich sollen sie schnellstens besuchen kommen, sie möchte uns gern noch einmal sehen. Darauf haben wir beschlossen, alle unsere Habe zu verkaufen und nach Moskau zu ziehen. Wir sind auch bereits mit allem fertig. Weil aber in Moskau eine große Hungersnot herrscht, haben wir insgeheim viel Lebensmittel gekauft. In meinen Reisepapieren steht, daß ich auch zwei Kühe mitnehmen darf. Bloß, die habe ich nicht.

Für meine Reise hat man mir als Bahnbeamtem einen ganzen Waggon zur Verfügung gestellt. Die Hälfte davon ist noch leer. Und nun kommt es mir wie ein Wunder vor, daß ich Ihnen hier auf der Straße begegne.

Da ich weiß, daß es keinen himmlischen Vater gibt, Sie aber als ‚Weißer' keine Parteikarte haben, während ich eine habe, obwohl ich nur um des Brotes willen rot bin, von innen bin ich weiß wie Sie, so biete ich Ihnen die andere Hälfte meines Waggons an. Machen Sie es wie ich. Setzen Sie Ihr ganzes Reisegeld in Lebensmittel um, und nehmen Sie zwei Kühe mit. Für Futter unterwegs werde ich als Bahnbeamter sorgen. Meine Frau nimmt ihre 25 Hühner mit, die wir in einem Käfig unterbringen. Sie und Ihre Frau gehen als meine Leute mit. Das darf ich, und dazu brauchen Sie auch keine Fahrkarte."

Von allem, was ich hörte und an diesem Morgen erlebt hatte, war ich so erstaunt, daß ich ihm nicht gleich antworten konnte. So begann er wieder: „Sie sagen ja nichts! Nun ja, ich kann es verstehen. Sie denken an Ihre Auslandspässe, die Sie ja haben müssen und die werden Sie wohl niemals bekommen. Ich kenne ja Ihre ganze Geschichte und weiß, daß Sie auf der Schwarzen Liste stehen."

Hierauf zog ich meine Erlaubnisscheine von der GPU hervor und zeigte sie ihm mit den Worten: „Mein lieber Freund, Sie haben soeben meinen himmlischen Vater beschimpft und wissen gar nicht, daß Sie sein Knecht sind, indem Sie mir ihren Waggon zur Mitreise anbieten.

Und nun, wo ich Ihnen das Papier von der GPU gezeigt habe, wissen Sie nicht mehr, was Sie noch sagen sollen. Die Sache ist nämlich so: Mein lieber himmlischer Vater hat in seiner großen Gnade beschlossen, mich zu retten. Somit muß die ganze Beamtenschaft der GPU, die mich kennt, zeitweilig nach Taschkent beordert werden. Andere, die mich nicht kennen, müssen als ihre Vertreter dort sein, und der stellvertretende Vorsitzende muß die Schwarze Liste durchsehen und meinen Namen nicht finden. In wenigen Minuten läßt er dann die nötigen Papiere ausfertigen, wünscht mir eine gute Reise und entläßt mich.

Auf der Straße angekommen, danke ich meinem himmlischen Vater mit den Worten: ‚O Vater, wie groß ist Dein Erbarmen!', da frage ich mich allerdings schon: Wie bekomme ich eine Reisemöglichkeit? Da rufen Sie über die Straße und bieten mir diese Reisegelegenheit an und lösen sogar die Frage der Parteikarte.

Dieses dreifache Wunder an einem Morgen hat mich vor Erstaunen zunächst verstummen lassen. Und Ihr Angebot? Natürlich nehme ich es an. Es kommt aus

Gottes Hand, und Ihnen, seinem Knecht, danke ich von ganzem Herzen."

Bei diesen Worten und dem Blick auf die Papiere war mein Freund ganz bleich geworden und rief schließlich aus: „Nun begreife ich überhaupt nichts mehr! Was Sie da sagen und was ich sehe, ist doch ganz unnatürlich."

„Ja, da haben Sie recht, das ist unnatürlich. Das ist göttlich; etwas, was Sie und ich mit unserem Verstand nicht begreifen können. Denn Gott ist viel größer als wir Menschen."

Nun besprachen wir noch kurz, daß ich mit all meinen Vorbereitungen fertig sein sollte, um am Ende der Woche abfahren zu können. Damit verabschiedeten wir uns, und ich machte mich auf den Heimweg. Aber wie anders waren meine Gefühle als auf der Hinreise. Das zu beschreiben, verweigert meine Feder ihren Dienst.

Als ich daheim ankam, sahen mich alle erstaunt an, weil sie ja befürchtet hatten, ich würde nicht wiederkommen. Nachdem ich ihnen alles erzählt hatte, wurde ihr Verwundern noch größer. Natürlich sprach sich mein Erlebnis bald in unseren Dörfern herum. Inzwischen kauften wir insgeheim viele Lebensmittel ein, ebenso zwei Milchkühe. Alles ging mit dem Wagen zum Bahnhof, wo meine Söhne auf Anweisung des Beamten alles in den Waggon luden.

Zu Hause gab es noch einige unruhige Tage. Täglich kamen die Prediger unserer Gemeinden und protestierten gegen meine Reise ins Ausland. Sie beschuldigten mich des Kleinglaubens; könnte mich doch der allmächtige Gott hier ebensogut vor allem Übel bewahren wie anderswo. Sie wollten es nicht glauben, daß dies der Weg des Herrn für mich war. Sie dachten, es sei mein eigener Wille, sie jetzt, wo die Gemeinden in so vielen Schwierigkeiten waren, im Stich zu lassen. Nach ihrer Meinung würde die bolschewistische Regierung gar nicht lange bestehen, und dann würden die Verhältnisse ohnehin wieder besser werden.

In dieser Woche hatte ich einen schweren Stand. Zuletzt waren auch alle meine Kinder gegen mich, so daß ich ganz allein stand. Unverstanden auch von ihnen!

Am Tage vor der Abreise kam Bruder Peter J. Janzen, der Bruder des verstorbenen Abram Janzen, und sagte: „Bruder Jantzen, ich habe noch eine Kutsche und auch noch zwei einigermaßen gute Pferde. Ich werde euch morgen zur Stadt bringen. Das soll mein letzter Liebesdienst für Sie sein." Dankbar nahm ich dies Anerbieten an. Schon früh kam er am anderen Morgen von Nikolaipol nach Orloff.

Die Zeit des Abschieds war gekommen. Wir mußten scheiden von all unseren Kindern und Enkeln, von Haus und Hof, von allem, was uns lieb und teuer war. Mutter saß schon im Wagen. All unsere Lieben standen um den Wagen herum und weinten.

Ich hatte schon im Wagen Platz genommen, da sprang ich noch einmal heraus und lief noch einmal durch meine zwei Häuser, meine früher vollen Ställe und Maschinenräume, die nun alle leer waren, durch den Obstgarten und noch einmal in mein Studierzimmer. Da stand noch meine Konzertzither in ihrem Kasten. Unwillkürlich muß ich danach gegriffen und sie mitgenommen haben; ich konnte mich später nicht mehr besinnen, wie sie auf den Wagen gekommen war.

Nachdem ich endgültig eingestiegen war, rief ich: „Gott befohlen, meine Lieben, bis wir uns droben wiedersehen!" Dann fuhr Bruder Janzen vom Hof. Mutter war mir ohnmächtig in die Arme gefallen. Das war am 28. März 1923.

Allmählich kam Mutter wieder zum Bewußtsein und damit auch all ihr Mutterschmerz zurück. Sie saß während der ganzen Fahrt zur Stadt in ihrer Wagenecke und weinte still vor sich hin.

Am Bahnhof wurden wir sehr freundlich von unserem Freund empfangen. Nachdem wir uns auch noch von unserem lieben Fuhrmann, Bruder Janzen, verabschiedet hatten, stiegen wir in den Waggon ein.

Am anderen Morgen fuhr unser Zug ab. Den Waggon hatte unser Wirt so eingerichtet, daß auf der einen Seite die Kühe standen; über den Kühen waren die Hühnerkäfige angebracht. Dann blieb ein kleiner Zwischenraum, in dem ein kleiner Ofen stand, auf dem wir kochen konnten. Die andere Hälfte war durch Rohrmatten in zwei Teile geteilt. Jede Seite hatte eine Bettpritsche, unter der Säcke und Dosen verstaut waren. Über uns waren Bretter angebracht, auf die wir alles übrige abladen konnten.

Auf den meisten Stationen telegrafierte unser Wirt an die nächste Station voraus, damit dort Heu und Wasser für die Kühe sowie Brennholz für uns bereitgestellt wurden. Alles war immer prompt zur Stelle. So ging unsere Reise ungestört in Richtung Norden, und nach achtzehntägiger Fahrt kamen wir glücklich in Moskau an.

Sofort telefonierte ich bei der Ankunft mit den Hauptvertretern aller Mennoniten Rußlands, den Brüdern O.G. Klassen und Peter Fröse, und teilte ihnen mit, daß ich mit meiner Frau, allerlei Lebensmitteln und einer Kuh aus Turkestan angekommen war, und bat sie, uns abzuholen. Die andere Kuh schenkte ich unserem Wirt für seine große Gefälligkeit; nur so waren wir wohlbehalten nach Moskau gekommen. Froh bedankte er sich hierfür.

Wir wurden im Mennonitenheim untergebracht. Die Kuh mußten wir bald verkaufen, weil das Futter so ungemein teuer war. Ich bekam für die Kuh sehr viel mehr, als ich für sie in Turkestan bezahlt hatte. Nie wäre mir der Gedanke gekommen, so viel für eine Kuh zu fordern, wie mir geboten wurde. Aber alle Lebensmittel wurden täglich teurer. Daran erkannten wir den Verfall des Geldes und verkauften nichts von unseren Lebensmitteln. Unsere Gastgeber, Familie Fröse, Bruder Klassen und noch eine Familie Isaak, die aus Müllerowo kam, lebten mit uns von unseren Lebensmitteln, bis wir nach einigen Wochen zur Weiterreise bereit waren.

Nach großer Mühe und vielem Umherlaufen von einer Stelle zur anderen – wobei mir die Brüder viel halfen – bekam ich endlich die Auslandspässe. Sie mußten noch im deutschen Konsulat registriert werden, aber der Konsul war freundlich und entgegenkommend. Er informierte sich dann noch etwas über Turkestan und wollte vor allem wissen, wie wir hergekommen waren. Schließlich sagte er:

„Herr Jantzen, wegen der Bürgerkriege in Westrußland und Polen können Sie momentan nicht mit der Bahn fahren. Ich rate Ihnen deshalb, hier in Moskau in Ihrem guten Quartier zu bleiben und die Zeit abzuwarten, bis das erste Schiff von Stettin nach Leningrad kommt. Ich werde davon unterrichtet und werde Sie sofort in Kenntnis setzen. Dann reisen Sie schnell nach Leningrad. Doch rate ich Ihnen, von Ihren mitgebrachten Lebensmitteln soviel wie möglich mitzunehmen. In Deutschland werden Sie die dringend brauchen, weil dort Inflation herrscht und der Wert des Geldes jeden Tag sinkt."

So blieb uns nichts anderes übrig, als still die Zeit abzuwarten. In dem Mennonitenheim hatten wir es ja auch gut. Innerlich war ich allerdings sehr unruhig. Ständig plagte mich der Gedanke, was wohl geschehen würde, wenn die GPU erfahren sollte, daß wir nach Moskau gereist waren, um ins Ausland zu entkommen. Telegraphisch hätten sie meine Verhaftung erwirken können, und dann wäre es vorbei mit mir. Hinzu kam noch, daß meine liebe Frau fast immer weinte, wenn wir allein waren; was für mich schwer anzuhören war.

In diese Zeit fiel die Gründung des Mennoniten-

Landwirtschaft-Vereins, wozu mehrere Brüder aus der Ukraine gekommen waren, darunter auch Bruder B.B. Janz, Bruder H. Riesen und noch ein Bruder aus Alexanderthal, Kreis Samara. An meinem Geburtstag, dem 28. Mai, wurde der Verein gegründet; so feierten wir beides zusammen.

Am nächsten Tag ließ mich der deutsche Konsul zu sich rufen, um einen Brief entgegenzunehmen. Wir sollten so schnell wie möglich nach Leningrad fahren, wo das Schiff „Oder" zur Abfahrt bereitlag. Das Schiff sollte am nächsten Tag um vier Uhr abfahren. Den Brief des Konsuls sollte ich einem Herrn Schlader, dem Chef der Schiffsgesellschaft, abgeben. Er würde für uns sorgen, damit wir noch mit dem Schiff reisen könnten. Der Konsul wünschte uns eine glückliche Reise.

Schnell lief ich zurück, erzählte den Brüdern alles, und nachdem alles geregelt war, brachten sie uns mit unseren fünf Säcken zum Bahnhof. Der Schnellzug stand bereit, und mit allen guten Wünschen für eine glückliche Reise fuhren wir ab.

Um ein Uhr mittags trafen wir in Leningrad ein. Schnell nahmen wir eine Droschke, die uns mit unserer Bagage zum Kontor der Schiffsgesellschaft brachte. Dort angekommen, fragte mich Herr Schlader kurzangebunden: „Was wünschen Sie?"

„Zwei Fahrkarten für die ‚Oder', um nach Stettin zu fahren."

Barsch erwiderte er: „Es gibt keine Fahrkarten mehr. Vorgestern ist der letzte Platz verkauft worden."

Inzwischen hatte ich ihm den Brief des Konsuls gegeben. Er überflog ihn kurz und rief dann in das nächste Zimmer: „Schnell noch zwei Karten für die ‚Oder'!"

Zu mir sagte er: „Bitte, setzen Sie sich, Herr Jantzen." Dann schrieb er noch rasch einen Brief an den Chef des russischen Zollamtes im Hafen, den er mir übergab. Er sagte: „Den Brief müssen Sie im Zollamt abgeben. Ich hoffe, daß man Sie damit noch an der Zollstation passieren läßt. Es ist ja mittlerweile sehr spät geworden, und das Kontor könnte geschlossen sein. Nun schnell, hier sind der Brief und Ihre zwei Karten."

Ich lief hinaus, stieg in unseren Wagen, und in großer Eile ging es nun zum Hafen. Als wir beim Zollamt ankamen, sah ich schon von weitem: Das Tor war bereits geschlossen, und zwei Soldaten standen davor Posten. Sie wollten mich nicht reinlassen. Aber ich bestand darauf. Da öffnete sich eine Tür, und ein Herr rief: „Was ist da los? Warum seid ihr so laut?"

Als Antwort überreichte ich ihm den Brief und fragte, ob der Herr Zollbeamte noch da sei. Er nickte und lief mit dem Brief ins Haus. Bald kam er mit fünf starken Männern zurück, die unser Gepäck griffen und damit losliefen. Nur mit Mühe konnten wir ihnen folgen. Hinter einem langen, niedrigen Tisch stand augenscheinlich der Chef. Streng fragte er, auf die Bagage zeigend: „Was haben Sie in den fünf großen Säcken?"

„Das sind Lebensmittel."

„Damit wollen Sie wohl die Deutschen füttern, während wir hier fast verhungern? Aber das werde ich nicht zulassen. Die bleiben hier! Und wenn Sie dagegen aufmucken, dann bekommen Sie verfluchter Bourgeois-Kapitalist hier noch die Kugel, der Sie aus dem Weg gehen wollen. Wir wissen sehr gut, wer Sie sind. Was haben Sie da in dem schwarzen Kasten?"

„Das ist meine Konzertzither, die ich gerne spiele."

Da lachte er laut auf und sagte zu seinen Kameraden: „Nun hört doch mal! Schleppt sich da ein alter Mann mit einem solchen Ding herum, wo er doch froh sein müßte, wenn er sein nacktes Leben über die Grenze rettet. Übrigens glaube ich gar nicht, daß er darauf spielen kann."

Da rief einer der Männer: „Soll er uns doch mal was vorspielen."

Nachdem ich die Zither herausgeholt hatte, begann ich ein russisches melancholisches Heimwehlied zu spielen. Alle Männer stellten sich um mich und hörten mir zu. Dreimal spielte ich das Lied. Ich sah auf, und da waren aller Augen mit Tränen gefüllt.

Der Chef rief: „Schon gut, verfluchter Bourgeois", und zu den Männern sagte er: „Klebt ihm die Papiermarken auf die Bagage, und bringt ihn mit allem auf das Schiff."

Mit einem Fluch wünschte er noch eine glückliche Reise, worauf wir den Männern nacheilten und auf das Schiff stiegen. Die Männer verabschiedeten sich dort von uns und dankten mir für das schöne Lied.

Als wir schon auf Deck standen, hörte ich noch jemand rufen: „Herr Jantzen, es mußte heute alles so schnell gehen, daß ich annehme, Sie haben Ihr Geld noch nicht umgewechselt. Das ließ mir keine Ruhe. Deshalb bin ich gekommen, um es noch schnell umzuwechseln."

Da erkannte ich Herrn Schlader, der am Ufer stand. Er rief noch: „Werfen Sie mir schnell Ihre Brieftasche mit dem Geld her." Dem folgte ich sofort. Er wechselte das Geld um und warf mir die Brieftasche zurück. Nochmals wünschte er uns eine glückliche Reise und verließ den Hafen.

Bald löste sich unser Schiff vom Pier und nahm seine Fahrt auf. Wir saßen an Deck und sahen, wie das alte Petersburg – nun Leningrad – immer kleiner wurde, bis es scheinbar im Meer verschwand. Lange noch blieben wir sitzen und schauten in Richtung Osten, wo die Ruinen unseres Lebens lagen, wo unsere Kinder und alle unsere Verwandten zurückgeblieben waren...

Schließlich wurde es ganz dunkel, und wir mußten uns in unsere Kabinen zur Ruhe begeben. Aber an Schlaf war nicht zu denken. Ein starker Sturm kam auf, der uns während der vier Tage unserer Reise bis nach Stettin begleitete.

Dort mußten wir zunächst durch die Paßkontrolle. Dann kam der Arzt und untersuchte besonders unsere Augen und die Zunge. Dann sagte er: „Ach, was müssen Sie alles durchgemacht haben! Ihre Nerven sind ja total kaputt. Aber sonst sind Sie gesund."

Nun konnten wir mit unseren Gepäckträgern zum Zollamt weitergehen. Hier empfing uns ein dicker Beamter, der mich wie der Beamte in Leningrad scharf fragte: „Was haben Sie da in den schmierigen Säcken?" Auf meine Antwort, daß darin Lebensmittel seien, sagte er: „Meinen Sie, daß wir hier am Verhungern sind, so wie Sie dort drüben? Übrigens dürfen die Lebensmittel nicht an Land. Alles muß desinfiziert werden. Schließlich haben Sie ja da im Osten alle möglichen Krankheiten, und damit lassen wir unser Vaterland nicht verpesten. Und wenn die Sachen desinfiziert sind, können Sie nichts mehr davon gebrauchen. Was haben Sie übrigens da in dem Kasten?" Meine Antwort lautete: „Eine Konzertzither."

Und so wie der Beamte in Leningrad lachte auch er laut auf und rief seine Mitbeamten: „Denkt euch mal, da schleppt sich so ein alter Mann mit einer Zither durch die Länder, als ob wir hier bei uns keine hätten. Ich bezweifle, ob er sie überhaupt spielen kann."

„Probier es doch aus, vielleicht kann er doch spielen", rief einer der Männer.

Also spielte ich das alte deutsche Volkslied: „Ich weiß nicht, was soll es bedeuten, daß ich so traurig bin."

Nachdem ich es dreimal gespielt hatte, merkte ich, daß alle aufmerksam zuhörten. Und da spielte ich noch die „Wacht am Rhein". Jetzt brachen alle in ein „Bravo" aus, und der Dicke rief: „Er ist unser Mann, er ist unser Mann! Sie sind herzlich willkommen im deutschen Vaterland!"

Darauf wurden die Zollmarken aufgeklebt, und

einige Männer brachten uns einen Wagen, der uns zum Bahnhof fuhr.

Nun möchte ich die lieben Leser fragen: Hätte ich wissen können, daß mir meine Zither gleich zweimal unsere Lebensmittel retten würde? Niemals hätte ich auch nur im Traum daran gedacht. Der Herr hatte eben etwas Gutes für uns im Sinn.

Als wir die Fahrkarten nach Wiedenest kaufen wollten, sagte man uns, daß man sie uns nicht geben könnte, weil dort noch die englischen und die französischen Besatzungen seien. Sie könnten uns Karten bis Hannover geben, und da müßten wir dann zusehen, wie wir weiterkämen.

So gelangten wir nach Hannover. Es war Nacht bei der Ankunft, und niemand wußte weiter. Als wir so dasaßen, sagte meine Frau plötzlich: „Liegt hier nicht Garden in der Nähe, wohin meine Schwester Marie mit ihren fünf Kindern schon 1918 geflüchtet ist?“

Ich nickte und erkundigte mich beim Stationsvorsteher, ob es in der Nähe ein Dorf Garden gibt. „Ja“, sagte er, „dort sind Zuckerfabriken. Da gibt es eine gute Verbindung mit der elektrischen Straßenbahn. In etwa zwanzig Minuten sind Sie an Ort und Stelle.“

Am Morgen gaben wir unser Gepäck zur Aufbewahrung ab und fuhren mit der Straßenbahn nach Garden. Mitten im Dorf stiegen wir aus und fragten einen Mann, der auf einem Bauplatz beschäftigt war, ob hier eine Witwe Pauls mit ihren Kindern wohne. Der Älteste müßte in der Zuckerfabrik arbeiten. Seine Antwort: „Ja, sie wohnt hier in der Nähe. Doch sie ist immer krank. Ihr Kopf ist nicht mehr so wie bei gesunden Leuten. Aber da kommt ja gerade der Woldemar, ihr zweiter Sohn. Der kann Ihnen besser Auskunft geben.“

Ich drehte mich um und sah einen starken, jungen Mann herankommen. Ich sagte: „Guten Morgen, Woldemar." Er dankte und sagte: „Ich kenne Sie nicht." Darauf erwiderte ich: „Das stimmt! Du warst ja noch ein kleiner Junge, als ich euch 1912 in Waldheim, in der Ukraine, besuchte."

Da sah er mich genauer an und fragte: „Sind Sie wohl Onkel Hermann Jantzen?" Ich nickte, zeigte auf meine Frau und fragte ihn: „Kennst du auch die Frau?" „Nein", lautete seine Antwort. „Aber ist sie vielleicht Tante Anna, Mutters Schwester?"

Ich schickte ihn voraus zu seiner Mutter, um sie etwas vorzubereiten. Wir folgten langsam nach. Fast dreißig Jahre hatten sich die Schwestern nicht mehr gesehen.

Als wir ins Haus traten, kam uns Woldemar schon entgegen. Die Mutter sei hinter dem Haus im Garten und füttere die Hühner. Wir traten in das Zimmer und sahen durch ein Fenster, das einen Blick in den Hof freigab. Da war die Schwägerin, eine alte, gekrümmte, kranke Frau. Ganz aufgeregt rief sie:

„Aber Woldemar, warum bist du nicht auf der Arbeit? Müssen wir denn wirklich verhungern? Arthur, Hermann und Hilde liegen schon halb verhungert zu Bett und können nichts verdienen. Und jetzt läufst du hier herum und arbeitest nicht."

„Mutter, ich bin ja zur Arbeit gegangen. Aber auf dem Wege bin ich zwei Gästen begegnet, die sind von weither gekommen. Das wollte ich dir bloß sagen."

Da rief sie: „Und da sollst du mich vorbereiten? Ich bin schon vorbereitet. Das sind Schwager Hermann Jantzen und Tante Anna, meine Schwester. Schon seit zwei Monaten habe ich immer gebetet: ‚O Gott, schicke mir doch die zwei Menschen hierher, denn wir gehen ja alle in der Fremde verloren!' Und darum bin ich schon lange auf ihren Besuch vorbereitet, ich bin vorbereitet, ich bin vorbereitet..."

So trat sie ins Zimmer. Die beiden Schwestern fielen sich in die Arme, und beide sanken bewußtlos zu Boden.

Woldemar und ich hoben sie auf und legten sie auf ein Bett, netzten sie mit kaltem Wasser, bis sie wieder zum Bewußtsein kamen. Die Schwägerin murmelte immer wieder: „Ich bin vorbereitet, ich bin vorbereitet." Ganz offensichtlich war ihr Verstand nicht klar. Schließlich aber sagte sie: „Nun müßt ihr beide, Anna und Hermann, bei uns bleiben. Ihr dürft uns nicht mehr verlassen."

Langsam teilten wir ihr unsere Erlebnisse in den letzten Jahren mit. Inzwischen schickte ich Woldemar zur Bahnstation, unser Gepäck zu holen.

Spät am Nachmittag kam Woldemar mit den Säcken an. Wie groß war die Freude der ganzen Familie angesichts des Reichtums an Lebensmitteln! Meine Frau, die kräftigere der beiden Frauen, half beim Auspacken. Da kamen geröstete Zwiebäcke, Käse, Rauchschinken zum Vorschein, aus einem anderen Sack Weizenmehl und Reis, schließlich noch Kaffee und Tee. Alle Augen strahlten.

Doch mußten wir aufpassen, daß diese ausgehungerten Menschen nur mit aller Vorsicht und in Maßen etwas zu sich nahmen. Nachdem alle zuerst etwas gerösteten Zwieback gegessen und Kaffee getrunken hatten, kochte meine Frau eine dünne Mehlsuppe. Langsam kamen so in den nächsten Tagen alle wieder zu Kräften. Nach ein paar Wochen konnten auch die anderen Kinder wieder in die Zuckerfabrik zur Arbeit gehen.

Nun erst verstand ich des Herrn Weg mit der Zither. Ich kann es gar nicht anders deuten, als daß da eine Witwe mit ihren Kindern in Garden, in Deutschland, in großer Not war. Sie schrie zum Herrn um Hilfe, und der Herr hat ihr Gebet erhört. Und dies auf eine für mich so überaus wunderbare Weise; hatte ich doch diese Zustände und Geschehnisse gar nicht wissen können. Denn wir hatten mit der Schwägerin schon seit Jahren keinen Briefwechsel mehr gehabt.

Meine Frau und ich saßen nun zunächst in Garden fest, weil wir nicht weiter in Richtung Westen reisen konnten. Inzwischen stiegen die Preise täglich. An jedem Tag ging ich einkaufen, was ich nur bekommen konnte. Die Inflation schritt rapide vorwärts.

Bald nach unserer Ankunft trat ich mit Prof. Benjamin Unruh in Karlsruhe in Briefwechsel, dem ich die Notlage der Familie Pauls mitteilte. Ich bat ihn, wenn irgend möglich, der Familie zu helfen. Vielleicht konnten sie ja nach Kanada auswandern, zumal doch Frau Pauls drei kräftige, erwachsene Söhne hatte. Das ist schließlich auch geglückt. Noch während unserer Anwesenheit in Garden wanderte die Familie nach Kanada aus.

Aber nun waren alle unsere Lebensmittel aufgezehrt, und Geld hatte ich auch keins mehr. Davon sagte ich zunächst nichts meiner Frau. Aber alles sagte ich meinem himmlischen Vater, der mir doch schon oft in wunderbarer Weise geholfen, der mich schon so oft aus allen meinen Nöten errettet hatte. Still sagte ich zu ihm: „Lieber Vater, du kennst unsere Lage. Die Schwägerin mit den Kindern ist nun fort, und für uns ist an diesem fremden Ort auch keine Lebensmöglichkeit. Das Geld ist alle. Heute kann ich noch einmal Brot kaufen, und was dann? Nach Wiedenest, wo man uns schon so lange erwartet, können wir nicht durch – was nun, Vater?"

Auch dieser Tag verging. Schwermütig legte ich mich zu Bett. Meine liebe Frau lag auf ihrem Lager und beweinte still ihre Kinder, wie fast jede Nacht. Manchmal sagte sie dann in ihrem Schmerz: „O Vater, wenn ich doch niemals Mutter geworden wäre!" Das wiederholte sich immer öfter. Ich betete dann mit ihr, worauf sie sich beruhigte und einschlief, müde von allem Leid.

Am folgenden Morgen, schon recht früh, kam der Postbote und brachte einen eingeschriebenen Brief von Bruder Warns von der Bibelschule in Wiedenest. Darin schrieb er: „Vorgestern wurden wir von der französischen und englischen Besatzung befreit. Nun ist der Weg frei, so daß ihr nun nach Wiedenest kommen könnt. Auf der vorletzten Station vor Wiedenest, in Derschlag, müßt ihr aussteigen. Geht dort zum Kontor des Herrn Ernst Reuber. Er erwartet euch und wird euch in die für euch bestimmte Wohnung bringen. Und da ich weiß, daß ihr Geld nötig haben werdet, lege ich eine Kleinigkeit bei."

Diese „Kleinigkeit" waren mehrere Millionen Mark – freilich wegen der Inflation ohne viel Wert. Schnell kaufte ich noch etwas Brot. Nachdem wir gefrühstückt hatten, packten wir unsere leeren Säcke und andere Kleinigkeiten zusammen und gingen zum Bahnhof. Wir konnten von Garden aus die Reise direkt nach Wiedenest antreten. Am folgenden Morgen kamen wir in Derschlag an, wo wir sofort zum Kontor des Herrn Reuber gingen. Nach einem herzlichen Empfang nahm er uns in seinem Auto mit zu unserer neuen Wohnung, einem Bauernhaus in Berghausen, einem kleinen Dorf. Der Eigentümer war ein Verwandter von Herrn R. gewesen, der schon vor einigen Jahren gestorben war.

Wir stiegen eine Treppe hoch, wo Herr Reuber uns vier Zimmer zeigte. Alles war frisch gestrichen und tapeziert. In der Schlafstube standen zwei fertige Betten, ein großer Schrank voller Herren- und Frauenkleider. Dann stand da noch eine Kommode voller Unterwäsche für uns. In der Küche, die zugleich auch Wohnzimmer war, fanden wir eine Anrichte voller Lebensmittel, wohl für ein Jahr genug. Im Keller lag ein Haufen Kartoffeln und auch ein Berg Kohlen. Auf dem Hof, in einem großen Schuppen, war ein Hühnerstall mit zwanzig Hühnern, die man uns schenkte. Und dann noch der große Obstgarten hinter dem Haus.

Als Herr Reuber uns das alles gezeigt hatte, nahm er uns wieder mit nach oben und sagte: „Meine lieben Geschwister Jantzen! Schon seit zwei Monaten wartet das alles hier auf Sie. Milch und Butter liefert Ihnen nach Bedarf meine Nichte, Frau D., die hier im nächsten Haus wohnt. Das Brot liefert Ihnen täglich unser Freund und Bruder J., der nur etwa fünfzig Meter von hier seine Bäckerei hat. Mit Bezahlung haben Sie auf den beiden Stellen nichts zu tun, das ist meine Sache. Doch sehe ich Ihnen an, daß Sie sehr müde sind und Ruhe brauchen. Darum verabschiede ich mich einstweilen und hole Sie in zwei Stunden mit meinem Wagen in mein Haus im Tal, wo ich als Junggeselle bei meinem Schwager wohne. Dort werden wir dann Mittag essen."

Als er fort war, saßen wir uns – Mutter und ich – wie in einem Traum gegenüber, ohne Worte zu finden. Alles, was wir an diesem Morgen erlebt und gehört hatten, ging weit über unseren Verstand. Still saßen wir da und seufzten nur: „O Gott, wie bist Du doch so groß in Deinem göttlichen Erbarmen mit uns. Wo nehmen wir nur Dankesworte für das alles her!"

Plötzlich zeigte Mutter mit ausgestrecktem Arm und Finger auf die Wand hinter mir und sagte: „Sieh, da!" Ich schaute mich um, und was sah ich? Da hing das Gedicht, das mir 1919 meine Nichte im Gefängnis über die Mauer geworfen hatte. Hier hing es in einem schönen Rahmen unter Glas an der Wand:

*„Wie schwer ist's doch, ganz still zu sein,*
*wenn Gott wir nicht verstehn..."*

Da sagte ich: „Ist das nicht für uns ein Eben-Ezer: Bis hier hat uns der Herr geholfen? So wenig ich damals Gott im Gefängnis verstanden habe, so wenig begreife ich ihn auch jetzt. Denn seine Wege sind wunderbar und unbegreiflich für uns Menschen. Ist es nicht auf der ganzen Reise hierher von einem Wunder zum anderen gegangen? Und nun hier diese stille Wohnung, schon seit zwei Monaten durch liebe Gotteskinder für uns fertiggemacht, die wir vorher nie gesehen oder gekannt haben und die uns doch mit allem, was wir brauchen, versorgt haben! – Wirklich, Gott ist unbegreiflich!"

Da kam auch schon der Wagen, und wir stiegen mit Herrn Reuber ein. In wenigen Minuten erreichten wir sein Haus, wo wir von ihm noch einmal herzlich begrüßt wurden, wie auch von Familie D. Wir setzten uns an eine reich gedeckte Tafel, und wie immer, wenn jemand uns ein freundliches Wort sagte, flossen uns die Tränen über die Wangen, denn unsere Nerven ertrugen nichts mehr.

Unsere Gastgeber teilten uns dann mit, daß sie und die meisten in der Umgebung der Baptistengemeinde in Derschlag angehörten. Hier in Hundsheim, wo Herr Reuber wohnte, sei auch eine Kapelle, wo jeden Sonntag Versammlungen stattfanden, ebenso dienstags und donnerstags. Oft kämen auch Brüder Warns und andere Brüder von der Bibelschule zum Dienst mit dem Wort Gottes. Wiedenest sei etwa acht Kilometer entfernt.

Weil sie nun schon sehr lange mit Bruder Warns bekannt seien, wünschten sie sich, daß auch wir uns als Kinder Gottes mit dem vertrauten „Du" anreden möchten. Dem stimmten wir gerne zu.

Nach dem Essen brachte uns Bruder Ernst – so hieß Herr Reuber mit Vornamen – wieder in unsere Wohnung zurück. Er fuhr nach Derschlag zu seinem Kontor. Die Textilfabrik, die er leitete, beschäftigte etwa hundert Arbeiter. Die Arbeiter redeten ihn ebenfalls mit seinem Vornamen an; denn sie waren alle Kinder Gottes.

Am nächsten Tag kam Bruder Warns mit einigen seiner Angehörigen, um uns in unserer neuen Wohnung zu begrüßen. Unser Wiedersehen war sehr herzlich, denn wir hatten uns elf Jahre lang nicht gesehen. Er lud uns ein, doch bald nach Wiedenest zu kommen, um dort den Studenten und Lehrerfamilien unsere Reiseerlebnisse zu erzählen. Das konnte ich ihm freilich nicht gleich versprechen, weil wir beide sehr müde waren und uns körperlich nicht wohl fühlten.

Ein volles Jahr habe ich von den Strapazen der letzten Jahre ausruhen müssen. Auch mußte ich meiner Frau in ihrem Herzeleid dauernd eine Stütze sein. Die Trennung von all unseren Kindern fiel ihr sehr schwer. Dabei fehlten mir selbst oft Tragkraft und Trost. Alle um uns her bemühten sich sehr, uns durch allerlei Liebesbeweise zu ermuntern und die Tage so sonnig wie möglich zu gestalten. Und dafür bin ich ihnen noch heute dankbar.

Kapitel 19

# Dienst in Deutschland

Im Sommer 1924 wurden wir zu einer mehrtägigen Konferenz in Wiedenest abgeholt. Zu diesen Konferenzen kommen Hunderte von Glaubensgenossen aus ganz Deutschland zusammen, aber auch aus England und Holland. Ich wurde mehrmals aufgefordert, dort zu sprechen. So kam es, daß mich viele Gemeindeleiter einluden, auch in ihren Versammlungen zu sprechen. Da nun eine Frau in der Bibelschule und auch die Freundinnen meiner Frau in Berghausen versprachen, Mutter nicht alleinzulassen, nahm ich die Einladungen an und ging auf Reisen, die mitunter sechs Wochen dauerten.

Jedes Jahr veranstalteten die „Kirchenfreien Gemeinden" zwei Konferenzen, im Frühjahr in Berlin und im Herbst in Leipzig oder in Bad Homburg vor der Höhe, in der Nähe von Frankfurt am Main. Zu diesen Konferenzen wurde ich immer eingeladen.

Außerdem nahm ich an mehreren Glaubenskonferenzen in Wernigerode bei Bruder Jakob Kroeker teil, der dort das Werk „Licht im Osten" leitete. Die Brüder Prochanow, Professor Marzinkowski, Professor Schlarb, Fürstin Lieven, Pastor Jack und manche andere nahmen auch daran teil. Einmal waren dort 45 Russen zusammengekommen und hatten einen Schlußtag in russischer Sprache abgehalten.

Verschiedene Male besuchte ich die Blankenburger Konferenz, wo ich Pastor Modersohn kennenlernte. Er war einer der Hauptleiter der landeskirchlichen Gemeinschaftsbewegungen in Deutschland. In seinen Kreisen mußte ich auch mehrere Male sprechen.

So kam es, daß er mich 1926 nach Thüringen einlud, um dort in seinen Gemeinschaften zu evangelisieren.

Zwar arbeitete dort bereits ein junger Evangelist, aber er war noch ziemlich unerfahren in der Arbeit. Ich nahm die Einladung an. Der junge Bruder K. war ein früherer Bibelschüler von Bruder Warns, und wir kannten uns bereits. Bei ihm hatte ich auch meine Unterkunft.

In drei Dörfern haben wir zusammen gearbeitet. Er organisierte alles, und ich sprach jeden Abend zu den Versammelten. So ging es sechs Wochen lang. In den Bekanntmachungen für die Versammlungen hieß es: „Ein Missionar aus Turkestan in Rußland wird sprechen." Das weckte die Neugier der Leute, und so war der Saal immer gut besetzt, und wir hatten sehr aufmerksame Zuhörer. Der Herr gab auch viel Gnade, so daß fast jeden Abend Seelen zum Glauben und Frieden kamen.

Inzwischen wurde in S., wo Bruder K. wohnte, der Saal zu klein. Er meinte, wir müßten einen größeren haben. Wohl sei ein größerer Saal da, aber er gehöre dem Herrn Superintendenten. Und da der unsere Arbeit nicht gern sah, war es zweifelhaft, ob er den Saal hergeben würde.

Da schlug ich vor, ihn aufzusuchen und um den Saal zu bitten. Wir gingen zu ihm und wurden in sein Studierzimmer geführt. Ziemlich reserviert fragte er, wer wir sind und was wir wollen. Und dabei kannte er doch Bruder K. sehr gut. Bruder K. stellte mich dann als Missionar aus Turkestan vor und sagte ihm, daß ich der Bitte Pastor Modersohns zur Evangelisation gefolgt sei. Nach wochenlanger Arbeit sei nun der Saal zu klein geworden für alle Versammelten. Ob er uns jetzt seinen großen zur Verfügung stellen könnte, vielleicht für einen oder zwei Abende.

Darauf sah er mich sehr aufmerksam an und fragte: „Wo haben Sie Theologie studiert, und was für ein Evangelium verkünden Sie?" Ich antwortete: „Theologie heißt auf deutsch Gottesgelehrtheit, und in dieser Schule bin ich noch heute Student und habe mein Examen noch immer nicht gemacht."

Befremdet schaute er mich an und fragte wieder: „Und Ihr Evangelium?"

„Ich mache es immer so, wie Paulus es in 1.Kor. 2,1-2 schreibt: ‚Ich komme nicht mit hohen Worten und hoher Weisheit, sondern allein die Botschaft von Jesus Christus, dem Gekreuzigten, zu verkünden.'"

Ein Weilchen dachte er nach und sagte dann: „Gut, Sie bekommen den Saal."

Nachdem er auch zugesagt hatte, meine Bitte zu erfüllen und die fünf anderen Pastoren seines Bezirks zu der Versammlung einzuladen – obwohl er für sich selbst keine Zusage gegeben hatte –, bedankten wir uns und verließen seine Wohnung.

Drei Tage später fand die Abschlußversammlung in dem großen Saal statt. Als wir den Saal betraten, sahen wir: Er war vom ersten bis auf den letzten Platz besetzt. Auf den vordersten Stühlen saßen die fünf Pfarrer.

Unser Thema hieß: Die Liebe Gottes, die sich auch heute noch durch die rettende Gnade unter den Menschen offenbart und die unglückliche Menschen glücklich macht.

Nach dem Ende der Versammlung, als alle schon den Saal verlassen wollten, hielt Bruder K. sie zurück und sagte: „Einen Augenblick, bitte! Bruder Jantzen wird uns noch ein Lied singen und auf seiner Zither, die er so gerne spielt, begleiten."

Mit diesen Worten stellte er mir ganz unerwartet die Zither auf den Tisch, die er heimlich von zu Hause hatte holen lassen. Ich sah auf meine Zither und auf die vielen Menschen, die sich alle wieder ruhig hinsetzten, und seufzte verlegen: „Herr, was soll ich jetzt bloß singen?" Dann sagte ich: „Ich bin überrascht, doch wenn es nun sein soll, so werde ich in vier kurzen Versen meine Lebensgeschichte singen:

Nichts habe ich, was nicht frei ich empfing;
durch Gottes Gnade bin ich, was ich bin.
Rühmen sei ferne, doch eins sei bekannt:
Ich bin einer, den die Gnade fand!

Chor:
An mir erwiesen,
sei laut gepriesen:
Ich bin einer, den die Gnade fand!

Einst war ich ferne, in Sünden verstrickt,
dem Gott der Gnade so weit, weit entrückt.
Doch da kam Jesus und griff meine Hand:
Ich bin einer, den die Gnade fand!

Nicht meine Tränen, die haben's gemacht,
Gottes Gnade hat alles vollbracht.
Sündenvergiftet, einst abgewandt,
bin ich einer, den die Gnade fand.

Drum laß dir's sagen mit strahlendem Blick,
mein Herze fließt über von Freude und Glück.
Drum noch einmal ruf ich's laut über's Land:
Ich bin einer, den die Gnade fand!"

Heute noch ist mir in Erinnerung, als ob meine Zither, die mir im September 1944 im Krieg gestohlen wurde, niemals vorher und niemals hinterher so schön und laut geklungen hat.

Und was geschah? Fünf oder sechs Männer sprangen auf und schrien: „Ich bin verloren, ich bin verloren!"

Bruder K. ging zu ihnen und lud sie ein, mit uns in unsere Wohnung zu kommen. Inzwischen standen die fünf Pfarrer vor mir, schauten mich befremdet an und wußten nicht, was sie sagen sollten. Da sagte ich zu ihnen: „Geehrte Herren, der Heilige Geist macht seine Sache immer gut. Und so wird er es auch mit diesen Männern machen." Hierauf verabschiedeten sie sich von mir sehr höflich, dankten für den Abend und verschwanden.

Bruder K. und ich nahmen die Männer mit uns. Stundenlang sprachen und beteten wir mit ihnen, worauf sie in Frieden und glücklich nach Hause gingen.

Am Schluß dieser sechs Wochen hatten 117 Menschen bekannt, Frieden gefunden zu haben.

Nun mußte ich wieder zurück nach Berghausen, wo meine liebe Frau auf mich wartete. Ihr schweres Herzeleid ließ sie immer schwächer werden. War ich zu Hause, so hatte ich jeden Sonntag sowie an zwei Abenden in der Woche der Baptistengemeinde mit dem Wort zu dienen. Doch ließ man mich nicht lange zu Hause. Da in S. die Erweckung weiterging, rief Bruder K. mich bald wieder dorthin, um die Neubekehrten zu kleinen Gemeinden zusammenzuschließen. So entstanden in S. eine größere und im Dorf eine kleinere Gemeinde. Dem Namen nach blieben sie in der Landeskirche. Doch nach intensivem Bibelstudium und zunehmender Schriftkenntnis ließen sich viele taufen.

Als Pastor Modersohn das hörte, war seine Freundschaft mit mir und Bruder K. zu Ende. Er sagte, daß er es so nicht gemeint hätte. Wir sollten die Bekehrten nicht zu Baptisten machen, und außerdem waren sie ja schon alle als Kinder getauft worden. Da konnte ich ihm nur antworten, daß wir keinen der Neubekehrten zur Taufe überredet hätten. Aber sie seien beim Studium der Schrift zu Markus 16,16 gekommen, wo es heißt: „Wer da glaubt und getauft wird, der wird selig werden." Da hätten die jungbekehrten Gemeinschaftsleute gesagt, daß sie zwar als Säuglinge getauft worden seien, doch damals hätten sie noch nicht glauben können. Für sie würde also jene Taufe nichts bedeuten, weil sie damals nicht bewußt gläubig waren. Darum wollten sie jetzt auf des Herrn Wort hin getauft werden, was wir auch nicht verweigern konnten. Also habe ich sie getauft. Das hat nichts mit Baptismus zu tun; schließlich sei ich selbst kein Baptist. Durch Gottes große Gnade bin ich ein Kind Gottes und weiter nichts. Doch er verstand mich leider nicht, und der Kontakt zwischen uns bestand nicht mehr.

Im Herbst des Jahres 1927 wurde meine Frau so krank und hinfällig, daß sie sichtbar ihrem Ende entgegenging. Deswegen konnte ich keine weiteren Reisen mehr machen, ungeachtet aller Einladungen. In der Bibelschule, zu der ich als Mitglied gerechnet wurde und zu der ich auch heute noch gehöre, habe ich aber in der Zeit viel zu den Studenten sprechen müssen. Die Frucht dieses Dienstes war, daß sich vier Studenten nach Beendigung ihrer Studien entschieden, nach Bulgarien zu gehen, um dort den Türken das Evangelium zu verkünden.

Ehe sie hinausgingen, heirateten noch drei der Studenten. Auch ihre Frauen hatten zuvor einen entsprechenden Kursus für die zukünftige Mitarbeit absolviert. Der vierte Student wurde erst etwas später fertig, weil er nicht gleich heiraten konnte. Nach ihrer Ankunft in Bulgarien mußten sie zunächst die türkische Sprache erlernen, was etwa zwei Jahre dauerte.

Im Juni 1928 erlag meine liebe Frau ihrem mütterlichen Herzeleid. Die Geschwister aus der Nachbarschaft waren anwesend, als sie – nachdem sie noch ein gutes Zeugnis von ihrer Verbindung mit dem Herrn gegeben hatte – still ihre Seele aushauchte.

Mit ihrem Heimgang hatte ich dann auch mein Letztes hier auf Erden verloren! Meinen Schmerz hierüber kann und mag ich nicht beschreiben. Das ist ja auch für meine Leser nebensächlich.

Trotz meines Protestes richtete Bruder R. eine Begräbnisfeier aus, zu der die ganze Bibelschule nach Berghausen kam, was für sie alle selbstverständlich war. Nach einem Gesang der Studenten sprach Bruder Warns.

Ihm folgten die anderen Lehrer der Schule. Nach einem Schlußgebet und Chorgesang hoben Studenten den Sarg auf ihre Schultern und trugen ihn zum Begräbnisort in Hundsheim. Es dauerte fast eine halbe Stunde bis dorthin.

Obwohl schon im Hause viele Menschen gewesen waren, so fanden sich beim Grabe noch mehr ein. Viele Freunde und Geschwister kamen aus umliegenden Orten, ja selbst von Elberfeld und Barmen. Und das alles um einer alten, lebensmüden, nun heimgegangenen „Russin" willen, die aber eine Schwester im Herrn für alle war. Das beschämte mich.

Am Grabe sang der Chor der Baptisten ein Lied, worauf ihr Prediger ein Wort sprach. Ihm folgte unser lieber Bruder Ernst Reuber, dem es vor allem darum ging, auf den Segen hinzuweisen, den die abgeschiedene Mutter Jantzen durch ihr stilles Wesen in der ganzen Umgebung verbreitet hatte. Ihm folgten noch weitere persönliche Zeugnisse von Männern und Frauen, die von dem Segen sprachen, den sie durch Mutter Jantzen empfangen hatten. Darauf schloß ich.

Während die beiden Chöre zusammen ein Schlußlied sangen, wurde der Sarg in die Erde gesenkt.

Ehe nun die Teilnehmer auseinandergingen, lud Bruder Reuber die ganze Schule und alle aus der Ferne Gekommenen zu der nahegelegenen Kapelle ein, damit sie sich vor ihrer Heimkehr und Heimfahrt noch etwas stärken konnten. Der ganze Raum der Kapelle war mit langen, gedeckten Tischen vollgestellt, auf denen Gebäck bereitstand, wozu Kaffee gereicht wurde. Bruder Reuber machte den Anfang mit einem Gebet, denn ich konnte nicht mehr sprechen. Als sich alle erquickt hatten, sprach der liebe Baptistenprediger noch ein Schlußwort, worauf sich alle auf den Heimweg begaben. Später erzählte man mir, daß wohl an die 450 Teilnehmer zum Begräbnis gekommen waren.

Bruder Warns wollte mich nun gleich nach Wiedenest mitnehmen, wo ich ein eigenes Zimmer hatte. Doch ich lehnte das ab. Darauf bot sich der russische Student Metnitschenko an, der besonders an Mutter und mir hing und uns als „Eltern" ansprach, mit mir zu kommen und etliche Zeit bei mir zu bleiben, damit ich nicht so allein war. Doch auch das lehnte ich ab, denn ich wollte zuerst mal allein sein und Stille für mich haben.

Nach einigen Wochen schloß ich dann meine Wohnung ab, gab Bruder Reuber den Schlüssel zurück und zog zur Bibelschule. Auch dort blieb ich noch einige Zeit in der Stille und empfing viel Trost durch die Geschwister Warns und manche andere.

Doch eines Tages folgte ich einem Ruf von Bruder K. nach S., um ihm weiter zu helfen, die vor zwei Jahren Bekehrten und die Neuzugekommenen fester in geschlossenen Gemeinden zu organisieren. Sie fühlten sich in der Landeskirche nicht zu Hause. Außerdem wollten noch mehr getauft werden. So entstanden weitere Gemeinden in den Dörfern S. und St.

Im Herbst desselben Jahres folgte ich einem Ruf nach Holland, wo ich mit einem Bruder als meinem Übersetzer im Lande umherreiste. Ich mußte in vielen Versammlungen der Kirchenfreien sprechen. Mein Quartier hatte ich bei den Geschwistern Abbenbrook in Arnhem. Doch war ich die meiste Zeit auf Reisen und übte mich mehr und mehr in der holländischen Sprache.

Kapitel 20

# Missionsreisen in Bulgarien

In Holland erreichten mich Bitten unserer jungen Missionare in Bulgarien, doch einmal zu ihnen zu kommen, um ihnen als „alter Spezialist" zu zeigen, „wie man an die Herzen der Türken herankommen kann". Sie hätten die Anfangsstudien der bulgarischen und türkischen Sprache nun hinter sich, weiter sei aber nicht viel geschehen.

Als ich im März 1929 in Wiedenest war, wurde ich wieder zur jährlichen Konferenz nach Berlin eingeladen. Mit einigen Brüdern, Bruder Warns an der Spitze, reiste ich mit. Wir saßen in einem Abteil des Zuges ohne Fremde um uns und unterhielten uns über mancherlei. Da wandte ich mich an Bruder Bohn, der in früheren Jahren als homöopathischer Arzt einige Jahre in Rußland gearbeitet hatte und im vorigen Jahre auch die Brüder in Bulgarien besucht hatte. Ich wollte von ihm wissen, was wohl eine Reise nach Bulgarien kostet.

Er antwortete: „Dreihundert Mark! Aber warum fragst du danach? Willst du hinreisen? Dann rate ich dir, nicht drei-, sondern vierhundert mitzunehmen. Die wirst du wohl nötig haben."

„Weil die jungen Brüder mich immer wieder eingeladen haben, um ihnen zu zeigen, wie sie an die Türken herankommen können, dachte ich, wenn es des Herrn Wille ist, wird er mir den Weg bereiten, dieser Bitte zu folgen, um den Brüdern zu helfen."

Darauf fragte mich Bruder Bohn: „Wieviel Mark hast du jetzt in der Tasche?" Ich antwortete: „Vielleicht zweihundert." Jetzt lachten alle Brüder und sagten: „Dann brauchst du noch zweihundert. Wo willst du die hernehmen?"

Ich antwortete nichts, sondern setzte mich still in meine Ecke und schloß die Augen; so als ob ich schlafen würde. Die Brüder unterhielten sich weiter. Nach einiger Zeit sprach mich Bruder Bohn wieder an: „Bruder Jantzen, du hast noch immer nicht gesagt, wo du die fehlenden zweihundert Mark für die Reise nach Bulgarien hernehmen willst. Oder schläfst du?"

„Nein, ich schlafe nicht. Ich habe meinem Herrn und Meister gesagt, der doch allen Missionaren den Auftrag gegeben hat, in alle Welt zu gehen und das Evangelium zu verkünden: ‚Herr, du hast gehört, daß Bruder Bohn sagte, ich müßte vierhundert Mark für die Reise nach Bulgarien haben. Nun bitte ich Dich, Herr Jesus, wenn es Dein Wille ist, daß ich die Reise mache, dann gib mir nicht vierhundert, sondern achthundert Mark. Denn Du weißt, daß unsere jungen Geschwister dort auch sehr arm sind. Wenn ich nun ohne Geld für eine längere Zeit zu ihnen komme, würde ich ihnen zur Last fallen.'"

Wieder lachten alle Brüder und einer sagte: „Na, Bruder Jantzen, du bist ja richtig dreist zum Herrn Jesus", worauf ich antwortete: „Das bin ich wirklich, weil ich weiß, daß er reich ist."

Als sie ausgelacht hatten, sagte Bruder Warns in seiner ruhigen Weise zu mir: „Lieber Bruder Jantzen, bitte nur ruhig weiter, ich will dir helfen zu beten, und er wird uns seine Antwort geben." Nun wurden alle still, und der Zug raste seinem Ziel – Berlin – zu.

Der Herr schenkte uns eine gesegnete Konferenz. Wie in früheren Jahren bekam ich auch jetzt wieder viele Einladungen, um in den Gemeinden zu dienen. Nachdem ich alle Einladungen angenommen hatte, bat ich Bruder Warns, mir wieder den Reiseplan aufzustellen. Diesem Plan folgte ich nun auf meinen Reisen und hatte so fast jeden Tag an einem anderen Ort zu sprechen.

Nach etwa sechs Wochen erreichte ich die letzte Station, Homburg vor der Höhe, wo mich zwei Brüder am

Bahnhof empfingen und in das gastliche Haus von Bruder H. brachten. Von den Geschwistern H. wurde ich sehr herzlich aufgenommen. Nach dem Abendbrot sagte Bruder H. lächelnd zu mir:

„Bruder Jantzen, wir haben von Bruder Warns einen Brief erhalten, worin er mitteilt, daß du nach Bulgarien reisen willst. Dazu hast du den Herrn nicht um vierhundert, sondern um achthundert Mark gebeten – weil er so reich ist. Nun sollen wir Brüder hier deine Kasse untersuchen, ob du die achthundert Mark hast. Wenn nicht, dann sollen wir das Fehlende zulegen, denn Bruder Warns meint, du müßtest diese Reise machen. Also, Bruder Jantzen, her mit deiner Kasse."

Auf diese Worte hin öffnete ich meinen Koffer und überreichte den Brüdern alle noch ungeöffneten Umschläge mit den Kollekten der Gemeinden, die ich besucht hatte. Einer nach dem anderen wurde geöffnet und der Inhalt schmunzelnd gezählt. Je weiter sie kamen, um so stiller und ernster wurden die Brüder. Als sie fertig waren, fragten sie mich, ob ich wohl eine Ahnung habe, wieviel Geld da auf dem Tisch liegt? Ich antwortete: „Nein. Ich zähle die Kollekten immer erst am Ende meiner Reise. Dann danke ich dem Herrn für das, was da ist, und er bestimmt dann weiter, wofür oder für wen ich es verwenden soll."

Da antworteten die Brüder: „Hier hast du nicht achthundert Mark, um die du gebeten hast, sondern zwölfhundert Mark vor dir auf dem Tisch liegen!" Wir gingen auf die Knie und dankten dem Herrn für solche Offenbarung seiner Gnade. An Bruder Warns ging am selben Abend noch ein Telegramm mit der Meldung des Resultates meiner „untersuchten" Kasse ab.

Am folgenden Morgen brachten mich die Brüder zum Bahnhof nach Frankfurt. Die Schwestern hatten noch mehrere schwere Koffer mit allerlei Geschenken für die Frauen unserer Missionare gepackt, darunter auch Lebensmittel, Kaffee usw. So reiste ich ab nach Wien.

In Wien wurde ich von Geschwistern B. an der Sperre empfangen, bei denen ich übernachten konnte. Abends durfte ich in ihrer Versammlung noch mit dem Wort dienen. Am anderen Morgen brachten mich die Wiener Geschwister auf ein Schiff, das die Donau abwärts nach Bulgarien fuhr. Es war schönes, helles Frühlingswetter. Wir passierten die Hauptstadt der Slowakei, Bratislava, dann die Hauptstadt von Ungarn, Budapest, und zuletzt Belgrad, die Hauptstadt von Jugoslawien. Alle diese Städte liegen an der Donau, und in jeder halten die Schiffe, wo immer viele Passagiere ein- und aussteigen.

Schließlich erreichten wir Lom, die Grenzstadt Bulgariens. Hier wurden die Pässe kontrolliert und das Gepäck untersucht. Dann ging es weiter – an Orechowo vorbei – bis Rustschuck, wo ich ausstieg und am Ufer von zwei jungen Missionaren freudevoll empfangen wurde.

Mit dem Postbus fuhren wir nun 65 Kilometer südwärts in das Land hinein, nach Rasgrad, wo unsere Brüder im türkischen Teil der Stadt wohnten. Froh wurden wir von den jungen Frauen empfangen. Ihre Freude steigerte sich noch erheblich, als sie die vielen Geschenke aus der Heimat sahen und empfingen. Das Erzählen wollte kein Ende nehmen.

Am anderen Morgen gingen wir auf den Markt und kauften für den Haushalt mancherlei ein. Ich fragte nach türkischen Kleidern und kaufte mir einen roten Fez; das ist die türkische Kopfbedeckung, eine hohe Mütze ohne Rand.

Der Kaufmann, ein Türke, wunderte sich sehr, daß ich usbektürkisch und nicht osmantürkisch zu ihm sprach. Das nämlich ist die Landessprache in der Türkei und auf dem Balkan. Die usbektürkische Sprache steht hier allerdings in hohem Ansehen, zumal sie hauptsächlich im heiligen Buchara in Turkestan gesprochen und gelehrt wird. Deswegen ist ihnen diese Sprache gewissermaßen heilig. Nur die gelehrten Osmanen (Türken) verstehen Usbekisch; also wurde ich von ihnen immer mit besonderer Hochachtung empfangen.

Oftmals mußten wir bei den Türken einkehren, und sie wollten wissen, wie ich diese heilige Sprache gelernt hätte. Darauf erzählte ich ihnen, daß ich 45 Jahre in Turkestan gelebt und in meiner Jugend acht Jahre die Sprache und auch den Koran studiert hatte. Das fanden sie sehr erstaunlich.

Allmählich ging ich dann im Gespräch dazu über, auf Jesus hinzuweisen. Dabei bezog ich mich auf Mohammed, wie er im Koran davon spricht, daß Jesus der Sohn von der Magd Maria ist, ohne menschlichen Vater. Daß da aber ein Auftrag des Engels Gabriel an Maria war, sie würde einen Sohn gebären, den sie Issa, d.h. Jesus, nennen sollte, und der würde für viele zur Seligkeit kommen. Freilich verstanden sie mich nicht immer so ohne weiteres. Aber dieses Von-Herz-zu-Herz-Reden tat ihnen wohl, und sie wurden zutraulich.

Vor allem bemühte ich mich, durch solche Gespräche mit den Türken den jungen Missionaren zu zeigen, daß man als Missionar zuerst das Vertrauen und die Sympathie der Mohammedaner gewinnen muß. Man muß mit ihnen Türke werden – in der Kleidertracht, der Lebensweise, z.B. im Essen und Trinken, Sitzen und dergleichen mehr. Man muß es lernen, mit ihnen zu leben, zu fühlen und auch zu leiden. Wie sie, waren ja auch wir vorher verlorene Menschen; vielleicht sehr fromm, und doch mit verdursteten, heimwehkranken Seelen! So auch die Seele des Mohammedaners in ihrem Sehnen nach Gott. Auch der Mohammedaner kennt dieses Sehnen und Verlangen, auch er weiß, daß die Sünde ihn von Gott scheidet. Er merkt aber auch, daß selbst das strengste Einhalten der vorgeschriebenen fünf täglichen Gebetszeiten nach vorher unternommenen rituellen Waschungen sowie der alljährliche Fastenmonat der Seele keine Ruhe geben.

Wenn nun ein Mohammedaner mit der wirklichen Liebe Christi in Berührung kommt, sei es durch dessen Wort oder die „Lebensoffenbarung“ eines Missionars, so kapituliert auch er – falls er ein aufrichtiger Sucher der Wahrheit ist – und wird Christ.

Das alles versuchte ich meinen jungen Freunden klarzumachen. Daß es richtig war, haben sie später in ihrer Arbeit noch erlebt.

An einem bulgarischen Festtag ging ich allein im Stadtgarten spazieren, in dem eine Zigeunerkapelle wunderschön spielte. Etwas abseits ließ ich mich auf einer im Schatten stehenden Bank nieder. Kurz darauf kam ein anderer Spaziergänger – in türkischer Kleidung mit einem Fez wie ich. Es war ein hoher mohammedanischer Geistlicher. Nach einem höflichen „Sallam Effendi“ (Friede, Herr) setzte er sich zu mir. Bald waren wir im Gespräch, wobei auch ihm sofort auffiel, daß ich die heilige usbektürkisch-bucharische Sprache gebrauchte. Schon bald redete er mich „Brader Effendi“ an. „Brader“ bedeutet in Usbektürkisch „Bruder“. Wir hatten ein stundenlanges, geistliches Gespräch. Dabei sagte er:

„Solange die Bulgaren, die sich Christen nennen, trotzdem Bilder anbeten und dem Trunk ergeben bleiben, wird kein Mohammedaner Christus annehmen. Das ganze Leben und das Verhalten der so hochentwikkelten Europäer in Wissenschaft und Politik beweist, daß sie sich nur Christen nennen, es tatsächlich aber nicht sind. Ich kenne die Lehre und den Wandel von Christus nach dem Indschil (Evangelium). Er hat nur Gutes getan und nichts Böses.“

Nachdem ich ihn noch ganz persönlich auf die Wahrheit im Indschiel aufmerksam gemacht hatte, schieden wir brüderlich voneinander. Werden wir uns droben beim Herrn einmal wiederfinden? Ich weiß es nicht, hoffe aber darauf.

Eines Tages reisten wir nach Schumen, einer Stadt im Zentrum des Landes, und besuchten den deutschen Missionar, Herrn M. von der kirchlichen Mission, deren Leiter Prof. Dr. Sch. in Frankfurt am Main ist. Diese Organisation war unseren freikirchlichen Missionsarbeitern aus Wiedenest nicht immer wohlgesonnen. Doch hier in Schumen fanden wir einen von der Liebe Christi erfüllten Bruder. Die Liebe Christi kennt ja keine Kirchenleitung.

Bruder M. nahm uns sehr herzlich auf und machte uns auch mit den drei Schwestern der Mission bekannt, die unter den türkischen Frauen in Schumen arbeiteten. Wir Wiedenester hatten sofort mit allen guten Kontakt und blieben einige Tage dort. Auch hatten wir so etwas wie eine Konferenz miteinander, wobei wir den Herrn um seine besondere Leitung durch seinen Geist baten. So blieben wir vor Lehrdifferenzen bewahrt. Der Herr selbst wurde uns groß, weil er in unserer Mitte war und wir durch seine Liebe ein gemeinsames Arbeitsfeld hatten.

Von hier fuhr ich mit der Bahn weiter nach Warna am Schwarzen Meer, wo auch ein Arbeiter der deutschen Mission war. Am Bahnhof begrüßte mich Pfarrer L. in Begleitung seines türkischen Hauslehrers Muhamedin Effendi. Sie nahmen mich zum „Deutschen Missionshaus“ mit, das nahe am Meer auf einem Plateau steht, auf dem auch die Stadt liegt.

Das Haus – an einer Hauptstraße gelegen – war ein zweistöckiges Gebäude; unten mit einem großen Versammlungssaal, eingerichtet wie eine Kirche mit vielen Bänken und einem Podium. Draußen über dem Haupteingang war in gold-glänzenden türkischen Buchstaben ein Schild mit folgender Inschrift angebracht: „Evangelisationslokal für Mohammedaner. Jedermann herzlich willkommen!"

Im oberen Stockwerk wohnte der Pfarrer mit seiner Frau, von der ich auch herzlich begrüßt wurde. Bald danach genossen wir vom Balkon aus die herrliche Aussicht über das Meer.

Während wir Tee tranken, begann der Pfarrer, mir die Geschichte der Mission zu erzählen. Einzelheiten weiß ich nicht mehr. Aber in etwa berichtete er folgendes: Er stammte aus Pommern, nahe Stettin. Als Pfarrer daheim hatte er schon Begeisterung für die Mission empfunden. Deswegen hatte ihn die O-Mission hierher gesandt, um unter den Mohammedanern zu arbeiten. Zunächst hatte er dieses Haus eingerichtet und konnte da außer dem Saal auch noch eine Lesehalle mit allerlei Büchern und Bibeln in türkischer Sprache anbieten. Nach vieler Mühe hatte er Muhamedin Effendi gefunden, der ihn seit sieben Jahren als Hauslehrer täglich unterrichtete. Der Sprache war er nun einigermaßen mächtig. Aber ungeachtet aller Bemühungen kamen keine Türken – weder zu den bekanntgegebenen Versammlungen noch in sein Haus. Alles hatte so viel gekostet und würde noch immer kosten. Doch ohne jeden sichtbaren Erfolg. Er war inzwischen ziemlich am Ende all seiner Hoffnungen.

Der liebe Mann tat mir wirklich leid. Still hörte ich ihm zu. Als er seinen Bericht beendet hatte, sagte ich nach einigem Nachdenken: „Herr Pfarrer, darf ich Ihnen als früherer Mohammedaner-Missionar, der unter Mohammedanern aufgewachsen ist und 43 Jahre unter ihnen lebte, ein offenes Wort sagen?"

Er nickte, und ich begann: „Zuerst rate ich Ihnen, schicken Sie den ‚Herrn Pfarrer' nach Pommern zurück. Dann gehen wir morgen auf den Markt und kaufen für Sie einen türkischen Mantel und einen Fez. Anschließend müssen Sie üben, nach türkischer Sitte mit untergeschlagenen Beinen zu sitzen und so mit den Händen zu essen, wie die Türken es tun. Der Herr Jesus hat nicht gesagt: ‚Ihr sollt meine Theologen oder Pfarrer sein', Christus hat gesagt: ‚Ihr sollt meine Zeugen sein', d.h. wir müssen ihn persönlich in unserem Herzen erlebt haben, um von ihm zeugen zu können. Und dann heißt es: ‚Gehet hin in alle Welt, und lehret alle Völker.' Das bedeutet nicht, still im Haus zu sitzen und auf die anderen zu warten, sondern zu ihnen zu gehen.

Morgen müssen wir Sie einkleiden, und dann gehen wir in ein türkisches Teehaus, nehmen einige türkische Schriften mit uns und setzen uns mitten unter die Leute auf den Teppich. Wir lassen uns einen Topf Tee geben und beginnen ein Gespräch. Alles andere ergibt sich dann von selbst. Zuerst müssen wir eben Vertrauen gewinnen, den Türken ein Türke werden. Wenn wir das geschafft haben, kommt auch der Türke aus sich heraus. Dann werden Sie sehen, Herr Pfarrer, daß auch die Türken heimwehkranke Seelen haben, und man kann weiter mit ihnen sprechen."

Willig ging der Pfarrer auf meinen Vorschlag ein. Am folgenden Morgen gingen wir zwei Türken in die Stadt, besuchten Teehäuser und sprachen mit vielen Türken. Leider überfiel mich damals wieder das Rheuma, so daß ich gezwungen war, etwa zehn Tage das Bett zu hüten. In der Zeit pflegte mich die Pfarrersfrau sehr liebevoll wie eine gute Krankenpflegerin, was der Herr ihr vergelten wolle!

In dieser Zeit saß Muhamedin Effendi oft stundenlang an meinem Bett, und wir sprachen uns über allerlei in unserem Leben aus. Er erzählte mir viel aus seinem Leben in Konstantinopel, wo er geboren und erzogen worden war. Dort hatte er auch mehrere Jahre zusammen mit Kemal Pascha die Universität besucht; eben diesem Kemal Pascha, der ja später türkischer Präsident wurde und den heute alle als Atatürk kennen. So sprach er auch von den Reformen, die von diesem Mann ausgegangen waren, vor allem die Einführung westlicher Lebensgewohnheiten in der Türkei, die einem rechtgläubigen Moslem nicht erlaubt waren. Da habe er, Muhamedin Effendi, als Professor an einer höheren theologischen Schule gegen all den Unfug protestiert, worauf sein früherer Studienkollege, Kemal Pascha, ihn verfolgen ließ, so daß er in der Heimat nicht mehr sicher war und schließlich nach Bulgarien flüchten mußte. Hier in Warna gab er nun Sprachunterricht, und so war auch der Pastor einer seiner Schüler geworden. Mit dem Pastor zusammen hatte er mehrere Male das Neue Testament durchgelesen.

Schließlich sagte er: „Vor Jesus, dem Sohn der Maria, habe ich die größte Hochachtung. Er hat ja nur Gutes getan und gelehrt. Dabei hat er eine Liebe bewiesen, die ihresgleichen auf Erden keiner hat oder findet. Mir geht es so wie jenen Männern, die damals zu seinen Jüngern kamen und sagten: ‚Wir möchten Jesus gerne sehen‘ (Joh. 12,21). Aber unter allen, die ich kennengelernt habe und die sich Christen nennen, habe ich Jesus nicht gesehen. Keiner lebt so, wie Jesus es gelehrt hat. Zum Beispiel verbietet der Herr Jesus, das Schwert zu nehmen. Aber die Christen machen die schrecklichsten Schwerter oder Waffen und gebrauchen sie gegen alle Völker, die nicht so wie sie wollen. Und die Liebe, von der Jesus spricht, ist bei ihnen auch nicht zu finden. Die Europäer schicken uns Missionare und Evangelisten, aber sie sind nicht wie Jesus. Deshalb weisen wir alle ab. Wenn Jesus selbst käme, der würde und könnte uns glücklich machen.“

Das alles erzählte ich dem lieben Herrn Pfarrer, worauf er sehr still und nachdenklich wurde.

Nachdem ich wieder einigermaßen gesund war, mußte ich – leider – wieder nach Rustschuck. Dort wurde ich längst erwartet. Man brachte mich bei den

Geschwistern H. unter. Als ich in Bulgarien ankam, war Bruder H. gerade in Konstantinopel gewesen, so daß ich damals nur seine Frau angetroffen hatte.

Bruder H. war ein gebildeter und hochbegabter Mann. Er hatte mehrere vielgelesene Schriften und Traktate in bulgarischer und türkischer Sprache herausgegeben. Durch ihn lernte ich einen Methodistenprediger kennen, der in Rustschuck eine Gemeinde leitete. Er lud mich ein, in seiner Kirche zu sprechen. Weil die Gemeindeglieder fast alles wohlhabende Leute mit guter Schulbildung waren, konnte ich zu ihnen in russischer Sprache reden. Die beiden Sprachen sind sich nämlich sehr ähnlich, so daß die Bulgaren auch der russischen Sprache gut folgen können. Mehrere Male sprach ich dort. Jedesmal saß auf den vorderen Plätzen auch ein älteres Ehepaar. Gleich am ersten Abend stellten sie sich vor und luden mich zu sich nach Hause ein. Ich folgte dieser Einladung, und bald saßen wir um den rauchenden Samowar.

Während die Hausfrau den Tee servierte, erzählte der Hausherr seine Geschichte: „Herr Jantzen, Sie sprachen in Ihrer Predigt über die Liebe Gottes, die er auch zu abgefallenen Menschen hat; und zwar in dem Sinn, daß Gott sich manchmal auch solchen Menschen wunderbar und staunenswert offenbart, indem er ihre Gebete in einer Weise erhört, die allen anderen Menschen oft unglaublich und unbegreiflich erscheint. Auch meine Frau und ich haben Gott im schlimmsten und schwersten Moment unseres Lebens so erlebt.

Als General im Dienst des Zaren habe ich den Krieg 1905-1907 im Fernen Osten mitgemacht. Nach dem Ende des unglücklichen Krieges wurde ich zum Kriegsgouverneur in Harbin ernannt. Bis zum Zusammenbruch 1917 behielt ich diese Stellung, danach vernichtete ich meine Epauletten und Dienstauszeichnungen. Ich kämpfte mit General Koltschak gegen die Roten, bis auch unsere Armee zerschlagen war.

Auf großen Umwegen erreichte ich schließlich die Armee General Wrangels und Denikins, die vom Kaukasus her die Roten bekämpften. Auch diese Armee wurde vernichtet und der zerschlagene Rest in alle Richtungen versprengt.

Meine treue liebe Frau hatte es immer verstanden, mir in gewissem Abstand zu folgen. Auf sehr gefährlichen Wegen fanden wir uns endlich in Odessa wieder. Dort lagen ausländische Schiffe bereit, um solche Flüchtlinge, wie wir es waren, ins Ausland und damit in Sicherheit zu bringen. Unsere Gewehre noch in der Hand, wollten wir gerade auf das letzte Schiff steigen, da fuhr es – vollgestopft, ja gefährlich überladen mit verzweifelten Menschen – vor unseren Augen ab.

Da sagte ich in meiner Verzweiflung zu meiner Frau: ‚Mach es so wie ich. Richte den Gewehrlauf gegen deine Stirn, schließe die Augen, und ziehe den Abzug. Ich mache es ebenso. Dabei wollen wir Gott bitten, daß er uns errettet.‘ So machten wir uns bereit, und ich betete: ‚Allmächtiger Gott, du siehst unsere verzweifelte Lage – wenn du wirklich bist, dann errette du uns doch, und laß das Schiff zurückkommen und uns mitnehmen, sonst werden wir zu Selbstmördern.‘ So betete ich immer wieder. Da hörte ich aufschäumende Bugwellen und sah, daß unser Schiff tatsächlich noch einmal zurück an das Ufer kam und uns in großer Eile doch noch mitnahm. In der Ferne sahen wir bereits die Roten in Odessa einmarschieren...

So haben wir Gott erlebt, und seitdem halten wir uns unter allen Umständen nur an ihn und sind glücklich in ihm. Das Schiff brachte uns nach Warna. Etliche Zeit später kamen wir hierher nach Rustschuck, wo ich als Sekretär beim Oberhaupt der Stadt angestellt bin."

Soweit die Erzählung meines Gastgebers. In den folgenden Tagen mußte ich an jedem Nachmittag um fünf Uhr zu ihnen zum Tee kommen. Bei dieser Gelegenheit lernte ich einen russischen Popen kennen, dessen Frau – welch eigenartiges Zusammentreffen – aus einer mennonitischen Familie in der Ukraine stammte. Auch diese Leute waren als Flüchtlinge ins Land gekommen. Väterchen hatte nun alle Flüchtlinge in Rustschuck zu einer Gemeinde gesammelt und diente ihnen als Priester.

Eines Tages wurden die Geschwister H. und ich eingeladen, an einem Sonntagmorgen der Gemeinde in Sawet zu dienen. Die Stadt liegt etwa 25 Kilometer stromabwärts von Rustschuck. Es handelte sich um eine neuentstandene Gemeinde, die sich im Hause eines Tischlers versammelte, der ihr auch vorstand. Wir wurden sehr herzlich empfangen. Weil aber das Haus zu klein war, saßen wir alle draußen im Hof. Für uns Gäste standen hinter einem Tisch Stühle bereit, während die Zuhörer teils auf Bänken, teils im Gras vor uns saßen.

Weil wir den Leiter überhaupt nicht kannten, forderte Bruder H. ihn auf, uns zuerst zu erzählen, wie er zu dem neuen Glauben an den Herrn Jesus Christus gekommen war. Hierzu muß man noch sagen, daß die Bulgaren streng griechisch-katholisch sind. Der Leiter betete zuerst und erzählte dann:

„Wie alle meine Mitbürger wissen, war ich viele Jahre ein Trinker. Soviel ich auch dagegen ankämpfte, es gelang mir einfach nicht, vom Trinken loszukommen. Eines Tages torkelte ich wieder betrunken über den Markt. Dort sah ich einen Bücherstand mit vielen Büchern. Schwankend trat ich näher und besah mir einige Bücher. Mein Blick fiel auf ein gebrauchtes Neues Testament. Da kam mir in den Sinn, daß manche Menschen darin allerlei wundersame Dinge gefunden hatten. Ich wurde neugierig und kaufte es sehr billig, denn es war ziemlich abgenutzt.

Zu Hause legte ich es auf die Hobelbank. Ich selbst ging zu Bett, um meinen Rausch auszuschlafen. Als ich am anderen Morgen an meine Hobelbank trat, erblickte ich das Neue Testament und begann darin zu lesen. Aber ich konnte nicht viel davon verstehen. Also legte ich es wieder zur Seite und begann meine Arbeit. Es ließ mich aber nicht mehr los. An jedem Tag aufs neue las ich etwas darin und fand allmählich vieles vom Herrn Jesus, wie er die Kranken heilte und Tote auferweckte usw. Weiter las ich, daß er unsere Gebete erhört, und das packte mich schließlich so, daß ich an meiner Hobelbank niederkniete und sagte: ‚Herr Jesus, wenn das alles wahr ist, was in dem Buch steht, dann bitte ich dich, befreie mich von der Trunksucht.‘ Und er hat meine Gebete erhört und mich befreit, davon sind alle hier Zeugen.“

Nun wurden wir gebeten, der Gemeinde etwas zu sagen, was wir auch sehr gern taten. Wir sprachen von der großen Liebe Gottes, die uns in der Schrift bewiesen wird und solche Gebetserhörungen bewirkt, wie wir sie eben von unserem lieben Gastgeber gehört hatten. Zum Schluß fragten wir, wer von ihnen auch schon in Jesus Christus seinen persönlichen Heiland gefunden habe, worauf viele Hände hochgingen. Dann baten wir sie, uns zu erzählen, wie sie zu dieser Erfahrung gekommen waren. Da stand ein Mann auf und sprach im Namen der anderen:

„Durch das veränderte, bessere Leben und das Zeugnis des Tischlers sind wir dazu gebracht worden, uns auch das Neue Testament zu kaufen. Um es besser zu verstehen, wurden wir uns einig, zweimal wöchentlich zusammenzukommen und die Schrift zu lesen. Da haben wir dann erkannt, daß es jedem Menschen gegeben ist, direkt – ohne Vermittlung der Heiligen oder der Mutter Gottes – im Namen Jesu zu beten und nicht so, wie unsere Priester es in den Kirchen tun. So haben wir gebetet, daß er auch uns zu Kindern Gottes machen möge, wie es in Johannes 1,12 und 13 gesagt ist. Er hat unser Gebet erhört, und wir sind glücklich geworden.“

Nun begannen wir mit dem Gebet, und viele dieser so

einfachen Menschen, Männer und Frauen, sprachen sich laut unter Loben und Danken darüber aus, was Gott an ihnen getan hatte. So hatten wir einen reich gesegneten Sonntagmorgen, dem ein ebensolcher Nachmittag folgte. Alle versammelten sich wieder, und wir hatten den tiefen Eindruck, daß der Herr in unserer Mitte war.

Abends gingen wir beide in Begleitung einiger anderer Brüder in die Stadt und besuchten ein türkisches Teehaus. Traktate wurden ausgeteilt, worauf ich eine türkische Ansprache hielt. Es entwickelte sich eine der unter Mohammedanern üblichen Debatten.

Als wir schließlich auf die Straße traten, um in unser Quartier bei dem Bruder Tischler zu gehen, wurden die Geschwister H. und ich von der Grenzpolizei festgenommen und zwei bewaffneten Soldaten übergeben. Sawet liegt dicht an der rumänischen Grenze.

Ich protestierte gegen dieses Verfahren und zeigte meine Papiere wie auch Bruder H. die seinen. In diesen Papieren wurde bestätigt, daß wir vom Ministerium in Sofia die Erlaubnis hatten, überall in Bulgarien das Evangelium zu verkünden. Aber der Polizeichef reagierte gar nicht darauf. Man setzte uns in einen schon bereitstehenden Bauernwagen; die beiden Soldaten nahmen neben uns Platz, und fort ging es in die Nacht hinein.

Wir wurden zu einem dreißig Kilometer entfernten Ort gebracht und im Hauptquartier des Chefs der Grenzpolizei wie Schwerverbrecher abgeliefert. Dort brachte man uns vor den Sekretär, der auch das Protokoll der Grenzpolizei entgegennahm. Er las es durch und sagte: „Es ist schon sehr spät, und der Hauptkommandant ist nicht hier. Bringt also die Gefangenen in das Gefängnis! Morgen wird der Kommandant die Sache selbst untersuchen."

Als man uns abführen wollte, sagte ich entschlossen: „Ich lasse mich nicht in ein Gefängnis bringen, ehe nicht unsere Dokumente eines Blickes gewürdigt wurden. Sie sind vom bulgarischen Ministerium ausgefertigt und genehmigt. Ich verlange eine sofortige Untersuchung der Papiere."

Darauf trat der Sekretär in ein Nebenzimmer, wo offensichtlich der Kommandant und einige Herren Karten spielten. Kurz darauf kam der Kommandant mit dem Sekretär in den Raum. Er konnte sich kaum auf den Füßen halten, schrie mich aber an: „Was wollen Sie?"

„Wie Banditen hat man uns von Sawet hierhergebracht. Ohne auch nur einen Blick auf unsere Legitimationspapiere vom Ministerium in Sofia zu werfen, die in bester Ordnung sind, will man uns hier ins Gefängnis stecken. Dagegen protestiere ich und verlange eine sofortige Untersuchung und Freilassung."

Er las die Papiere durch und sagte: „Die Papiere sind in Ordnung. Sie sind frei und können gehen."

„Wir sind frei?"

„Ja, was wollen Sie denn noch mehr?"

„Wir sind frei, aber Sie nicht, mein Herr. Wie ist Ihr Name?" Mit diesen Worten holte ich mein Notizbuch mit Bleistift heraus. Er fragte: „Was wollen Sie mit meinem Namen, was geht Sie mein Name an?"

„Weil man uns gesetzwidrig behandelt hat, werde ich Sie zur Verantwortung ziehen, und zwar vor dem Ministerium Ihrer Regierung. Sonst sind wir ja mit unseren Papieren in diesem Lande nicht mehr sicher, weil die Unterbeamten sich einen Dreck um die Anordnungen des Ministeriums kümmern."

Da schrie er: „Suchen Sie sich Ihr Recht in Holland!"

„Nein! Aber ich hoffe, Sie in einigen Tagen in Ihrem Ministerium in Sofia zu sehen."

Mit diesen Worten verließen wir die Kanzlei und traten auf die Straße. Hier wurde uns sofort ein bereitstehendes Auto zur Verfügung gestellt, das uns zu einem erstklassigen Hotel brachte. Trotz der späten Nacht schien man uns hier zu erwarten. Meine Vermutung ist sicherlich nicht so abwegig, daß der Sekretär dies alles in die Wege leitete, während ich mit dem Kommandanten sprach.

Im Hotel empfing uns eine Dame, die ein gutes Deutsch sprach. Nach dem Tee und dem Essen setzte sich die Dame zu uns und erzählte, daß sie aus Württemberg stammt. Ihre Eltern waren katholisch, und in diesem Glauben war sie auch erzogen worden. Ihr Mann sei als Kriegsgefangener nach Deutschland gekommen. Sie hätten sich kennengelernt und später geheiratet. Nach dem Kriege war sie mit ihm hierher gekommen und hatte das Hotel übernommen. Es ginge recht gut, und sie führten auch eine glückliche Ehe. Und doch – sehr oft hätte sie starkes Heimweh nach Deutschland. Aber eine noch schwerere Last würde sie Tag und Nacht plagen. Ganz bescheiden und schamhaft sagte sie: „Ich habe keinen Frieden in meinem Herzen. All mein Beten hat mir nicht geholfen."

Staunend erkannten wir, daß hier eine heilshungrige Seele war, der wir nun den rechten Weg zeigen sollten. Von ihren katholischen Begriffen her war es am Anfang schwer, ihr die Freiheit verständlich zu machen, die Jesus Christus gebracht hat. Doch langsam drang das Licht Gottes in ihr Herz hinein. Sichtbar arbeitete der Geist Gottes an ihr. Nachdem wir mehrmals mit ihr gebetet hatten, kam sie zur Ruhe und fand Frieden.

Inzwischen brach der Morgen an. Niemand von uns hatte an Schlafen gedacht. Noch einmal tranken wir Tee und aßen etwas, dann meldete man uns, daß ein Wagen bereitstand, der uns nach Rustschuck bringen sollte.

Mir kam das alles sonderbar vor, denn wir hatten keinen Wagen bestellt. Aber etwas anderes ging mir blitzartig wie eine Erleuchtung durch den Sinn:

„Mußten wir deshalb in Sawet festgenommen und wie Banditen hierher gebracht werden, weil gerade hier eine heimwehkranke Seele nach Gott dürstete, die allein den Weg nicht finden konnte? Mußten wir hierher, um ihr den Weg zu zeigen, den sie jetzt betreten hatte? O, Gott, wie unbegreiflich sind doch immer wieder Deine Wege in meinem Leben!"

Der Wagen, in den wir nun stiegen, hatte sechs Sitzplätze. Hinten saßen Schwester H. und ich, vor uns ein Priester höheren Ranges und Bruder H. und vorne neben dem Fahrer noch ein Herr mit einem großen Schlapphut, den er so trug, als wollte er sich nicht gerne ins Gesicht sehen lassen.

Gleich nachdem wir die Stadt verlassen hatten, fing der Priester mit Bruder H. ein Gespräch an. Er wollte wissen, ob er ein Bulgare sei. Bruder H. antwortete: „Nein, ich bin Deutscher." Darauf murmelte der Priester: „Also ein Ausländer". Nun fragte der Priester:

„Sagen Sie mal, haben Sie vielleicht auch etwas davon gehört, daß man gestern in Sawet einen Holländer festgenommen und hier zum Hauptkommandanten der Grenzwache gebracht hat? Und dabei sollen seine Papiere in Ordnung gewesen sein. Aber wie man so hört, hat der Holländer scharf gegen die Behandlung protestiert und damit gedroht, den Kommandanten in Sofia zur Verantwortung zu ziehen."

„Ja, das stimmt! Ich war selbst dabei."

„Dann kennen Sie den Mann?"

„Ja, ich bin Missionar, und der Mann ist unser Missionsinspektor. Er sitzt hinter uns im Wagen."

Dieses Gespräch wurde in bulgarischer Sprache geführt, aber ich hatte alles verstanden. Nun begann der Priester Bruder H. zu bitten: „Könnten Sie nicht den Mann dazu bringen, das Protokoll zu vernichten? Denn wenn diese unangenehme Sache bis ins Ministerium käme, würde das für den sonst so hoch angesehenen

Kommandanten böse Folgen haben. Außerdem hat er ihn ja nicht selbst festgenommen."

„Gut, ich werde mit dem Herrn Inspektor sprechen."

Damit drehte er sich um und sagte zu mir in deutscher Sprache: „Lieber Bruder Jantzen, du hast ja sicherlich alles gehört und verstanden. Was soll ich dem Priester denn nun sagen?"

Darauf sagte ich ungefähr folgendes: „Meine Pflicht als Missionsinspektor ist es, dafür zu sorgen, daß unsere Missionare hier im Lande überall frei und ungehindert ihre Arbeit tun können, wenn sie dafür die Genehmigung des Ministeriums haben. Das ist aber gestern abend nicht der Fall gewesen. Obwohl wir gute Papiere hatten, wurden wir wie Banditen behandelt und zur Grenzwache geschleppt. Ja, man wollte uns sogar noch ins Gefängnis sperren. Nur auf meinen Protest hin geruhte der ziemlich stark angetrunkene Kommandant, die Papiere anzusehen und uns schließlich mit der spöttischen Bemerkung ‚Ihre weiteren Rechte können Sie in Holland suchen' zu entlassen. Darauf habe ich geantwortet, daß wir unser Recht nicht in Holland, sondern in Sofia suchen werden, indem ich den Fall im Ministerium vorbringen und den Kommandanten zur Verantwortung ziehen werde. Das Protokoll ist aufgesetzt, und ich hoffe, in einigen Tagen mit dem Hauptkommandanten im Ministerium zusammenzutreffen. Davon erwarte ich dann, daß unsere Missionare in Zukunft unbehelligt bleiben werden."

Nachdem Bruder H. alles übersetzt hatte, begann der Priester zu betteln, und nach langem Hin und Her willigte ich ein: „Gut, ich werde dieses Protokoll vernichten, wenn er als hochgestellter Priester seine Garantie schriftlich gibt, daß unsere Missionare in Zukunft in keinerlei Weise belästigt werden dürfen. Und diese seine Unterschrift muß er mit dem Amtsstempel bestätigen."

Nach einigem Nachdenken ging er darauf ein. Als wir

Rustschuck erreichten und ausgestiegen waren, schrieb er die Garantie, unterzeichnete sie und drückte seinen Amtsstempel darunter. Er gab mir das Schriftstück, ich vernichtete das Protokoll, und wir schieden mit einem freundlichen Händedruck voneinander. Dabei entdeckte ich dann, daß der Herr mit dem Schlapphut der Sekretär des Kommandanten war.

Nun machte ich noch einige Tage Abschiedsbesuche bei meinen russischen Freunden und dem Methodistenprediger. Dann verabschiedete ich mich von den Geschwistern H. und bestieg den Dampfer, der mich nach sechs Stunden Fahrt flußaufwärts nach Orechowo brachte, wo mich Missionar K. begrüßte.

Mit dem Postbus ging es nun 25 Kilometer in das Innere des Landes nach Woiwodowa, wo Bruder K. selbst ein Haus mit einem großen Versammlungsraum gebaut hatte. Von Geburt war er Wende aus dem Spreewald in Deutschland, wo er eine gutgehende Landwirtschaft besessen hatte. Er war unverheiratet. Nach seiner Bekehrung besuchte er die Bibelschule in Wiedenest, und da hatte ich ihn kennengelernt. Durch meine Vorträge über die Mission im Osten war er zu der Überzeugung gekommen, nach Bulgarien in die Mission zu gehen. Und genau das hatte er nach dem Ende seiner Studien auch getan. Da die Wenden auch ein slawisches Volk sind und ihre Sprache viel Ähnlichkeit mit der tschechischen hat, gab es für ihn von der Sprache her keine Probleme.

Als Bruder K. etwa 1926 hier ankam, fand er eine große Methodistengemeinde vor, von deren Prediger er sehr freundlich aufgenommen wurde. Der Prediger bat ihn, in seiner Kirche zu sprechen. Nachdem er mehrere Wochen mit dem Wort gedient hatte, brach eine Erwekkung aus, und viele kamen zu einer klaren Bekehrung. Doch all diesen Bekehrten wurde nun klar, daß nicht eine Methode, sondern die Wiedergeburt durch den Heiligen Geist wichtig war.

Leider konnte der Methodistenprediger das nicht verstehen. Er fing an, gegen Bruder K. zu arbeiten, ihn zu schmähen und zu beschuldigen, seine Gemeinde gespalten zu haben. Die Neubekehrten fühlten sich schließlich in ihrer Kirche nicht mehr zu Hause und baten Bruder K., sie weiter in die Schrift zu führen. Bruder K. erfüllte ihre Bitte, und weil es an einem Lokal fehlte, baute er aus eigenen Mitteln ein Haus. Die Gemeinde versprach, nach und nach den ausgelegten Betrag an ihn zurückzuzahlen und dadurch dann das Haus zu erwerben.

Als ich hinkam, zählte die Gemeinde über hundert Mitglieder, die alle ein reges, gesundes Geistesleben erkennen ließen. Weil ich in Rasgrad zwei Monate gewesen war und in Rustschuck einen Monat, wünschten sie hier, daß ich wenigstens zwei Monate bleiben sollte. Hier fanden sonntäglich nicht nur zwei Versammlungen statt, sondern auch an den Abenden in der Woche gab es eine Versammlung, obwohl es Erntezeit war und alle Leute viel Arbeit auf den Feldern hatten. Die Versammlungen waren immer gut besucht. Außer den Gläubigen kamen auch viele Fremde: Bulgaren, Armenier, Türken und Zigeuner, von denen es in Bulgarien sehr viele gibt. Es war erstaunlich zu sehen, wie heilshungrig diese Menschen waren. Viele kamen in den Wochen zur Bekehrung. Auch gab es an den Sonntagen wiederholt Taufen und nachfolgend Abendmahlsfeiern. Hier war wirklich zu sehen, wie der Herr Jesus in Joh. 4,35 sagte: „Hebet eure Augen auf und seht das Feld; es ist schon weiß zur Ernte."

Bruder K. war tagsüber meistens mit den Bauern auf dem Feld, schwang mit ihnen die Sense, setzte Garben auf usw. Ich dagegen machte Hausbesuche, war ich doch allmählich kein Fremder mehr unter den Leuten. Die Ladenbesitzer saßen fast alle in ihren Geschäften und hatten kaum etwas zu tun. Denn wegen der Feldarbeit kamen nur wenige Käufer. So hatten sie Zeit und schlürften ihren Tee oder Kaffee. Auch von ihnen wurde ich immer freundlich empfangen, obwohl ich gar nichts kaufte. Manche kamen auch zu den Versammlungen. Die Erweckung hatte auch sie berührt, so daß ich viele gute und segensreiche Gespräche mit ihnen hatte.

Einmal in der Woche ging Bruder K. mit mir zu einem fünf Kilometer entfernten Dorf, in dem wir evangelisierten. Die Bewohner waren zum größten Teil Türken und seßhafte Zigeuner. Bruder K. war ihnen gut bekannt. Obwohl auch hier die Leute schwer auf den Feldern arbeiten mußten, waren die Versammlungen abends gut besucht. Während man uns strohgefüllte Sitzkissen hinlegte, lagerten sich die Zuhörer vor uns im Gras. Aufmerksam hörten sie zu und stellten viele Fragen. Daran erkannten wir, wie der Heilige Geist an ihren Herzen arbeitete.

Unser Gastwirt war ein Schmied, ein Zigeuner. Mir fiel auf, daß er Bruder K. mit ganz besonderer Hochachtung behandelte. Als wir eines Abends spät das Dorf verlassen hatten und uns einige junge Türken – wegen der bösen und angriffslustigen Hunde – bis vor das Dorf begleiteten und schließlich mit einem freundlichen „Gehtschjarrik Salam", d.h. „Gute Nacht in Frieden" verabschiedeten, fragte ich Bruder K.: „Sag mal, wie kommt es, daß unser Gastwirt und auch sein Bruder dich mit so besonderer Hochachtung behandeln?"

Es war eine sehr schöne, mondhelle Nacht, gut geeignet für so ein Gespräch. Und so antwortete Bruder K. auch bereitwillig: „Ich spreche nicht gern darüber, denn man könnte mich vielleicht falsch verstehen. Doch dir, lieber Vater Jantzen, will ich es erzählen. Du verstehst die slawische Seele in mir besser als unsere europäischen Brüder. Du bist ja mit slawischen Völkern aufgewachsen.

Ich hatte dieses Dorf wohl schon zwei Jahre lang besucht und den Leuten das Evangelium verkündet. Doch wie du weißt, die Mohammedaner sind schwer zu erreichen. Immer wieder kehrte ich bei dem Schmied ein. Eines Abends war er nicht zu Hause. Seine Frau lag krank auf ihrem Lager und stöhnte. Als ich zu ihr trat, weinte sie. Auf meine Frage nach ihrem Mann bekam ich keine Antwort; sie jammerte nur über ihre Schmerzen. Ich wollte wissen, ob sie schon einen Arzt gerufen hätte, der sie untersuchen könnte. Da antwortete sie: ‚Wer soll das tun? Außerdem – wir haben auch kein Geld, den Doktor zu bezahlen.'

Da fuhr ich mit meinem Fahrrad in das nächste Dorf, wo ein mir bekannter Arzt wohnte. Ich erzählte ihm die Sache und bat ihn mitzukommen und die Frau zu untersuchen. Er war auch sofort bereit, setzte sich auf sein Fahrrad und kam mit mir. Nach der Untersuchung sagte er: ‚Die Frau muß sofort operiert werden. Es sind aber 85 Kilometer bis Lom. Wie sollen wir sie dorthin schaffen?' Ich erklärte mich sofort bereit, einen Wagen zu mieten und sie hinzubringen.

Während ich den Wagen besorgte, schrieb der Arzt einen kurzen Bericht an den Leiter der Klinik und verabschiedete sich. Bis der Wagen kam, den ich gut mit Stroh füllen mußte, damit die Kranke einigermaßen gut lag, war es Morgen geworden. In Lom angekommen, wurde sie auch sofort operiert und nach etlichen Wochen gesund wieder entlassen. Ich ließ sie dann wieder heimbringen.

Inzwischen hatte ich erfahren, daß ihr Mann, der Schmied, gestohlen hatte und deshalb im Gefängnis war. Als ich die Frau nach ihrer Heimkehr einmal besuchte, fragte sie mich: ‚Warum haben Sie so viel für mich getan? Sie wußten doch, daß ich Ihnen kein Geld zurückgeben kann, weil ich gar keins habe. Die Reise nach Lom und zurück, die Operation im Krankenhaus und der Doktor hier, das alles hat doch viel Geld gekostet.'

Meine Antwort war: ‚Der Herr Jesus hat mir das alles befohlen.'

Das konnte sie nicht begreifen, es war ihr zu merkwürdig. Ich nahm dann mein bulgarisches Neues Testament und las ihr vor, wie der Herr Jesus auch so vielen Kranken geholfen hatte, auch solchen, die schlecht und voller Sünde waren. Wenn die sich dann zu ihm bekehrten, erlebten sie durch den Heiligen Geist eine Wiedergeburt in ihrem Herzen und bekamen eine ganz neue Natur. Diese Natur von Jesus will nur Gutes tun, und diese Natur lebt nun in mir und befiehlt mir, sie ins Krankenhaus zu bringen und für sie zu sorgen. Fassungslos staunend hörte sie mir zu. Zum Schluß betete ich noch mit ihr im Namen Jesu und fuhr nach Hause.

Wiederholt habe ich sie dann noch besucht und jedesmal mit ihr gebetet, bis auch sie die Wiedergeburt erlebte und eine Christin wurde.

Inzwischen hatte ich Gelegenheit bekommen, ihren Mann im Gefängnis zu besuchen. Dabei erzählte ich ihm alles, was mit seiner Frau geschehen war. Auch er kam zum Nachdenken. Ich hatte immer eine kurze Bibelbesprechung mit ihm, und wir beteten gemeinsam, ehe ich ihn verließ.

Durch diese Besuche im Gefängnis lernte ich auch den Leiter des Gefängnisses kennen. Schließlich wurden wir gute Freunde. Als ich wieder einmal in das Gefängnis kam, erzählte er mir, daß mit dem Schmied etwas geschehen war, was einfach niemand verstehen konnte. Durch meine Besuche war der Schmied ein heiliger Mann geworden, nicht als Mohammedaner, sondern als Christ. Er lebte wie ein Christ und war auch für seine Mitgefangenen ein gutes Beispiel und Vorbild geworden. Als ich zu dem Schmied kam, fand ich einen von Glück und Frieden erfüllten Bruder vor. Dafür dankten wir dem Herrn auf den Knien.

Nach einiger Zeit kam der Schmied nach Hause und arbeitete fleißig in seiner Schmiede. Das wunderte mich. Als ich kurz darauf den Leiter des Gefängnisses wieder einmal besuchte, wollte ich von ihm wissen, weshalb der Schmied vor Ablauf seiner Strafzeit entlassen worden war. Darauf sagte er: ‚Weil ich miterlebt habe, wie sehr sich sein Leben verändert hat, und weil ich seinen guten Wandel sah, kam ich zu der Überzeugung, daß er nun nicht mehr stehlen wird. Darum habe ich – weil ich mich für ihn verbürgt habe – seine Freilassung erwirkt und ihn so auf gut Glück nach Hause geschickt.‘

Weil er allen ein so gutes Vorbild gewesen ist, sind noch sein Bruder und dessen Sohn zur Bekehrung gekommen."

Als Bruder K. diese Erzählung beendet hatte, mußte ich an meine Gespräche mit Muhamedin Effendi in Warna denken, der zu mir gesagt hatte: „Wir Mohammedaner möchten gerne Jesus sehen, nicht die sogenannten Christen und ihre Missionare."

Wie schon mal erwähnt, hatten wir in Woiwodowa immer gute Versammlungen. An einem Sonntagnachmittag, als ich meinen Vortrag beendet hatte, stand ganz hinten im Raum ein junger Türke auf und meldete sich: „Darf ich etwas sagen?" Er kam nach vorne und sagte zur Versammlung:

„In den vergangenen Wochen habe ich fast jede Versammlung mitgemacht. Nachdem ich nun so viel von Jesus, dem Sünderheiland, gehört habe, bin ich durch das Gebet mit ihm in Verbindung gekommen. Die Folge davon ist, daß er mir alle meine Sünden gezeigt hat. Ich war sehr erschrocken und bat verzweifelt um seine Gnade und Vergebung meiner Sünden. Jesus hat mir alle meine Sünden vergeben. Aber er hat mir auch aufgetragen, alles zu bekennen, wo ich den Menschen unrecht getan habe, und es wiedergutzumachen, soviel ich kann. Und das will ich jetzt hier tun."

Mit diesen Worten zeigte er auf einen Zuhörer, in dessen Nähe er wohnte. Zu ihm sagte er: „Bei dir habe ich Obst gestohlen." Zu einem anderen sagte er: „Bei dir habe ich Hühner gestohlen“ usw. Schließlich erklärte er: „Nach meinem Vermögen will ich alles wieder erstatten. Aber ich bitte euch, vergebt mir meine Schuld!“

Die Angeredeten waren alle Kinder Gottes. Sie vergaben ihm gern und fügten hinzu: „Du brauchst uns nichts zurückzugeben, denn auch wir leben nur durch die Gnade Gottes, die wir durch Jesus Christus täglich nötig haben.“

Nachdem viele durch Lob und Dank im Gebet ihrer Freude Ausdruck gegeben hatten, wurde die Versammlung geschlossen.

Eines Tages wurde ich von einem baptistischen Bruder nach Lom eingeladen, wo er eine Gemeinde hatte, die nur aus türkischen Zigeunern bestand. Mit dem Schiff kam ich nach Lom und wurde von einem wach und intelligent wirkenden jungen Mann und seiner Frau sehr freundlich empfangen. Beide sprachen ziemlich gut Deutsch, weil sie beide in Deutschland gewesen waren. Ihre weitere Ausbildung hatten sie im Spurgeon-College in England gehabt, außerdem waren sie Mitglieder der Baptisten-Welt-Union. Noch am selben Abend sollte ich in seiner Gemeinde sprechen, wofür alles vorbereitet war. Nach dem Abendessen machten wir uns auf den Weg zu dem Versammlungslokal, das in einem Dorf außerhalb der Stadt lag.

Als wir kurz vor Sonnenuntergang dort ankamen, sahen wir die Einwohner mitten auf der Straße an ihren Feuern sitzen. Jede Familie kochte vor ihrem Haus ihr Abendessen. Sie luden uns zum Mitessen ein, was wir aber ablehnten, weil wir schon gegessen hatten. Bei einer Gruppe blieben wir schließlich stehen. Sie hatten ihre Mahlzeit schon beendet, saßen aber noch an ihrem Feuer und rauchten ihre langstieligen Pfeifen. Auch hierzu luden sie uns ein, was wir ebenfalls dankend ablehnten.

Unter ihnen saß auch eine alte, rauchende Frau. Sie

wandte sich zu uns und fragte: „Kann eine alte Frau von neunzig Jahren auch noch in den Himmel kommen?" Mein Bruder Prediger mußte mir die Frage übersetzen, denn ich konnte sie nicht verstehen. Unsere Antwort lautete: „Ja, wenn Sie den Herrn Jesus als Ihren Retter annehmen, dann werden auch Sie selig werden und zu ihm in den Himmel kommen."

Das verwunderte sie sehr, und sie fragte weiter: „Darf ich dann auch in die Versammlung kommen?"

Mein Kollege antwortete: „Ja, du darfst auch in die Versammlung kommen."

In dem Moment hörte ich einen eigenartigen Ton, wie von einer Glocke, und doch schien es etwas anderes zu sein. Mein Kollege lächelte und sagte: „Wir müssen jetzt gehen, es läutet schon."

Bald standen wir vor einem größeren Haus. Davor hing an einem Pfosten ein zwei Meter langes Stück Eisenbahnschiene. Ein junger Mann schlug sie mit einem Holzknüppel an, und das gab den eigenartigen Ton. „Das ist unsere Glocke, Uhren haben wir nicht", erklärte der Prediger.

Im Hause saßen schon viele Zigeuner – teils auf Bänken, teils auf dem Boden – und warteten auf uns. Am oberen Ende des Raumes stand eine Art Podium mit zwei Stühlen für uns. Daneben ein Harmonium, vor dem ein Zigeuner saß. Er spielte gut aus dem Gesangbuch der Baptisten.

Als der ganze Raum besetzt war, nannte der Prediger ein Lied. Alle schlugen ihr Gesangbuch auf und sangen das Lied in ihrer Sprache. Zum Gebet standen sie auf und nahmen ihre Mütze vom Kopf. Danach setzten sie sich wieder und setzten auch ihre Mützen wieder auf. Der Prediger las einen Abschnitt aus dem Neuen Testament, knüpfte ein paar Worte an, worauf er das Wort mir übergab. Ich sprach deutsch, und er übersetzte es den Zuhörern.

Plötzlich entstand am Eingang unter den Zuhörern eine Störung. Dort saß die alte neunzigjährige Zigeunerin auf dem Boden, schlug mit der Pfeife um sich und rief: „Diese Jungens stören mich immer. So kann ich nicht hören, was gesagt wird. Und ich will doch das Evangelium hören, weil ich auch in den Himmel kommen will."

Ich machte eine Pause. Der Prediger ging durch die Reihen, packte die Jungen einen nach dem andern und warf sie zur Tür hinaus. Dann schloß er die Tür, kam zurück, und ich sprach weiter.

Als ich geendet hatte, forderte ich alle Zuhörer auf, sich im öffentlichen Gebet auszusprechen, soviele sich hierzu durch Gottes Geist gedrungen fühlten. Nun standen alle auf und nahmen wieder ihre Mützen ab. Mehrere beteten, und da merkte ich, wie ernst es ihnen war, wie sehr sie innerlich bewegt waren. Dann schloß der Prediger. Wir sangen noch ein Lied, und alle kehrten still zu ihren Häusern zurück.

Am nächsten Morgen kam ein Methodistenprediger, der mich kennenlernen wollte. Er war ein Bulgare und verstand auch gut Russisch. Man sagt, daß die Bulgaren ursprünglich von der Wolga stammen und daß die beiden Sprachen deswegen so ähnlich sind. Ihre Vorväter hießen einst Wolgaren. Die Bulgaren sind auch griechisch-katholisch – wie die Russen.

Wie mein Besucher zum Methodismus kam, weiß ich nicht. Aber ohne jeden Zweifel war er ein echter Christ. Ich erkannte das auch an den vielen Fragen, die er an mich richtete. Am Ende der Unterhaltung schien er zufrieden und lud mich für den folgenden Abend ein, in seiner Kirche zu sprechen. Ich nahm an.

Als mein Gastgeber am nächsten Tag mit mir durch die Straßen der Stadt ging, sahen wir an vielen Straßenecken und Häusern, auch in den Kaufläden, gedruckte Plakate mit der Bekanntmachung, daß am folgenden

Abend in der Methodistenkapelle ein Missionar aus Turkestan sprechen würde. Alle Bürger seien herzlich eingeladen, den Mann zu hören, der von so weit hergekommen ist.

Am folgenden Abend, als wir zum Lokal gingen, sahen wir viele Bürger dorthin gehen und fanden alles besetzt, als wir eintraten. Nach einer Einleitung des Predigers und nachdem die Gemeinde einige Lieder gesungen hatte, mußte ich sprechen. Am Ende dieses Abends mußte ich versprechen, noch zwei weitere Abende zu ihnen zu reden, was ich annahm. Immer war der Saal voll besetzt. Welche Wirkung ausgelöst wurde, habe ich nicht erfahren; mein Meister weiß das am besten. Für mich bleibt nach jeder Wortverkündigung bestehen, was in Jesaja 55,11 gesagt ist: „Mein Wort soll nicht leer zurückkommen, sondern soll tun, was Ihm wohlgefällt."

Die beiden Prediger geleiteten mich nach meinem Dienst in Lom wieder aufs Schiff, das mich nach Rustschuck zurückbrachte. Von dort ging es noch einmal nach Rasgrad, wo ich den beiden jungen Brüdern H. und G. auch einige Wochen praktischen Unterricht gab und ihnen erklärte, wie man am besten an die Türken herankommt und sie gewinnt.

Dann verabschiedete ich mich von ihnen und trat meine Heimreise an. Unser aller Herzen waren voller Lob und Dank für den Herrn, der uns in den vergangenen Monaten in der Gemeinschaft miteinander so reich gesegnet hatte. Dann kehrte ich wieder nach Rustschuck zurück und blieb noch zehn Tage bei den Geschwistern H.

In diesen Tagen begleitete mich Bruder H. einmal zu den Derwischen in der Stadt. Die Derwische sind eine mohammedanische Organisation von Männern, die meist ein asketisches Leben führen und aufrichtige Wahrheitssucher sind. Weil ich die von allen Osmanen hochgeehrte bucharisch-usbektürkische Sprache beherrschte, wurde ich von dem Leiter der Derwische mit Hochachtung empfangen und mußte mehrmals in der Moschee sprechen. Das ist keine Kleinigkeit, denn sie sind alle sehr gelehrt. Zu meiner Freude kannten sie alle den Koran.

Hier muß ich wieder etwas einfügen. Als Kemal Pascha Präsident der Türkei geworden war und so manche europäische, von den Mohammedanern abgelehnte Sitte in das Land brachte, ließ er sogar den Koran in die türkische Sprache übersetzen. Der Koran ist ursprünglich in arabischer Sprache geschrieben, und Mohammed hat die Übersetzung in eine andere Sprache streng verboten. Deswegen brachte das Verhalten Kemals die ganze mohammedanische Geistlichkeit, die Mufti und den Kalifen (so etwas wie den Papst der Mohammedaner) furchtbar auf und erregte in Konstantinopel einen Aufstand.

Doch alles Verbotene reizt! Und so war es auch hier; denn die Folge war, daß viele Menschen den Koran lasen. So verlor der Islam viel von seinem Fanatismus. Und dadurch wiederum wurden die Herzen der Türken viel zugänglicher für das Evangelium von Jesus Christus. So benutzt Gott manchmal auch politische Entwicklungen, um seinem Wort Türen zu öffnen.

Ein ernster, besonders gelehrter Derwisch kam zum Glauben an Jesus Christus. Bald äußerte er den Wunsch, im Namen Jesu getauft zu werden. Ich hatte aber bemerkt, daß er gar kein Sündenbewußtsein hatte. Der Koran redet wohl von Jesus, der auf wunderbare Weise von der Magd Maria empfangen und geboren wurde und der dann ohne Sünde lebte und gestorben ist, wofür er von Gott auferweckt und zum Himmel erhoben wurde. Aber der Koran sagt nichts vom Kreuz und dessen Bedeutung.

So mußte ich diesen aufrichtigen Derwisch darauf aufmerksam machen, daß der Herr Jesus nur für verlorene Sünder gekommen ist, daß er ihretwegen ans Kreuz ging und für sie starb, um sie aus ihren Sünden zu erretten. Ich zeigte ihm im Indschil (Evangelium) in seiner Sprache viele Stellen, die das klarmachen. Er wurde sehr nachdenklich. Als ich einige Tage später seiner Einladung folgte und wieder in seinem Hause mit ihm zusammen war, sagte er: „Was muß ich tun? Ich habe inzwischen gründlich nachgedacht. Aber ich finde, ich habe nie gesündigt." Dann meinte er allen Ernstes: „Muß ich ein Pferd stehlen oder sonst was anstellen, um ein verlorener Sünder zu werden?"

Darauf zeigte ich ihm 1.Joh. 1,6, wo es heißt, daß Gott Licht ist. Und ich fügte hinzu, daß auch er – wenn er sich einmal in Gottes Licht betrachten würde – erkennen müßte, daß er ein verlorener Sünder ist – ohne deswegen gestohlen oder andere Dinge getan zu haben. Doch es schien, als müßte seine Seele im Dunkeln bleiben, obwohl ich mir viel Mühe gab, ihm Licht zu vermitteln. Schließlich überließ ich ihn dem Herrn und bat ihn, diesen aufrechten, um die Wahrheit bemühten Mann nicht allein zu lassen.

Inzwischen war es September geworden, und ich mußte meine Rückreise antreten. Die Brüder H. und G. begleiteten mich von Rasgrad bis Rustschuck, wo ich mich von den Geschwistern H. verabschiedete. Alle kamen noch mit zum Schiff, das mich nach Orechowo bringen sollte. Hier nahm Bruder K. von mir Abschied, und über Lom, Belgrad, Budapest, Bratislava ging es wieder nach Wien zurück, wo ich nach vier Tagen eintraf und von den Geschwistern froh begrüßt wurde. Einige Tage mußte ich hierbleiben, weil ich den Geschwistern ein paar Abendversammlungen nicht gut abschlagen konnte. Es waren gesegnete Abende. Am Tage machten wir Hausbesuche.

Zwei Anmerkungen will ich hier noch ergänzend einfügen. Zunächst: Als ich im Frühjahr nach Bulgarien reiste, hatte ich ja durch Gottes große Güte viel Geld in der Tasche. Wie ein Krösus fühlte ich mich. Beim Abschied im Herbst konnte ich den Missionaren mehrere hundert Mark hinterlassen.

Alles, was wir miteinander erlebt hatten, stimmte unsere Herzen zu Lob und Dank, vor allem auch, daß es gelungen war, mit den Brüdern der kirchlichen Mission zusammenzukommen. Wir sagten uns alle, daß Christus nicht gekommen ist, religiöse Richtungen zu schaffen, sondern wie er selbst sagt: „Sünder selig zu machen", „auf daß sie alle eins werden".

Dann ist es wert zu vermerken, daß unsere Missionare bis zum Anfang des Krieges im Jahre 1939 unbelästigt und mit vielem Segen arbeiten konnten. Kurz nach dem Ausbruch des Krieges wurden alle Missionare aus Bulgarien ausgewiesen. Doch unsere Missionare konnten ihre Arbeit tschechischen, bulgarischen, türkischen und zigeunerischen Brüdern übergeben. Heute weiß niemand genau, wie es um die Kinder Gottes in diesen Ländern steht!

Von Wien führte mein Weg über Heidelberg nach Homburg vor der Höhe, wo ich wieder von den Geschwistern H. aufgenommen wurde. Nachdem ich an einigen Abenden über meine Erlebnisse berichtet hatte, reiste ich nach Wiedenest, wo auf mich ein ganz besonders warmer Empfang durch die Geschwister Warns und die vielen anderen Geschwister wartete. Selbstverständlich mußte ich auch hier an mehreren Abenden berichten. Dann reiste ich nach Holland, wo ich wieder bei den Geschwistern A. meine Wohnung bezog.

Kapitel 21

# Zeugendienst an vielen Orten

In Arnhem bestand eine blühende Gemeinde kirchenfreier Christen, wie sie in Holland recht häufig anzutreffen waren. Ich hatte mancherlei Dienst. Aber auch von vielen anderen Kirchengemeinschaften kamen Einladungen, über meine Erlebnisse in Rußland und in der Mission zu berichten.

Weil ich damals die holländische Sprache noch nicht so gut beherrschte, brauchte ich immer einen Dolmetscher. Als ich eine Einladung nach A. bekam, um in der großen Landeskirche zu sprechen, war der Kirchenälteste mein Dolmetscher, Herr L. de L.

Vorab aber noch eine kurze Bemerkung. Wo immer ich in den Jahren nach 1925 gesprochen habe, bin ich nie als Theologe aufgetreten, sondern immer nur als ein Zeuge Jesu Christi oder als Missionar. Und das um so bewußter, als ich auf meinen Reisen durch die Länder Europas sehr viele „christliche" Menschen – oft sehr fromme „Heiden" – fand, die keine Ahnung von der Wiedergeburt des Menschen durch den heiligen Geist zu einer Neuschöpfung hatten, wie sie in Johannes 1,12–13 angedeutet ist. Man begnügt sich häufig mit einem guten sittlichen Wandel ohne den Geist Gottes. Doch humanistische Auffassungen verhelfen zu einem edlen Charakter – und dazu braucht man den Herrn Jesus nicht, obwohl der Name Jesus und Christus viel genannt wird.

Der Dominee (Pfarrer) der landeskirchlichen Gemeinde in A. hatte bekanntgegeben, daß ein russischer Missionar sprechen würde. So etwas interessierte die Leute, denn sie wollten viel von Rußland hören. Das wußte ich genau. Aber ich nutzte die Gelegenheit, immer ein persönliches Zeugnis von meinem Gott und Heiland zu geben, der sich mir in so vielfacher Weise durch wunderbare Erfahrungen geoffenbart, ja sogar aus den Händen der Bolschewiken in Rußland errettet hatte. So hatte ich immer wieder Gelegenheit, meine Zuhörer auf eine Lebensgemeinschaft mit Gott aufmerksam zu machen, die durch meine Wiedergeburt und den Heiligen Geist in mir entstanden war. Gestärkt durch das Zeugnis des Geistes Gottes in mir, konnte ich nach Römer 8,16 bezeugen, daß ich Gottes Kind bin und nicht nur „hoffe" – wie allgemein gelehrt wird –, es einmal zu werden.

Mein Dolmetscher beherrschte die deutsche Sprache sehr gut. Also übersetzte er auch sehr eindrucksvoll, besonders dann, wenn ich so recht von Herz zu Herzen sprach, aus dem Leben für das Leben. Offensichtlich war diese Art christlichen Erlebens den Versammelten neu, was ich deutlich an der gespannten Aufmerksamkeit sehen konnte. Der Dominee machte keine weiteren Bemerkungen, auch er stand dem Zeugnis fremd gegenüber.

Einige Wochen später erhielt ich eine Einladung von dem Dominee der Gereformeerden am selben Ort, wobei ich denselben Herrn als Dolmetscher hatte. Der Besuch war auch dieses Mal sehr gut, ebenso die Abnahme des Wortes. Wieder einige Zeit später lud mich die Darbysten-Gemeinde ein; auch hier hatte ich denselben Herrn als Dolmetscher.

Diese dreimalige Zusammenarbeit führte dazu, daß Herr L. de L. selbst zur Bekehrung kam. Er war unverheiratet und lud mich oft ein, ihn von Arnhem aus zu besuchen. Er wollte noch mehr in der Schrift unterwiesen werden. Zwei Jahre später bat er darum, getauft zu werden – auf Grund von Römer 6,4. Der Heilige Geist selbst führte ihn durch Markus 16,16 zu dieser Erkenntnis. Als das bekannt wurde, gab es ein großes Erstaunen.

Viele in seiner Kirche wollten es nicht glauben und sagten: „Das müssen wir selbst gesehen haben, ehe wir es glauben."

Als der Tauftag herankam, lud Herr L. de L. alle Bürger des Ortes ein. Sie sollten kommen und zusehen, wie er getauft wird. Zur festgesetzten Zeit gingen wir in das große Versammlungshaus. Nach einer kurzen Einleitung von mir sagte der Täufling:

„Geehrte Bürger von A., ich weiß, daß man meinen alten Freund, Vater Jantzen, beschuldigt, mich zu dieser Taufe überredet zu haben. Das stimmt aber nicht. Vielmehr hat mich der Heilige Geist auf das aufmerksam gemacht, was der Herr Jesus im Markus-Evangelium sagt: ‚Wer da glaubt und getauft wird, der wird selig werden.' Dieses Wort öffnete mir die Augen, und ich erkannte, daß meine Kindertaufe dem nicht entsprochen hatte. Meine Eltern hatten mir zwar erzählt, daß ich getauft worden war, aber was wußte ich als Kind hiervon? Daher nun mein Entschluß."

Als er getauft war und sich umkleidete, sangen wir anderen miteinander, bis er wieder zurückkam. Fröhlich sagte er: „Vater Jantzen sagt, daß er nach solch ernster Handlung gewohnt ist, mit den Kindern Gottes zusammen das heilige Abendmahl mit Lob und Dank zu halten. Darum lade ich alle Kinder Gottes ein, die hier im Saal sind, mit in meine Wohnung zu kommen, wo wir das heilige Abendmahl miteinander halten wollen." Dann verließen wir den Saal und gingen zu seiner Wohnung. Wohl zehn Personen schlossen sich uns an, um mitzufeiern.

Wegen dieses unerhörten Schrittes hat der liebe Bruder von seiten der Kirche und auch von anderen viel Verfolgung erleiden müssen. Er trug alles in wahrer Liebe und Geduld, was auch mit der Zeit gute Früchte brachte. Sein konsequentes Auftreten wie auch seine allen entgegenkommende Liebe und Freundlichkeit bewirkten, daß vielen die Augen aufgingen. So folgten ihm in den folgenden zwei Jahren noch etwa 35 Personen. Der Herr hat das treue Zeugnis dieses Bruders so gesegnet, daß heute in A. eine kirchenfreie Gemeinde von über hundert Gliedern besteht. Genau dasselbe wiederholte sich einige Jahre später in dem Geburtsort von Bruder L. de L., wo heute auch eine Gemeinde von sechzig getauften Gliedern besteht.

Zu dieser Zeit unternahmen Bruder Warns und ich eine Rundreise durch ganz Deutschland und Österreich bis Innsbruck in Tirol, um die vielen kirchenfreien Gemeinden in Städten und Dörfern zu besuchen. Abends, oft auch am Tage, fanden überall Versammlungen statt, und wir durften die Herrlichkeit Gottes und die wirkende Kraft seines Geistes sehen.

Im Jahre 1930 folgte ich einer Einladung nach Beatenberg in der Schweiz, wo eine Weltkonferenz der kirchenfreien Kinder Gottes stattfand. Es stellte sich heraus, daß Vertreter aus 21 Ländern anwesend waren. Darunter waren Schwarze aus Afrika, Braune aus Indien, Arabien, China, Indonesien; dann Portugiesen, Italiener, Spanier, Franzosen, Bulgaren, Rumänen, Jugoslawen, Tschechen, Türken, Polen, Engländer, Brasilianer, Deutsche, Amerikaner, Balten und ich als einziger aus Rußland.

Das eigentliche Thema für diese denominationsfreien Kinder Gottes war: „Wie und wo haben Sie ihren Herrn und Heiland Jesus Christus gefunden?“

Zwei volle Wochen dauerte diese Konferenz, denn jedes Zeugnis wurde in alle Sprachen übersetzt, was naturgemäß Zeit beanspruchte. Jeder Tag begann mit einer Gebetsstunde um 8 Uhr morgens. Dann folgten Zeugnisse bis 11.30 Uhr. Mittags aßen wir alle an einer gemeinsamen Tafel in einem nahegelegenen Hotel. Am Nachmittag kamen wir von 15 - 18 Uhr und abends von 19.30 - 22.00 Uhr zusammen.

Diese Zeugnisse waren zum großen Teil sehr ergreifend, wobei uns der Herr immer größer wurde. Sah man doch, wie er jedem in seiner Art, in seinem Lande, auf die verschiedenste Weise in göttlicher Geduld und Liebe oft jahrelang nachgegangen war, ehe sich die irrende Seele durch Selbsterkenntnis zu seiner Erkenntnis führen ließ. Wenn sie so durch seine Gnade Frieden empfangen hatten, konnten sie nicht anders, sie mußten von ihm zeugen – in der Stille und auch öffentlich.

Diese zwei Wochen wurden uns allen zum reichen Segen. Deswegen wurde am Schluß der allgemeine Wunsch ausgesprochen, nachdem der Herr uns alle einander so nahe gebracht hatte, gemeinsam das Mahl des Herrn zu halten. Ich sollte die Feier leiten. Angesichts der großen Schar, von der ich die meisten nie zuvor gesehen hatte, las ich 1.Kor. 11, 23-29. Nach einigen Bemerkungen über die Bedeutung des Mahles für uns und dem Hinweis zur Selbstprüfung brach ich das Brot. Bei der großen Teilnehmerzahl dauerte es lange, bis das Brot herumgereicht war. Dann las ich noch die Verse in 1.Kor. 10, 15-17, knüpfte einige Bemerkungen daran, worauf ich für den Kelch dankte und die Becher austeilen ließ.

Nach dem Ende des Mahles beteten wir reihum, jeder in seiner Sprache. Noch nie hatte ich einer solchen Abendmahlsfeier beigewohnt. Am Schluß der Tagung hörte man immer wieder: „Dies war ein Stückchen Himmel auf Erden, ohne Sprachverwirrung, weil eins in seinem Geiste!" So schieden wir.

Anschließend unternahm ich eine Rundreise durch die Schweiz und besuchte außer den kirchenfreien Gemeinden auch einige andere – z.B. mehrere Mennoniten-Gemeinden – und schließlich die Bibelschule in Lausanne, die unter der Leitung des englischen Bruders Eol steht; ein langjähriger, mir sehr nahestehender Freund. Auf seinen Wunsch hin blieb ich mehrere Tage und hatte auch Gelegenheit zum Zeugnis bei den Methodisten und Darbysten am Ort.

Kapitel 22

# Eine mohammedanische Missionskonferenz

Von Lausanne führte mein Weg über Bern und Basel nach Wiedenest, wo ich eine Einladung von Pastor von Bodelschwingh nach Bethel bei Bielefeld zu einer interkonfessionellen Mohammedaner-Missionskonferenz vorfand. Wie ich hatten auch die Brüder Warns und Bohn eine Einladung erhalten. Bruder Bohn war vor dem ersten Weltkrieg nach Südrußland gekommen und hatte in den mennonitischen Gemeinden gearbeitet. Da er Homöopathie studiert hatte, arbeitete er in diesem Beruf. Bis 1914 war das möglich, dann wurde er nach Sibirien interniert. Nach dem Krieg ließ man ihn frei, und er konnte eine Zeitlang arbeiten, bis die Bolschewiken seine Rückkehr nach Deutschland erzwangen.

Ursprünglich hatte auch Bruder Bohn unter den Mohammedanern arbeiten wollen. Aber das Lernen der usbektürkischen Sprache wurde ein unüberwindliches Hindernis. Er und noch ein Bruder Thielmann konnten sich zwar etwas mit den Mohammedanern unterhalten, aber zu einem Vortrag, einer Predigt langte es nicht. Deswegen arbeiteten beide mehr unter den Mennoniten und anderen Deutschstämmigen. Immerhin hatte Bruder Bohn einige Erfahrung in der Mohammedaner-Mission gesammelt und war dadurch auch zu einem Urteil über die Arbeit fähig.

Mehrere hundert Teilnehmer hatten sich versammelt. Da waren Professoren und Direktoren von verschiedenen deutschen kirchlichen Missionsgesellschaften, aber auch andere Sachverständige, die wir alle kennenlernten. Nach Gesang und Gebet wurde die Konferenz von einem Doktor und Professor der Theologie eröffnet. Er erläuterte den Zweck dieser Zusammenkunft, und dann wurden mehrere Vorträge in sehr gelehrter Form dargeboten, wobei auch die erste Sure des Koran zitiert wurde. Dabei schauten wir, die gar nicht gelehrten Missionare, uns lächelnd an, weil der deutsche Akzent des arabischen Zitats so komisch klang.

Uns Missionaren der Praxis war der Geist der Konferenz fremd. Mir, der ich gerade von Beatenberg kam, wo ich mit so vielen Kindern Gottes verschiedenster Nationen gewissermaßen auf Taborshöhen gewesen war, fiel der Unterschied ganz besonders auf.

Es war wohl am zweiten Tag, da trat am Nachmittag ein Herr aufs Rednerpult und berichtete, daß sich in einem Jahr in den früheren deutschen Kolonien Afrikas viele tausende Mohammedaner zum Christentum bekehrt hätten. Als ich das hörte, wurde es mir eigentümlich warm ums Herz. Ich hob meine Hand und wurde sofort mit den Worten aufgerufen: „Herr Missionar Jantzen, der viele Jahre in Turkestan unter den Moslems gearbeitet hat." Bruder Warns, der meinen inneren Aufruhr gemerkt hatte, gestand mir später, daß er die ganze Zeit für mich gebetet habe.

Ich trat auf das Podium und stellte mich vor. Dann erzählte ich, wie ich mit vierzehn Jahren nach Turkestan gekommen war und dann acht Jahre die dort gebräuchlichen Sprachen der Mohammedaner gelernt hatte, dazu auch den Koran. Selbstverständlich studierte ich auch den gleichgeschätzten Schariat. Jeder Student mußte zuerst das Heptijerk (Glaubensbekenntnis) und die fünf Gebetsformen lernen, die nur in arabischer Sprache gebetet werden dürfen. Mir war das Lernen dieser Sprache leichtgefallen. Ja, ich hatte sogar den Akzent der Lehrer erfassen können. Zum Beweis dafür sagte ich das Glaubensbekenntnis und die erste Sure auf.

Dann wandte ich mich zu dem Herrn Professor oder Doktor aus Afrika und bat ihn, uns etwas genauer über die Massen-Bekehrungen von Mohammedanern zum Christentum zu berichten; denn mich erstaunten diese Aussagen sehr, hatte ich doch in den 43 Jahren in Turkestan die Mohammedaner gut kennengelernt. Daher wagte ich die Behauptung, daß jene Mohammedaner in Afrika nie wirkliche Mohammedaner gewesen waren.

Darauf erwiderte der Herr Doktor: „Ich nehme an, daß die Mohammedaner in Zentralasien und Turkestan intelligenter sind als die Schwarzen in Afrika, die bis vor kurzem noch im Urwald lebten. Zu ihnen sind arabische Kaufleute gekommen, die ihnen schöne, bunte mohammedanische Kattunkleider gegeben hatten, wenn sie dafür Mohammedaner würden. Darauf sind die Neger eingegangen und somit Mohammedaner geworden. Als dann die Deutschen kamen, haben die Neger erkannt, daß die deutschen Kleider viel schöner und haltbarer sind. Bei den Massenbekehrungen hat nun ganz stark der Wunsch mitgespielt, die deutschen Kleider zu bekommen."

Hierauf konnte ich nur antworten: „So sind die Neger offensichtlich nicht zu Christus gebracht worden, sondern zu deutschen Kleidern. Sie haben sie zu Deutschen gemacht und weiter nichts."

Nun berichtete ich von einzelnen Bekehrungen meiner mohammedanischen Brüder in Turkestan, wovon einige um ihres Glaubens willen den Märtyrertod gestorben sind. Sie blieben treu bis an ihr Ende, weil sie Christus als ihren persönlichen Heiland in ihrem Herzen erlebt hatten. Dann trat ich ab.

Die Folge war, daß alle Missionare einzeln aufgerufen wurden, um in gleicher Weise Zeugnisse aus ihrer Arbeit zu geben. Und das wiederum bewirkte, daß für den Abend eine Gebetsstunde für die Arbeit in der mohammedanischen Welt angesagt wurde. Ungefähr hundert Konferenzteilnehmer waren anwesend, aber die Professoren und Doktoren fehlten. Auch am nächsten Tag waren sie nicht mehr zu sehen. Bruder Warns sagte beim Mittagessen zu mir: „Bruder Jantzen, du bist doch ein rechter Spielverderber."

„Ja", bekannte ich, „in diesem Falle ganz bestimmt. Aber es tut mir gar nicht leid, weil ich finde, der Name Jesus ist uns nicht gegeben, um damit zu spielen bzw. zu nationalen oder politischen Zwecken zu gebrauchen."

Nach Ablauf der Konferenz blieben wir drei Missionare noch zwei Tage in Bethel, und Pastor von Bodelschwingh zeigte uns seine ganze Anstalt. Sie besteht aus Hunderten von Häusern, Werkstätten und Fabriken, in denen überall epileptische Männer und Frauen, Jungen und Mädchen arbeiten. In einer Abteilung wurde schönes Aluminiumgeschirr hergestellt, in einer anderen Stoff gewebt. Auch Schuhmachereien, Tischlereien, Schmieden usw. waren da. In einem Zimmer sahen wir einen etwa fünfzig Jahre alten Mann, einen Uhrmacher. Er saß an einem Tisch und reparierte eine Uhr, wobei er immer wieder sagte: „Ich weiß, daß ich nicht so bin wie andere Menschen. Doch das sage ich dir, Uhr, wenn Paul (er selbst) dich in die Hände nimmt, dann mußt du geregelt gehen."

Damit wandte er sich uns zu und sagte: „Meine Herren, Paul (dabei klopfte er sich mit der Hand an die Stirn) ist nicht so ganz in Ordnung, aber die Uhr muß gut gehen." Unser Führer erklärte, daß Paul schon seit vielen Jahren hier arbeitet und fast alle Uhren, die er in die Hände bekommt, gut repariert.

Sehr viel Gutes, aber auch viel Elend haben wir in den Anstalten gesehen. Da gibt es einige Häuser, in die Besucher nicht hineingelassen werden. Beim Vorbeigehen hörten wir fremdartiges Geschrei und Gebrüll, daß es einen schauderte. Es sind total Irrsinnige.

Nachdem wir die Anstalten verlassen hatten, trennten wir uns. Ich fuhr nach Holland zurück, wo auf mich meine Arbeit und viele Einladungen warteten.

Kapitel 23

# Eine Neuschöpfung

Nun muß ich in meiner Erinnerung ein paar Jahre zurückgehen. Es war wohl im Jahre 1928, als ich von einem Dominee der Hervormden Kerk eingeladen wurde. Ich reiste hin und sprach am Sonntag in der gutbesetzten Kirche. Untergekommen war ich bei Freunden im Ort.

Dort erreichte mich die Bitte einer Dame, zu einer Tasse Tee zu ihr zu kommen; ihr Mann, ein Lehrer fremder Sprachen, und sie hätten mir viel mitzuteilen. Ich folgte der Einladung, traf die Dame aber allein zu Hause an. Sie stellte sich als Frau de V. vor und erzählte strahlend, daß sie am Abend in der Kirche gewesen war und meine Predigt gehört hatte. Dadurch war sie zum Nachdenken gekommen – und dann fast verzweifelt. Sie hatte Gott um Gnade und Vergebung angerufen; aber stundenlang war sie ohne Vergebung geblieben, so daß ihr Mann mit ihr in Not geriet. Schließlich seien sie beide auf die Knie gefallen und hätten um Gnade gefleht. Plötzlich sei über sie eine große Stille und unbeschreibliche Ruhe gekommen in dem sicheren Wissen, daß alle ihre Sünden durch Jesu Christi Blut getilgt seien. Friede würde seitdem ihr Herz erfüllen – und das mußte sie mir mitteilen.

Dann bat sie mich, doch ihren Vater zu besuchen, der 62 Jahre alt sei und in O. in seiner Villa wohne. Er habe in L. eine Textilfabrik, in der Tag und Nacht vierhundert Menschen arbeiten. Obwohl er der streng Gereformeerde Kerk angehöre, habe er lebenslang immer schrecklich geflucht. Nun aber fürchte er den Tod.

Ich erklärte ihr, daß ich nur dann zu ihm gehen könnte, wenn ich von ihm selbst dazu eingeladen würde. Das wollte Frau de V. veranlassen.

Nach ein paar Monaten bekam ich die Einladung von der jüngsten Schwester der Frau de V., die mir im Auftrag ihres Vaters schrieb:

„Vater möchte Sie gerne kennenlernen, weil er durch Herrn de V. so viel Gutes über Sie gehört hat."

Diesem Ruf folgte ich. Als ich in L. ausstieg, wartete Frl. Myn P. auf mich, die jüngere Schwester von Frau de V. Bald schon waren wir dicht an der Villa. Ich merkte, daß meine Begleiterin sehr unruhig wurde. Schließlich fragte sie mich, ob mir ihre Schwester etwas von ihrem Vater erzählt hätte. Ich nickte zustimmend. Dann meinte sie unsicher, daß sie sich eigentlich nicht vorstellen könne, ich würde gut mit ihrem Vater auskommen; denn er sei ein sehr eigenartiger Mann. Er würde mich auch nicht so empfangen, wie ich es gewohnt bin. Doch ich versicherte ihr: „Machen Sie sich keine Sorgen! Es wird alles gutgehen."

Inzwischen hatten wir die Villa erreicht und traten ein. In einem Zimmer – eher ein feiner Saal – wurde ich von der stattlichen Dame des Hauses sehr herzlich empfangen. Dann führte sie mich in eine gläserne Veranda, wo der Vater saß und Zeitungen las. Meine Führerin rief: „Vader, hier ist Mijnheer Jantzen."

„Oh", rief er, „herzlich willkommen!" Dann sagte er zu seiner Tochter: „Myn, gehe sofort ins Zimmer zurück, und schließe die Tür hinter dir zu. Wenn zwei Männer miteinander sprechen, dann müssen keine Weiber dabei sein." Ein leises: „Ja, Vader", und damit verschwand sie.

Nun mußte ich Platz nehmen, und er las scheinbar ruhig seine Zeitung weiter. Auf einmal sagte er – über den Zeitungsrand blinzelnd – ganz unvermittelt: „Sie kommen aus der Türkei, wo Sie Missionar waren?"

„Nein, ich komme aus Turkestan."

„Wo liegt denn das?"

„Noch tausend Kilometer weiter östlich von der Türkei."

„Dann haben Sie mehr von der Welt gesehen als ich."

„Das kann wohl sein."

„Mijnheer Jantzen, darum geht es mir eigentlich nicht. Weshalb ich Sie kommen ließ, ist folgendes: Ich heiße P., bin nun 62 Jahre alt und muß wohl bald sterben, so wie andere Menschen auch. Ich bin streng gereformeerd und gehe regelmäßig jeden Sonntag zweimal zur Kirche. Wenn mal gesammelt wird, dann gebe ich niemals weniger als zwei Scheine von hundert Gulden. Aber ich habe mein ganzes Leben durch geflucht und kann nichts vergeben. Und nun sagen unsere Schwarzröcke, die Dominees, daß ich so nicht in den Himmel, sondern in die Hölle komme. Doch da will ich nicht hin, da ist es mir zu heiß."

Er sprang auf und meinte erregt: „Eigentlich glaube ich nicht, daß Sie mit mir fertigwerden können; denn ich bin ein eigenartiger Mann. Doch meine Tochter de V. hat uns so viel von Ihnen erzählt, daß ich dachte: Das ist ein neutraler Mann und doch wohl ein Theologe, die ja mehr von geistlichen Dingen wissen als unsereins. Darum frage ich Sie nun: Ist es wirklich so, daß ich, wie man mir sagt, wegen des Fluchens und Nichtvergebens in die Hölle komme? Ja oder Nein!? Was Sie meinen, will ich wissen."

„Mijnheer P., was ich auf diese Frage antworten würde, hat keinen Wert. Allein was Gott hierüber in seinem Wort sagt, hat Wert. Sie glauben doch gewiß an Gott und sein Wort, die Bibel, die Sie gewiß auch in Ihrem Hause haben."

„Ich, ein gereformeerde Mann, sollte keine Bibel haben?" Er öffnete die Tür und rief: „Myn, bring die Bibel her!"

Die Tochter brachte eine schöne Bibel, legte sie ihm auf den Tisch und mußte schnell wieder verschwinden.

Dann schob er mir die Bibel hin und sagte: „Ist das nicht eine schöne Bibel? Ich lese meiner Familie jeden Tag nach dem Essen einen Abschnitt vor, so wie sich das gehört."

„Ja, das ist eine schöne Bibel", sagte ich, wobei ich sie ihm wieder zuschob und meinte: „Ich habe hier meine Taschenbibel. Und nun müssen wir die Antwort auf Ihre Frage suchen."

„Ha, ha, ha, nun seht doch einmal einer an! Bibelstunde halten? Und das an einem Wochentag?"

„Mijnheer P., Sie haben mir eine sehr ernste Frage gestellt, die Ihnen, wie gesagt, nur Gott beantworten kann. Und nun schlagen Sie einmal Matthäus 6 auf, und lesen Sie die Verse 12,14 und 15 laut vor, bitte!"

Er tat es. Ich ließ ihn auch noch andere Stellen aufschlagen und vorlesen und sagte schließlich: Das ist die Antwort von Gott selbst auf Ihre Frage. Außerdem wird uns in 2.Kor. 5,19 gesagt: ‚Und Gott war in Christo und versöhnte die Welt mit ihm selbst.' Aber das nur, weil Jesus gesagt hat: ‚So ihr den Menschen ihre Fehler vergebet, wird er euch auch vergeben.'"

Er wurde sehr unruhig und lief in der Veranda auf und ab, während ich weiter sagte: „Mijnheer P., ein Mann Gottes, den ich kenne (C.A. Flügge), hat sich die Mühe gemacht zu untersuchen, wievielmal Gott in der Bibel dem Menschen zuruft: ‚Komm!' Er kam auf eine Zahl von 1900, davon mehr als tausendmal in freundlich lokkender Weise. Nur zweimal sagt Gott in der Bibel: ‚Gehet hin!' Einmal den Verdammten am Tage des Gerichts, das andere Mal denen, die hier auf Erden unversöhnlich waren, d.h. die nicht vergeben konnten."

Da rief der Mann laut: „Dann bin ich verdammt! Ich bin verloren, ich bin verloren, ich bin verloren!"

Mit diesen Worten stürzte er in das Zimmer, in dem die beiden Damen waren, und rief immer wieder dieselben Worte, wobei er aus einem Zimmer in das andere rannte, immer hin und her. Die beiden Damen saßen da und weinten, und die Hausfrau sagte schließlich: „Ach, Mijnheer Jantzen, wären Sie doch nie in unser Haus gekommen. Mein Mann wird verrückt und verliert den Verstand, das ist ja zu sehen!"

„Mevrouw, Sie bekommen einen Mann, der nicht mehr flucht. Der Heilige Geist hat ihn in der Arbeit, und er macht seine Sache gut."

Sie rief aber immer wieder: „Ik geloof er nick van." (Ich glaube Ihnen nicht.)

Inzwischen kam der Herr wieder in den Saal, wo ich mich hingesetzt hatte, und fiel in seiner Verzweiflung neben mir auf die Knie und schrie: „O Gott, erbarme Dich doch über mich Flucher, und vergib mir meine Sünden um Jesu willen!" So betete er wiederholt. Ich betete ja schon lange in der Stille, wie ich es immer in solchen Fällen tue.

Auf einmal geschah es! Für den menschlichen Verstand ein schier unbegreifliches Wunder! Ganz unvermittelt ging der verzweifelte Mann dazu über, statt weiter um Erbarmen zu flehen, nun plötzlich zu danken: „O Gott, Du unbegreiflicher Gott, ich danke Dir, daß Du auch mich durch Jesus Christus errettet hast! Und ich wußte es nicht! Doch nun weiß ich es, Du hast mir die Augen geöffnet."

So betete er eine Weile, stand dann auf und setzte sich still neben mich. Kurz darauf schaute er sich überrascht, aber mit glücklichem Gesicht um und sagte: „Wo bin ich denn nur gewesen?" Er sah zum Fenster hinaus und meinte: „Wie ist doch Gottes Natur so schön. Ich habe das vorher nie gesehen."

Unterdessen war es Abend geworden, und das Abendbrot wurde serviert. Still saßen wir alle um den reichgedeckten Tisch. Auch die Damen hatten sich beruhigt. Gesprochen wurde sehr wenig; nur der Hausherr sagte mehrmals: „O Gott, wie kann ich Dir danken für so viel Gnade!"

Am anderen Morgen hörte ich schon früh unter mir die Haustür gehen, und als ich hinausschaute, sah ich Herrn P. ausgehen. Ich dachte: „Bleib nur hier oben, was willst du mit den Damen ohne den Hausherrn machen?“ Sie waren mir offensichtlich nicht gerade freundlich gesonnen.

So blieb ich noch eine Weile allein; dann frühstückte ich. Kurz darauf kam der Hausherr blaß, aber ruhig in das Zimmer. Er grüßte kurz, setzte sich zu mir und sagte wieder: „O Gott, ich danke Dir, daß ich sterben konnte!“

Nun erklärte er: „Mijnheer Jantzen, fünfzehn Jahre lang habe ich einen Prozeß gegen meinen Bruder geführt, der mich Tausende gekostet hat. Ich wollte ihn unbedingt gewinnen, obwohl ich im Unrecht war. Deswegen war ich auch immer böse auf meinen Bruder. Doch diese Nacht bekam ich von Gott den Auftrag, zu meinem Bruder zu gehen, der hier in der Nähe wohnt, und alle meine Schuld zu bekennen, den Prozeß aufzuheben und alles gutzumachen. Das ist nun geschehen. Und ist es nicht herrlich: Mein Bruder teilte mir nach der Versöhnung mit, daß er auch den Herrn gefunden hat und seit einigen Jahren weiß, daß er ein begnadigtes Kind Gottes ist. Darauf haben wir uns wieder umarmt. O, wie glücklich bin ich nun, und wie leicht ist es mir ums Herz.“

Nachdem wir uns etwas unterhalten hatten, mußte ich mit ihm nach L. fahren, etwa zwanzig Minuten Straßenbahnfahrt. Ich sollte seine Fabrik besichtigen. Er machte die Fahrt täglich. Als wir zur Fabrik kamen, wurden wir von seinem Sohn, der Betriebsleiter war, begrüßt. Er begleitete uns durch das Werk. Bei jedem Arbeiter und jeder Arbeiterin blieb Herr P. stehen und sprach einige freundliche Worte mit ihnen. Ich merkte gleich, daß ein solches Verhalten offensichtlich ganz ungewohnt war, und alle ins Staunen versetzte. Aber man konnte sehen, daß es ihnen allen wohltat. Denn bisher konnte ihm niemand etwas gut genug machen. Immer und bei jeder Gelegenheit fluchte er, und heute war alles ganz anders. Auch seinem Sohn fiel natürlich die Wandlung auf, und er schaute mich verwundert und befremdet an. Doch er sagte nichts.

Die Tochter Myn war Präsidentin der Gereformeerden Christlichen Jungfrauen-Vereinigung. Weil ich noch einige Tage im Hause blieb, weil Herr P. noch weitere Unterweisungen im Worte Gottes wünschte, bemerkte ich, daß Fräulein Myn ausgesöhnt war. Sie erkannte die großartige Veränderung, die an ihrem Vater geschehen war. Und das rief auch in ihr etwas wach. Sie lud mich schließlich ein, an einem Abend in ihrer Vereinigung zu sprechen.

Schließlich mußte ich mich doch verabschieden, um an anderen Orten zu dienen. Aber in den folgenden Jahren blieb ich immer in Verbindung mit Herrn P.

Etwa drei Jahre nach diesen Geschehnissen erhielt ich von ihm wieder eine Einladung mit der Bitte, eine Bibelstunde zu halten. Am Tage nach meiner Ankunft mußte ich mit ihm zur Fabrik nach L. Wir saßen uns in der Straßenbahn gegenüber. Kurz bevor wir aussteigen mußten, stieß mir Herr P. seine Faust gegen die Brust und sagte:

„Mijnheer Jantzen, ich habe da in O., nicht weit von meiner Wohnung, seit vielen Jahren einen Geschäftsfreund, der auch hier in L. eine Fabrik hat. Etwa dreißig Jahre lang trafen wir uns fast jeden Morgen in der Straßenbahn und stiegen auch hier zusammen aus, wie wir jetzt. Vor einigen Tagen stieß er mir beim Aussteigen so auf die Brust, wie ich es eben bei Ihnen getan habe. Dann sagte er: ‚Mijnheer P., was ist mit Ihnen geschehen? Sie sind in den letzten Jahren so verändert. Früher waren Sie immer so nervös und konnten nie still sitzen. Auch Ihre Augen blickten so unruhig, während sie nun ruhig schauen, und Sie sehen auch ganz anders aus als früher.‘

Ich wußte zunächst nicht, was ich ihm darauf antworten sollte. Doch dann stieß ich ihn ebenfalls auf die Brust und sagte: ‚Ich habe den Herrn Jesus gesehen!' Damit lief ich fort und ließ ihn verständnislos stehen. Aber was sollte ich Laie dem Mann denn sagen? Ich begriff ihn ja auch nicht. Sagen Sie nun, Mijnheer Jantzen, gibt es so etwas? Ich finde mich gar nicht so verändert."

„Mijnheer P., wenn die Welt etwas sieht, dann muß doch sicher was zu sehen sein."

Da nahm er seinen Hut ab und sagte laut: „O, Du mir so unbegreiflicher Gott, wie ist das alles möglich?" und weinte dabei so laut, daß andere Passanten stehenblieben und uns verwundert ansahen. Deswegen bat ich ihn: „Lassen Sie uns schnell weitergehen, sonst gibt es noch einen Volksauflauf."

Er war so bewegt, daß er auch beim Weitergehen immer wieder sagte: „O großer Gott, wie groß bist Du doch in Deiner Liebe und Gnade solch einem abscheulichen Flucher gegenüber, wie ich es mein Leben lang gewesen bin, bis ich Dich kennenlernte. Wie kann ich Dir nur dafür danken?"

Angesichts dieses ungeschminkten Umgangs mit Gott war auch mein Herz zutiefst gerührt; besonders auch in der Erinnerung an seinen Zusammenbruch, den ich mit ihm erlebt hatte.

Durch die totale Umwandlung ihres Mannes sowie meine wiederholten Besuche und Bibelstunden söhnte sich auch die Mevrouw mit mir aus und sah es gern, wenn ich kam; ebenso die Tochter Myn. Mijnheer P. hat noch über ein Jahrzehnt gelebt.

In seiner eigenartigen, einfachen Art hat er auch immer wieder für seine fünf Söhne und Töchter gebetet, die, bis auf Myn, alle verheiratet waren.

Einer der Söhne, Jan, hatte es so gemacht wie der verlorene Sohn im Evangelium. Er hatte sein Teil vom Vater empfangen, war nach Amerika gegangen und dort verschwunden. Seine Eltern und Geschwister hatten mit großer Mühe immer wieder versucht, ihn ausfindig zu machen. Vergebens! Dieser Jan lag dem Vater besonders am Herzen.

Drei Tage vor seinem Tode war ich noch einmal bei Herrn P. Er klagte darüber, daß Jan nun schon seit fast acht Jahren nichts mehr von sich hatte hören lassen. Dann betete er wieder: „O, allmächtiger Gott, bringe doch Jan noch vor meinem Heimgang nach Hause!“

Am Abend fuhr ich wieder nach Hause. Kurz nachdem ich abgereist war, so wurde mir nachher erzählt, sei Jan ins Zimmer seines Vaters getreten und habe den Vater begrüßt. Ganz ruhig habe der Vater auch ihn begrüßt und gesagt: „Na, Jan, nun bist du doch endlich wiedergekommen. Ich wußte es, daß du kommen würdest, denn ich muß dir doch erzählen, daß ich den Heiland Jesus Christus gefunden habe. Und nun kann ich ruhig zu ihm gehen. Jan, vergib mir, was früher zwischen uns nicht gut war.“

„Vater, aus demselben Grund bin ich von Amerika hierher gekommen. Ich wollte euch, meinen Eltern und Geschwistern, mitteilen, daß ich drüben den Herrn Jesus gefunden habe. Vergebt mir alles Unrecht und Leid, das ich über euch gebracht habe.“

Noch zwei Nächte hat Jan an des Vaters Bett gesessen, was die anderen Geschwister schon zwei Wochen getan hatten; dann entschlief der Vater ruhig und in tiefem Frieden. Telefonisch wurde ich benachrichtigt und nahm am Begräbnis teil.

Dann blieb ich noch einige Tage im Haus, und bei dieser Gelegenheit, lernte ich dann Jan kennen. Er erzählte mir, wie der Vater in seiner einfachen Art mit Gott gesprochen hatte, wobei er immer dankte und für alle seine Kinder und Enkel betete und auch für den „alten Russen“, den der Herr auf seinen Lebensweg geschickt habe, der alle seine sechs verheirateten Kinder und Enkel in jenem schrecklichen Land verloren habe, die er sehr lieb habe und darum schwer leide ...

Etwa zwei Jahre später kam auch Mevrouw P. zur Bekehrung, wodurch sie sehr demütig wurde. Glücklich lebte sie noch mehrere Jahre mit ihrer Familie und ging in Frieden heim.

Der jüngste Sohn wollte, wie er mir sagte, noch den Reichtum der Welt genießen. Er war verheiratet. Nach einigen Jahren kam er unerwartet mit seinem Auto bei mir vorbeigefahren. Mit strahlenden Augen betrat er meine Wohnung und sagte: „Vader Jantzen, auch ich habe nun den Heiland gefunden. Ich mußte es Ihnen, der Sie sich so viel um mich gemüht haben, sofort mitteilen. Ich habe hier in Arnhem weiter nichts zu tun und fahre gleich wieder nach Hause."

Wir dankten dem Herrn miteinander, und nachdem er noch Tee getrunken hatte, fuhr er fröhlich wieder die etwa hundert Kilometer heim.

Von Zeit zu Zeit besuchen mich Fräulein Myn und ihr Bruder A. Bisher blieben sie in der Gereformeerde Kirche, doch fühlt sich A. nicht mehr wohl darin. Dann sage ich ihnen:

„Meine Lieben, der Herr Jesus hat uns errettet und nicht die Kirche. Auch war der Herr Jesus selbst nicht kirchlich. Die Kirchen haben die Menschen auf recht menschliche Weise viel später aufgerichtet. Darum gibt es so viele Richtungen und Zersplitterungen. ‚Suche Jesum und sein Licht, alles andre hilft dir nicht', sagt der Dichter."

Kapitel 24

# Eine Missionskonferenz in Holland

Immer wieder bin ich in all den Jahren auch in den Nachbarländern gereist. In S., wo Bruder K. noch immer tätig war, wurde ich jährlich zweimal erwartet. Dort waren im Laufe der Zeit vier kirchenfreie Gemeinden entstanden. Mehrmals fuhr ich nach Österreich und in die Schweiz und durfte – vor allem in Wiedenest – an manchen internationalen Konferenzen teilnehmen.

Im Jahre 1935 bekam ich eine Einladung zu einer Missionskonferenz in W. bei S. in Holland. Als ich hinkam, sah ich, daß S. früher ein Schloß gewesen war, das man für Konferenzzwecke umgebaut hatte. Der leitende Dominee empfing mich sehr freundlich und wies mir eines der mehreren hundert Zimmer an.

Als ich am anderen Morgen den großen Konferenzsaal betrat, hatten sich dort bereits an die vierhundert Dominees und etwa zweihundert Studenten der Theologie versammelt. Der Saal war so groß, daß auch noch doppelt so viele Teilnehmer Platz gefunden hätten.

Ein Dominee der Gereformeerden hatte den Vorsitz übernommen und sprach die einleitenden Worte. Er erläuterte den Zweck dieser Konferenz. Mehrere Missionsdirektoren der verschiedensten Kirchenrichtungen aus Niederländisch-Indien (heute: Indonesien) waren nämlich gekommen mit Klage und Frage über die Zerrissenheit der Kirchen im Mutterland, was die Arbeit auf dem Missionsfeld sehr behinderte. Jeder Missionar würde gewissermaßen mit seiner Kirche unter dem Arm dorthin kommen, so daß es schließlich auf dem Missionsfeld genauso viele verschiedene Kirchen gab wie im Heimatland. Diese Zerrissenheit wiederum wäre die beste Waffe der katholischen Kirche in ihrem Kampf gegen die Protestanten. Sie zeigen mit dem Finger auf sie und sagen den Indern, die meist Mohammedaner sind: „Kommt zu uns, bei uns ist kein Streit, ihr seht ja, wie es bei jenen zugeht."

Nun meldeten sich die Direktoren der Missionsgesellschaften zu Wort, und alle sprachen sich im gleichen Sinne aus. Sie fügten aber noch hinzu, daß sie bereits mehrere Stationen hätten schließen müssen, weil nicht genug Geld da war, um den Missionaren ihr Gehalt zu zahlen. Die Katholiken und die Mohammedaner würden darüber lachen.

Die Leiter, Direktoren und Professoren der verschiedenen Missionsschulen in der Heimat klagten ihrerseits: „Was können wir denn machen, wenn die Kirchen kein Geld in die Missionskasse bringen?!"

Einer bekannte freimütig, daß sie 125 000 Gulden Schulden hätten, aber gar keine Ahnung, wann und wie sie die begleichen könnten. Ein anderer berichtete von 150 000 Gulden Schulden, die er auch nicht begleichen kann. Und so folgte ein Bericht nach dem anderen.

Ich saß still da und dachte: „Wozu hat man mich denn hierher gerufen?" Ich gehörte doch keiner dieser Kirchen an, war nur ein geduldeter Fremdling im Lande. Neben mir saß Herr M., Parlamentsmitglied, der mir als echter Christ aus Arnhem bekannt war. Er gehörte auch einem von Minister S. gegründeten Hilfskomitee an, worüber ich noch berichten werde. Herr M. hatte 25 Jahre in Niederländisch-Indien als Missionsdirektor gearbeitet.

Am dritten Tag der Konferenz wurde ich unter meinem Decknamen aufgerufen, den ich bei solchen Gelegenheiten trug: „Mijnheer Iwanow, Sie sind an der Reihe. Wir haben Sie als früheren Missionar unter den Mohammedanern in Turkestan als neutralen Beobachter hierher eingeladen, weil Sie keiner der anwesenden Kirchen oder Gesellschaften angehören. Doch die meisten kennen Sie, haben Sie doch in den vergangenen Jahren in vielen Kirchen gesprochen. Außerdem kennen Sie unser Volk sehr gut. Sie haben alle Debatten gehört, und nun fragen wir Sie: Wie denken Sie über alle diese Zustände? Wir möchten von Ihnen, als einem alten Spezialisten in der Missionsarbeit, Ihren Rat hören."

Wie mir in dem Moment zumute war, kann ich nicht beschreiben; saßen doch vor mir all die hohen Theologen und Doktoren, Kirchenfürsten und als Vertreter Ihrer Majestät der Königin Wilhelmina, der Baron Doktor von A. ... Innerlich schrie ich zu dem Herrn und bat um seine Weisheit und Mut. Dann betrat ich das Podium und sagte ungefähr folgendes: „Geehrte Herren, da ich annehmen muß, daß viele hier sind, die mich nicht kennen, möchte ich mich Ihnen vorstellen; möchte sagen, wer ich bin und woher ich komme. Denn das zu wissen, ist notwendig, um meine Antworten auf Ihre Fragen in rechter Weise zu verstehen."

Nachdem ich ganz kurz meine Lebensgeschichte wie auch meine Bekehrung mit dem Hinweis auf die Wiedergeburt nach Joh. 3,3 sowie 1,12-13 erzählt hatte, sagte ich:

„Als Gottes Kind, der göttlichen Natur teilhaftig geworden durch den Heiligen Geist, trieb mich die Liebe Gottes, unter die mohammedanischen Völker zu gehen und ihnen mit einfältigen Worten – wie es Paulus in 1.Kor. 2,1-2 sagt – allein Jesus Christus, den Gekreuzigten zu verkünden. Ich ging hin auf den Befehl des Herrn, nach Matthäus 28,19, und auf seine Rechnung. Auch hatte ich keine Missionsgesellschaft hinter mir stehen, die mich finanzierte.

Fünfzehn Jahre habe ich so unter den verschiedensten Völkern des Ostens in Turkestan, im Kaukasus und in Bulgarien gearbeitet. Dabei habe ich die Herrlichkeit meines Herrn und Meisters Jesu Christi gesehen, wie er sich durch die Macht des heiligen Geistes manchen Mohammedanern offenbarte und sie zu Neuschöpfungen machte. Nachdem sie durch ihr Leben bewiesen hatten, daß es ihnen Ernst war, und ich ihnen Unterricht in der Heiligen Schrift gegeben hatte, wurden sie auf ihren Wunsch nach Römer 6,4 getauft.

Bis die bolschewistische Regierung allen diesen guten Anfängen ein Ende machte, habe ich niemals finanzielle Not gelitten – trotz meiner vielen Reisen. Ich hatte auch immer genügend Evangelien, die ich in den verschiedenen Sprachen verbreiten konnte. Ebenso mußte meine Familie niemals Hunger leiden. Das sage ich hier zur Ehre des Herrn.

Darum wende ich mich nun an Sie – an die Studenten und zukünftigen Missionare – mit dem Rat: Erst müssen Sie ein wirklicher Zeuge Jesu Christi sein, und die Liebe Gottes muß nach Römer 5,5 in Ihre Herzen ausgegossen sein, dann erst dürfen Sie auf sein Geheiß in die Arbeit gehen, die er Ihnen weisen wird. Dann wird er Sie in allem versorgen. Warten Sie nicht auf irgendeine Kirche, die – wie wir gehört haben – ohnehin kein Geld hat. Denn wo sollte die Kirche das Geld auch hernehmen? Nur wahre Kinder Gottes haben Missionsverständnis und können darum geben. Und wahre Kinder Gottes gibt es nicht allzu viele in den Kirchen. Das beweisen die leeren Missionskassen. Aber das ist doch auch nicht erstaunlich. Wie geht es denn? Bald nach der Geburt wird ein Kindlein getauft. Der Dominee freut sich, wenn er wieder ein Glied ins Kirchenbuch eintragen kann. Die Kirche ist um ein Glied stärker. Markus 16,16 hat man ja beiseite gesetzt, das Wort wird nicht beachtet. Wenn dann die Kinder aufwachsen und den Katechismus gelernt haben, werden sie als volles Glied der Kirche aufgenommen, und damit glaubt man, als ein Vollglied der Kirche auch ein Kind Gottes zu sein. Doch – stimmt das? Diese Frage beantworten uns die Missionskassen, wenn nicht schon das Alltagsleben vieler Kirchenmitglieder Antwort genug wäre!“

Jetzt wandte ich mich an die vor mir sitzenden Dominees. Viele von ihnen hatten rote Köpfe und empörte Gesichter. Zu ihnen sagte ich:

„Sehr geehrte Herren, niemand hier ist imstande, die Wahrheit zu widerlegen, wie ich sie eben ausgesprochen habe. Aber es gibt einen Ausweg. Herr Vorsitzender, Sie fragen mich um einen Rat. Nun, so hören Sie meinen Rat: Wir alle müssen Buße tun und auf die Knie fallen, Gott um seine Gnade anrufen und nach seinem Rat und Wohlgefallen leben. Dann wird alles gut werden."

Als ich das Podium verließ, dachte ich bei mir selbst: „Nun wehe mir!" Denn zumindest würde man mich wohl aus dem Saal weisen. Aber da rief der Vorsitzende meinen Nachbarn: „Mijnheer M., Parlamentsmitglied, Sie sind an der Reihe."

Mijnheer M. stand auf, ging zögernd ein paar Schritte nach vorn, drehte sich dann um und sagte zu den Anwesenden mit ruhiger, starker Stimme: „Geehrte Herren, ich habe nicht viel zu sagen. Die wenigen Worte, die ich sagen möchte, kann ich auch von hier sagen. Ich schließe mich vollkommen den Worten und dem Rat meines Vorredners, des Mijnheer Iwanow, an und unterstreiche alles, was er gesagt hat. Denn das ist der einzige Weg für uns."

Damit setzte er sich. Wie dankte ich in meinem Herzen dem Herrn – denn schweren Schrittes und noch schwereren Herzens hatte ich mich zu meinem Sitz begeben. Aber das Wort eines Parlamentsmitgliedes bedeutete in diesem Lande sehr viel. Da rief der Vorsitzende: „Sehr edelwerter Mijnheer Baron, Doktor von A., Sie sind als Vertreter der Königin von Holland an der Reihe."

Der Baron bestieg das Podium und sagte: „Geehrte Herren! Ich stehe hier als vieljähriger General-Gouverneur von Niederländisch-Indien und spreche im Namen Ihrer Majestät, unserer Königin. Nach allem, was ich in diesen Tagen gehört habe, muß ich mich leider ebenfalls dem anschließen, was Herr Iwanow gesagt hat: Eine andere Rettung gibt es nicht. Außerdem muß ich sagen, was allgemein bekannt ist: Man beschuldigt – und das gerade von theologischer Seite her – die Regierung, daß sie den Missionaren in Niederländisch-Indien nicht genügend Schutz und Unterstützung gibt.

Doch sagen Sie selbst, was die Regierung tun soll. Was machen denn die Missionare, wenn jeder mit seinem Kirchlein unter dem Arm ankommt? Zunächst bemüht sich jeder, auf der ihm zugewiesenen Station die Sprache zu lernen. Aber das ist ja wohl selbstverständlich. Dann aber, statt es so zu machen wie der Apostel Paulus es fordert und der Herr Iwanow es uns eben ins Gedächtnis gesagt hat, mengt man sich in politische Parteizwistigkeiten. Mit einem gelehrten Kopf unterweist man die Leute, wie sie es mit ihren Gegnern machen müssen. Doch die Unterschiede zwischen den einzelnen Stämmen sind oft recht groß, und da gibt es dann Streitereien, die häufig bis zu Mord und Totschlag führen. Und jetzt sollen wir als Regierung für Ruhe und Ordnung sorgen. Das haben wir nur zu oft erlebt.

Wenn nun Sie, meine verehrten Herren, mir Ihr Ehrenwort geben, daß so etwas in Zukunft nicht mehr vorkommen wird, dann gebe ich Ihnen als Vertreter der Regierung das Ehrenwort, daß sich die Regierung voll und ganz schützend hinter Ihre Missionare stellen wird."

Mit den Worten „Ick hebb't geseggt" verließ er das Podium.

Dieser Rede folgte eine längere Pause. Doch man wies mich nicht hinaus – wie ich befürchtet hatte –, statt dessen kamen viele der Theologen und Studenten, umringten mich und stellten ehrerbietig alle möglichen Fragen. Um sie alle beantworten zu können, hätte ich wohl noch einige Tage bleiben müssen. Aber ich reiste am nächsten Tag wieder ab, weil verschiedene andere Einladungen auf mich warteten.

Kapitel 25

# Theologie oder Zeugendienst?

Kurz vor dem Ausbruch des Krieges erhielt ich von einem Professor eine Einladung nach Den Haag. Er bat mich, vor seinen Studenten über Zentralasien zu sprechen, und zwar über „Land, Volk, Sitten und Gebräuche“. An dem dafür bestimmten Tag reiste ich in die Stadt und stand bald in einer großen Aula voller Studenten.

Im Geist nahm ich sie mit auf die rund 9 000 Kilometer lange Reise von Den Haag über Berlin, Moskau, Samara, Orenburg nach Taschkent in Turkestan. Dann schilderte ich kurz die geologische und meteorologische Beschaffenheit des Landes, wobei ich eine Landkarte benutzte.

Mit einem Zeigestock auf die Städte, Flüsse und Berge deutend, nahm ich meine Zuhörer mit zu den einzelnen Orten, die besonders interessant waren, wobei ich allerlei Wissenswertes über Volk, Land und Sitten berichtete.

Im letzten Vortrag ging ich dann dazu über, mein persönliches Zeugnis anzufügen:

„Im Jahre 1905 habe ich den Herrn Jesus in ganz besonderer Weise kennengelernt. Wohl bin ich – ganz oberflächlich betrachtet – auch schon vorher ein recht ordentlicher Christ gewesen; so wie ja die meisten hierzulande. Aber dann kam ein Moment in meinem Leben, in dem Gott mir durch seinen Heiligen Geist die Augen öffnete. Ich erkannte, daß ich durch meine Sünden in seinen Augen verloren sein mußte. Da warf ich mich vor ihm nieder und flehte um sein Erbarmen, daß er mir um Jesu willen meine Sünden vergeben möchte. Gott erhörte mein Gebet und gab mir durch seinen Heiligen

Geist das Zeugnis, daß ich nun Gottes Kind war. Ich wußte jetzt, daß ich vor dieser Zeit kein Christ nach dem Willen Gottes gewesen war. Aber jetzt war ich ein anderer Mensch geworden, erfüllt mit der Liebe Jesu Christi. Und sie zwang mich, zu den Mohammedanern zu gehen und ihnen das Evangelium von Jesus Christus zu bringen. Diese Arbeit habe ich viele Jahre tun dürfen, und oftmals habe ich die Herrlichkeit Gottes gesehen, wenn er unglückliche Menschen glücklich machte. Denn jetzt wußten sie es, daß sie Gottes Kinder sind; hat es ihnen der Heilige Geist doch offenbart."

Nachdem ich das meinen Zuhörern erzählt hatte – und sie hörten mir sehr aufmerksam zu –, da fragte ich, ob von den Zuhörern auch jemand das Zeugnis der Gotteskindschaft hätte; er möchte doch mal den Finger hochhalten. Aber kein Finger kam in die Höhe. Da trat der Herr Professor auf mich zu und sagte ganz leise zu mir:

„Herr Jantzen, so zu sprechen ist an dieser Stätte nicht erlaubt. Wir sind ja nicht in einer Kirche oder im Katechismusunterricht. Ich bin mir aber sicher, daß auch hier Kinder Gottes sind, denn alle Studenten sind getauft und nach dem Katechismusunterricht in die Kirchengemeinden aufgenommen worden."

Darauf antwortete ich laut: „Meine Herren, der Herr Professor sagt mir, daß hier solche Sprache und solche Fragen nicht am Platz sind. Und doch meine ich, ist dies die allerwichtigste Frage für jeden hier auf Erden. Denn hier geht es darum, sich zu entscheiden, ob Jesus Christus, der Sohn Gottes, umsonst für mich gestorben ist, weil ich seinem Geist kein Gehör schenke. Höre ich tatsächlich nicht auf seine Stimme, dann wehe mir. Doch schenke ich ihm Gehör, dann übergebe ich mich ihm voll und ganz. Er gibt mir die Kindschaft Gottes und schreibt mich ein in sein großes Familienbuch.

Viele Jahre meines Lebens bin ich Missionar gewesen,

und ich weiß, daß mich der Herr bald rufen wird. Aber gerade in dem Wissen, daß ich diese auf mich gerichteten Augen vielleicht bald nicht mehr sehen werde, mußte ich so sprechen. Anders hätte ich keine Ruhe gehabt. Zum Schluß bitte ich euch deswegen alle, sorgt dafür, daß der Heilige Geist bald euch allen das Zeugnis eurer wirklichen Gotteskindschaft geben kann."

Sehr höflich und zuvorkommend wurde ich von dem Herrn Professor entlassen. Ich dachte: „So, der lädt dich bestimmt nie wieder ein", und fuhr nach Hause.

Doch ein Jahr später bekam ich von demselben Professor eine sehr herzliche Einladung, zu ihm nach Den Haag zu kommen, um noch einmal vor den Studenten zu sprechen. Das wunderte mich sehr. So wie er es mir beschrieben hatte, stieg ich vor seiner Wohnung ab. Er hatte mich bereits bemerkt und öffnete mir selbst die Tür. Dabei sprudelte es aus ihm heraus:

„Mijnheer Jantzen, nun begreife ich Sie, denn Gott hat mit mir geredet; damals, als er mir nach kurzem Kranksein meine Frau nahm. Da saß ich nun allein mit meiner Kinderschar und wußte mir keinen Rat. In meiner Verzweiflung betete ich wie noch nie in meinem Leben, um Trost und Kraft zu bekommen. Und so ist er inzwischen mein Vater geworden."

Bei diesem Bekenntnis liefen ihm die Tränen über die Wangen. Als ich dann vor seinen Studenten stand, durfte ich diesmal frei und ungestört sprechen, so wie es mir ums Herz war und von oben gegeben wurde.

Das Thema lautete zwar so wie im Vorjahr: „Land und Völker in Zentralasien". Doch jetzt behandelte ich in der Hauptsache die Mission und was mit ihr zusammenhängt. Ich verabschiedete mich in der Überzeugung, daß wir ein vom Herrn geleitetes Zusammensein hatten.

Ein andermal wurde ich zu einer Konferenz von Theologiestudenten eingeladen, um über die „wahre Theologie“ zu sprechen. Ganz kurz zusammengefaßt führte ich aus:

„Recht eigentlich bin ich kein geschulter und studierter Theologe. Meine ganze Gottesgelehrtheit – was ja das Wort Theologie bedeutet – kommt vielmehr aus dem wirklichen Umgang mit Gott oder wie man es auch sagen kann, aus dem Gebetsumgang mit Gott. So empfange ich auf alle Fragen Weisung nach seinem Wohlgefallen. Durch die Wiedergeburt wurde ich ein Kind Gottes. Gott wurde mein Vater – nach Johannes 1,12 und 13. Deswegen bin ich ihm immer verbunden und brauche auch nicht in dem üblichen Sinn für mich zu beten, sondern bespreche mit meinem himmlischen Vater alle meine Angelegenheiten, und er gibt mir Weisung. Doch diese Art Theologie ist hierzulande, wie ich inzwischen bemerkt habe, mit sehr wenigen Ausnahmen unbekannt. Und darüber bin ich sehr traurig. Deswegen konnte ich auf dieser Konferenz auch nur so sprechen, wie ich es getan habe. Sie wollten von mir ja auch die Wahrheit hören.“

Nun bedeutet ja Konferenz eigentlich „Besprechung“. Und so kamen auch allerlei Fragen, von denen ich hier nur eine erwähnen möchte. In meinem ersten Referat hatte ich über die „eigentliche Lebensversicherung“ gesprochen, und zwar am Beispiel von Römer 8,16, „daß der Geist Gottes unserem Geist Zeugnis gibt, daß wir Gottes Kinder sind“. Das ist positiv gesagt und nicht, wie man hier auf den Kanzeln hört, „wir können dies nur annehmen“, oder „wir hoffen es einst zu sein“. Damit bleiben wir nämlich ohne innere Gewißheit. Da stand eine Studentin auf, etwa 30 Jahre alt, und sagte:

„Mein Vater, der auch Dominee ist, hält mich auch immer zum Gebet an. Ich soll an jedem Tag beten, so wie Daniel es getan hat. Dreimal täglich gehe ich also in meine Dachkammer, öffne das Fenster und bete nach Osten gerichtet. Das tue ich nun schon viele Jahre, aber bis heute habe ich noch keine Lebensversicherung in meinem Herzen erfahren oder empfunden. Wie kommt das?"

Ich antwortete: „Ihre Frömmigkeit steht Ihnen im Wege. Sehr wahrscheinlich sind Sie durch und mit Ihren Gebeten noch nicht bis zu Gott gekommen. Denn Gott ist Licht, so lesen wir in 1. Johannes 1,5. Wer wirklich im Gebet vor Gott kommt, der sieht in seinem Licht zuerst sich selbst und entdeckt, wie ungöttlich und sündig und schmutzig er ist; reif für die ewige Verdammnis. Ein derart Schuldbewußter fleht zerbrochen Gott um Gnade und Vergebung an. Um Jesu Christi willen vergibt ihm Gott die Schuld und reiht ihn als Kind in seine große Familie ein. So schenkt er ihm das ewige Leben, wie es in Johannes 3,16 heißt.

Dieses ewige Leben ist ja Gottes Leben, sonst wäre es nicht ewig. Und dieses Leben hat auch einen lebendigen Geist, wie alle Menschen einen Geist haben. Doch jener Geist ist Gottes Geist, der Heilige Geist. Er nimmt nun Beschlag von dem auf diese Weise wiedergeborenen Menschen und gibt ihm das Zeugnis der Gotteskindschaft, wodurch sein Herz mit tiefem Frieden und großer Freude erfüllt wird. Und dann – der Heilige Geist gießt die Liebe Gottes in das Herz des Menschen, wodurch er ein neues Wesen bekommt.

Und so ist eben alles, was ich hier gesagt habe, keine theoretische, sondern eine praktische Theologie; es ist Wahrheit, wie ich sie an mir selbst erfahren habe. Ein solches Gotterleben habe ich in den vielen Jahren meiner Missionsarbeit bei allen, die zur wahrhaften Bekehrung kamen, immer wieder erlebt. Und das ist die rechte Lebensversicherung."

Zum Schluß wies ich noch auf Jesaja 57,15 hin, wo es heißt: „Der ich in der Höhe und im Heiligtum wohne und bei denen, die zerschlagenen und demütigen Geistes sind, auf daß ich erquicke den Geist der Gedemütigten und das Herz der Zerschlagenen."

Einige Wochen später bekam ich von dem Vater der Fragestellerin eine Einladung, in seiner Kirche zu sprechen. Er bat mich sogar, bei ihm zu wohnen. Bald merkte ich, daß er vor allem wissen wollte, was es mit der eigentlichen Lebensversicherung eines Christen für eine Bewandtnis habe. Er hatte viel mit deutschen Theologen und Pfarrern verkehrt und war selbst Superintendent und eine hochstehende Persönlichkeit.

Die Kirche war gut besetzt. Ebenfalls gut war die Abnahme des Wortes. Das kommt wohl daher, daß ich bei solchen Gelegenheiten immer geleitet bin, zu den Hörern so recht von Herz zu Herz zu reden, aus dem täglichen Leben für das Leben zu sprechen, ohne theologische Ausdrücke oder gar Fremdwörter. Mit dem Ausdruck „aus dem Leben" meine ich vornehmlich aus meinem Leben mit Gott und den Erfahrungen, die ich dabei gemacht habe. „Für das Leben" spreche ich in dem Sinn, daß ich das Schriftwort so erläutere, wie ich es im Leben erfahren habe. So wie es mich zum „Zeugen Jesu Christi" gemacht hat, der, was er sagt, auch selbst erlebt hat und deswegen nicht wie ein Dominee zu ihnen redet.

Das ging in all den Jahren den Hörern immer wieder ins Herz, so auch hier. Je länger ich sprach, desto aufmerksamer wurden die Zuhörer. Warum? Sie spürten, hier spricht einer, der sie versteht und mit ihnen fühlt. Der nicht wie ein hochgelehrter Theologe hoch über ihnen steht, so daß sie sich mit ihren Fragen gar nicht an ihn heranwagen, und der zwar über die Bibel spricht, aber nicht aus dem eigenen Tageserleben der Zuhörer. So hatten es mir jedenfalls viele Kirchengänger hier im Lande geschildert.

Nach dem „Dienst" saßen der Herr Superintendent und ich noch lange zusammen. Doch über die Lebensversicherung sprach er kein Wort. Am nächsten Morgen verabschiedete er mich sehr still und höflich.

Einmal aber lernte ich einen Dominee kennen, der anders war als alle anderen, die ich bisher kennengelernt hatte. Dieser Dominee wohnte in einem großen Dorf, zu dem ein Schloß mit stattlichen Ländereien gehörte. Der Eigentümer war ein Baron.

Als ich der Einladung des Dominee folgte, um in seiner Kirche zu sprechen, wurde ich sehr freundlich empfangen. Er war wohl schon über siebzig Jahre alt, sah aber aus wie ein Sechziger. Fünfzig Jahre arbeitete er bereits in dieser Gemeinde. Als wir uns etwas unterhalten hatten, nahm er mich mit zur Kirche, die außergewöhnlich schön war. Nachdem er mir alles gezeigt hatte, mußte ich auf die Kanzel treten. Er setzte sich an den entferntesten Platz, und ich mußte sprechen. So examinierte er meine Stimme, bis er fand, daß sie richtig klang.

Am Abend war die Kirche sehr gut besetzt. Die Gemeinde sang ein Lied, und der Dominee hielt eine geistvolle, warmherzige Einleitung, wie ich sie noch nirgendwo sonst vernommen hatte. Aber auch an den Zuhörern war zu spüren, daß hier ein anderer Geist herrschte. Mit meinem gewohnten stillen Seufzer: „Herr, nun rede Du und rette Deine Ehre, indem unglückliche Menschen glücklich werden für Zeit und Ewigkeit!" betrat ich die Kanzel. Und der Heilige Geist hat seine Sache gut gemacht. Das erfuhren wir am folgenden Tag.

Beim Frühstück am nächsten Morgen sagte der Dominee: „Bruder Jantzen, ich schlage vor, daß Sie heute und morgen hierbleiben und mit mir Hausbesuche machen."

Dem stimmte ich zu, und so haben wir zwei Tage lang von morgens bis abends Hausbesuche gemacht. Merkwürdig war dabei für mich zu beobachten, wie freundlich der Dominee von allen begrüßt wurde. Besonders die Kinder, die uns auf der Straße begegneten, liefen mit einem frohen „Opa Dominee" auf ihn zu und warfen sich in seine Arme, wobei er jedem Kind etwas Freundliches zu sagen wußte. Ich dachte: Was für eine herrliche Atmosphäre. So etwas hatte ich noch nirgendwo erlebt. In jedem Haus begrüßten ihn alle, auch die Erwachsenen, als „Opa Dominee". Auch er sprach alle mit dem vertrauten „Du" an. Überall war eine aufrichtige Liebe zu spüren, die ihm entgegengebracht wurde, und auch er teilte Liebe aus.

In den Gesprächen ging es nicht nur um Alltagsdinge, sondern auch oft um geistliche Fragen. Dabei bemerkte ich, daß mein am Abend vorher verkündetes Wort auch wirkte.

Wir besuchten u.a. den alten Gärtner des Schlosses, der im Garten fleißig mit seinem Spaten arbeitete. Als wir zu ihm traten, zeigte der Dominee mit strahlendem, liebevollem Blick auf ihn und sagte: „Bruder Jantzen, dieser Bruder ist in den fünfzig Jahren, die ich hier bin, meine Hilfskraft gewesen, die Gott mit gegeben hat, er ist es noch immer!"

Der alte Gärtner stand etwas verlegen da, zeigte mit dem Finger nach oben und sagte nur: „Guten Tag, Opa Dominee, guten Tag, Bruder Jantzen." Wir wechselten noch ein paar Worte und gingen weiter. Der Dominee erzählte mir dann, daß der Gärtner all die Jahre die Sonntagsschule und den Katechismusunterricht der Jugend geleitet hatte. Die Jugend halte sehr viel von ihm.

Etwa drei Jahre später ist der liebe Mann in die obere Heimat eingegangen; mitbetrauert von der Gemeinde.

Eines Tages besuchten mich vier sehr feine Herren. Der Herr am Steuer des Autos war allerdings ein alter Freund von mir, der mich regelmäßig einmal im Monat besuchte, obwohl er weitab wohnte. Diesmal brachte er seinen Dominee und zwei Kirchenälteste mit. Alle vier gehörten zu der allerstrengsten Gereformeerde „Gemeente". Es gibt vier Richtungen unter den Reformierten, die sich ja alle auf Calvin stützen und somit auch die Vorherbestimmungslehre oder Prädestination streng vertreten. Da mein Freund den anderen Herren mancherlei von mir erzählt hatte, wollten sie mich nun persönlich kennenlernen. Die erste Frage des Dominees lautete: Wie kamen Sie als Missionar zu den Mohammedanern nach Turkestan?

So kurz wie möglich erzählte ich meine Lebensgeschichte, wobei ich in der Hauptsache auf die wunderbare Leitung Gottes in meinem Leben aufmerksam machte. Unter anderem sagte ich, daß ich wohl kaum in die Missionsarbeit gegangen wäre, wenn ich nicht die Gewißheit der Kindschaft Gottes in meinem Herzen gehabt hätte und wenn mich nicht die Liebe Gottes erfüllt hätte.

Leider ist den Vertretern der Prädestinationslehre das Zeugnis der Gotteskindschaft und die Wiedergeburt nach Johannes 3 ganz unverständlich. Sie lehren vor allem die zehn Gebote und begreifen nicht, daß Christus nach Römer 10,4 des „Gesetzes Ende" ist.

Ebenso unbegreiflich blieben dem Dominee und den Ältesten auch die Wunder Gottes in meinem Leben sowie die vielen Gebetserhörungen. Vollends unverständlich war es ihnen, wie ich – ein Nicht-Ordinierter – so viele Gotteskinder getauft hatte, und dann nach Römer 6,4 durch Untertauchen und nicht durch Besprengen.

Da ich in unserem Gespräch so geleitet wurde, immer wieder die freie Gnade durch Jesus Christus zum Ausdruck zu bringen, eine Gnade, die ich ja selbst an mir erlebt hatte, wurden die Herren still und stiller. Schließlich klagte der Dominee darüber, daß durch die Besatzungszeit im Kriege die Menschen so demoralisiert waren, daß viele nicht mehr zur Kirche kommen, und wollte dann von mir wissen, was ich im Hinblick auf eine Neubelebung der Kirchen erwarte.

Darauf erwiderte ich, daß ich die Frage nicht so ohne weiteres beantworten kann, wohl aber der Herr durch sein Wort. Wenn der Dominee es wünsche, würde ich schriftlich antworten. Er war einverstanden, worauf sich die Herren verabschiedeten.

Unser Gespräch hatte vier Stunden gedauert. Nach etwa einer Woche sandte ich ihm die versprochene Antwort auf seine Frage: Ich bat ihn, das ganze Kapitel Jeremia 25 zu lesen. Dazu schrieb ich ungefähr:

„Ich finde, daß mit dem 2. Teil des 29. Verses in dem Kapitel unsere heutige Zeit dargestellt ist, weil Gott der Herr mit den Völkern zu rechten hat. Die Plage, die nach Vers 32 aus der Ferne kommen soll, ist nach meiner Überzeugung der Bolschewismus, der sich zu Unrecht Kommunismus nennt. Vers 25 haben wir buchstäblich in den Jahren 1918 bis 1923 im Osten erlebt. Ich habe gesehen, wie die Erschlagenen und Verhungerten um uns lagen und Gestank verbreiteten. Niemand wußte mehr, wer all die Toten waren; meistens Eingeborene, denen die Regierung alle Lebensmöglichkeiten genommen hatte. Täglich begruben wir die Leichen, wo sie gerade lagen. Auch die weiteren Verse haben wir buchstäblich erfüllt gesehen.

Darum, geehrter Herr Dominee, wenn wir an die Wahrheit der Bibel glauben, dann wissen wir, was wir zu erwarten haben. Es tut uns wohl leid, daß sich die schrecklichen Zeiten gerade während unserer Lebenszeit nahen, aber es unterliegt wohl keinem Zweifel, daß wir in diese Zeiten gekommen sind. Was man erlebt und gesehen hat, bedarf keines Glaubens mehr: Es sind Tatsachen!

Wo sind alle Herden und Hirten im Osten geblieben? Eine Neubelebung der wahrhaft Gläubigen ist ja gekommen, doch zu spät. In den dreißig Jahren des Bolschewismus sind nicht viele Hirten und Herden übriggeblieben. Und was haben sie alle durchmachen müssen, bis sie endlich der Tod erlöst hat! Das alles läßt sich nicht beschreiben. Doch sicherlich werden auch Sie aus manchen Blättern die Berichte der Flüchtlinge lesen, die bestätigen, was ich hier gesagt habe."

Auf meinen langen Brief erhielt ich nur ein kurzes Dankschreiben, ohne daß der Dominee auf die Frage noch einmal eingegangen wäre. Ein Jahr verging. Ich war dann allerdings nicht wenig überrascht, als ich in der Zeitung las, daß eben dieser Dominee vor dem hohen Gericht der Kirchensynode stand, um sich zu verantworten, weil er seit einiger Zeit von der „freien Gnade in Christo, für alle, die ihn annehmen" gepredigt hätte, und das verstieß gegen das feste Dogma der Kirche. Seine Gemeinde, die mehr als 5000 Mitglieder zählte, teilte sich. Dominee K. hatte eine sehr schwere Zeit durchzumachen.

Kapitel 26

# Hilfe in der Not

Es war wohl im Jahre 1931, als ich eine Einladung nach Hilversum bekam. Minister S., der mich irgendwo gehört hatte, und ein Professor G. wollten ein Hilfskomitee für notleidende Christen in Rußland gründen. Ich sollte Mitglied des Komitees werden, um dann als Berichterstatter Interesse für die Zustände in Rußland zu wecken. Ich reiste hin, und das Hilfskomitee wurde gegründet.

Weil nun ein Minister und ein bekannter Professor hinter dieser Arbeit standen, war es auch gar nicht schwer, die Dominees der verschiedenen Kirchen und viele wohlhabende Leute dafür zu gewinnen. Zu diesem Zweck wurden überall Ortskomitees gebildet. Vor der jeweiligen Gründung hielt ich immer einen Vortrag, worauf dann Gelder für notleidende Christen in Rußland eingingen. Mit dem Hauptsekretär, Mijnheer St., reiste ich im ganzen Land umher, so daß ziemlich viele Unterkomitees in Städten und Dörfern entstanden. Die Leitung blieb immer in den Händen von Ortsansässigen, die auch die Geldmittel einsammelten und weiterleiteten.

Mit Hilfe dieser Gelder wurden über die russische „Torgsin" in Moskau für viele tausend Gulden Lebensmittelpakete an Notleidende in Rußland geschickt. Erst im Januar 1936 wurde diese Aktion durch ein Verbot der russischen Regierung beendet. Die Dankesschreiben der Empfänger zeigten, daß die Pakete gut angekommen waren.

Doch ich muß nun an dieser Stelle noch etwas weiter zurückgreifen. Anfang Dezember 1929 fand eine der üblichen Konferenzen in Berlin statt. Kurz vor ihrem

Schluß las ich in der Zeitung, daß tausende Mennoniten aus Rußland herausgekommen waren, die sich teils in Hammerstein, teils in Hamburg aufhielten. Präsident von Hindenburg hatte sich damals für sie eingesetzt.

Mich versetzte der Bericht in große Unruhe. Gleich am folgenden Tag fuhr ich nach Hammerstein, um zu sehen, ob unter den vielen Flüchtlingen auch Bekannte aus Alexanderthal im Alt-Samara-Kreis waren. Ich traf einige Bekannte, aber niemanden von meinen Angehörigen. Also fuhr ich nach Prenzlau. Dort fand ich einen lieben Verwandten, den Prediger und Lehrer Johannes J. Janzen, den jüngsten Bruder meines ehemaligen Mitarbeiters Abram J. Janzen. Er war mit seiner Familie sowie der Witwe und den Kindern Abrams angekommen. Die Witwe Abrams sah so elend aus, daß ich sie nicht wiedererkannte; es mußte mir erst jemand sagen, wer sie war. Mit ihren drei Kindern und noch drei anderen Familien war sie aus Turkestan entkommen. Von meinen Kindern war niemand dabei. Ein harter Schlag für mich!

Mehrere Tage blieb ich bei meinen lieben Turkestanern, und jeden Abend hielten wir in einer großen Turnhalle Abendandacht. Niedergeschlagen und bedrückt reiste ich nun nach Hamburg, um dort im Flüchtlingslager weiter zu suchen; aber auch das war vergebens. Traurig fuhr ich schließlich wieder nach Arnhem zurück.

Im darauffolgenden Frühjahr, im Jahre 1930, fand in Leipzig die Konferenz statt, an der auch Bruder Broadbent mit einigen Brüdern der kirchenfreien Gemeinden aus England teilnahm. Am Schluß der Konferenz bat mich Bruder Broadbent darum, mit ihm zusammen einige norddeutsche Gemeinden zu besuchen. So kamen wir zunächst nach Hamburg. Von dort aus besuchten wir das Flüchtlingslager in Mölln, in dem sich viele Mennoniten aufhielten. Überall fanden Versammlungen statt.

Viele Mennoniten aus diesem Lager waren bereits mit

Hilfe der M.C.C. nach Brasilien gebracht worden; einige auch nach Kanada. Die Witwe Abram Janzen aber wurde zurückgestellt; man ließ sie wegen ihrer minderjährigen Kinder nicht zu ihrer Schwester nach Kanada. Sie hatte das Lager verlassen und arbeitete in Büschen, in der Nähe Hamburgs, in einem Kinderheim. Bruder Broadbent kannte Frau Janzen von Turkestan her sehr gut, und deswegen wollten wir sie besuchen. Wir fanden eine von allzu schwerer Arbeit gebrochene und gebeugte Frau. Die Kinder Arthur und Hermann waren noch schulpflichtig, und die Mutter mußte sehr schwer für die Kost und Wohnung arbeiten. Die älteste Tochter arbeitete ebenfalls in einem Kinderheim und bekam dafür nur Kost und Unterkunft. Wir sprachen der Witwe Mut zu, so gut wir konnten, und Bruder Broadbent half ihr noch mit einer Spende.

Nachdem wir dann noch die Gemeinden in Bremen, Bremerhaven und Emden besucht hatten, reisten wir zurück.

Ein Jahr später erhielt ich einen Brief von meiner Schwiegertochter, der Frau Abrams, aus Turkestan. Damals wurden die Briefe noch nicht zensiert. Meine Schwiegertochter schrieb: „Vor drei Monaten hat man Abram als Gegenrevolutionär ins Gefängnis geworfen. Er wurde schrecklich gefoltert und gequält. Schließlich hat man ihn in einen Keller mit Grundwasser gesperrt, das ihm bis an die Brust reichte. Am vierten Tag hat man ihn dann herausgeholt und erschossen..."

Abram hatte in den früheren Jahren auch mit in der Mission gearbeitet sowie in den Versammlungen von seinem Heiland gezeugt und den Gläubigen mit dem Wort gedient. Er hinterließ nun seine Frau, vier Söhne und eine Tochter. Wie ich noch erfuhr, haben meine Schwiegertochter und ihre fünf Kinder wie Sklaven für die Bolschewisten arbeiten müssen.

Dem Brief war ein kleines Stückchen Papier beigefügt, die Abschiedsworte meines Sohnes Abram für mich. Mit Bleistift hatte er kurz aufgeschrieben, warum er in den Keller gesperrt worden war. Diese wenigen Worte sind für mich so herzzerreißend..., ich habe sie noch, aber ich mag sie nicht wiedergeben...

Nachdem ich seine und meiner Schwiegertochter Zeilen gelesen hatte (meine Schwiegertochter versuchte mich noch zu trösten), brach ich vor Schmerz zusammen. Wie lange ich auf dem Boden gelegen habe, weiß ich nicht. Als ich schließlich zu mir kam, schloß ich die Tür ab und habe dann drei Tage nichts zu mir nehmen können. Schließlich raffte ich mich doch wieder auf, aß etwas und fuhr nach Alphen zu dem mir so vertraut gewordenen Bruder de G., um mit ihm einige Tage in stiller Gemeinschaft zusammenzusein. Das tat mir sehr gut. Aber bald darauf kehrte ich wieder in meine einsame Wohnung nach Arnhem zurück.

Kurz darauf schrieb mir Bruder de G., daß er Urlaub genommen habe, um mit mir zusammen eine Reise nach Deutschland zu machen. Das würde mir sicherlich guttun. Ich sollte schon am nächsten Morgen um 9 Uhr am Bahnhof sein. Das geschah dann auch. Zuerst reisten wir nach Wiedenest zur Bibelschule, die er gern kennenlernen wollte. Natürlich wurden wir von Bruder Warns und allen anderen sehr freundlich begrüßt.

Als ich am folgenden Morgen mit Bruder Warns allein in seinem Studierzimmer saß, sagte er: „Bruder Jantzen, ich muß dich um Rat fragen, wie wir es mit Schwester Janzen machen sollen. Sie ist vor einigen Tagen von Büschen ganz erschöpft hier angekommen und hat mir ihre Not geklagt. Nach Kanada hat man ihr die Einreise verweigert, und die Arbeit in Büschen ist zu schwer für sie. Außerdem ist sie bedrückt wegen der so aussichtslosen Zukunft ihrer Kinder. Als total Fremde ist sie nun hierhergekommen, um Rat zu finden. Weil ihr Mann, den wir ja alle sehr schätzten, unser Schüler gewesen war, haben wir sie bei uns aufgenommen. Und das tun wir ja auch gerne. Aber natürlich fragen wir uns, wie das weitergehen soll. Wir haben doch hier kein Witwen- und Waisenheim. Da habe ich mir nun überlegt: Vielleicht könntest du sie mit nach Holland nehmen und den Brüdern dort sagen, daß sie die Witwe des Bruders Janzen ist und daß für sie gesorgt werden muß. Ich glaube, daß unsere Gemeinden dort diese Aufgabe gerne übernehmen werden."

Ich antwortete ihm: „Lieber Bruder Warns, ich sehe, daß du die holländischen Brüder nicht kennst. Sie werden mir nur sagen: ‚Bruder Jantzen, wo denkst du hin? Haben wir nicht genug Witwen hier, die wir versorgen müssen?' Daraus wird mit Sicherheit nichts."

Mit Schwester Janzen sprach ich auch darüber, aber sie wußte natürlich auch keinen Ausweg.

Bruder de G. und ich blieben noch einige Tage in Wiedenest; denn dort gefiel es dem Bruder so gut, und wir genossen die Gemeinschaft mit den anderen Kindern Gottes. Mich aber bedrückte das Herzeleid um meinen Sohn Abram. Alle versuchten mich zu trösten, aber die Wunde war noch zu frisch. Schließlich mußten wir weiterreisen, weil Bruder de G. noch gerne das Missionshaus in Liebenzell im Schwarzwald kennenlernen wollte.

Vor der Abreise nahm mich Bruder Bohn beiseite und sagte zu mir: „Bruder Jantzen, ich möchte dir etwas sagen. Ich glaube, du mußt die Schwester Janzen nach Holland nehmen, und zwar solltest du sie heiraten. Solange du noch reisen kannst, bist du ja überall gern gesehen. Wenn du aber einmal alt und schwach bist, wer wird dann für dich sorgen und dich pflegen? Darum glaube ich, daß der Herr selbst es ist, der euch beide Fremdlinge zusammengeführt hat, damit einer für den andern da ist."

Als ich das hörte, erschrak ich zutiefst, und es entstand

ein großer Aufruhr in mir, so daß ich Bruder Bohn sagte: „Du bist wohl nicht bei Sinnen?" Doch ruhig und besonnen erwiderte er: „Bruder Jantzen, als einziger Verwandter hast du an den Kindern von Abram Janzen noch eine Aufgabe, der du dich nicht aus Bequemlichkeit entziehen darfst."

Mir ging über allem der Verstand in die Runde, wie man wohl sagt. „Nimm es ins Gebet, was ich dir gesagt habe", war das letzte Wort von Bruder Bohn.

In Liebenzell blieben wir einige Tage und fuhren dann nach Möttlingen, wo zu seiner Zeit Pfarrer Blumhardt große Dinge mit dem Teufel und mit Gott erlebt hatte. Sein Buch über diese Erlebnisse wird wohl den meisten Lesern bekannt sein. Große Wunder und Zeichen, auch viele Krankenheilungen sind dort geschehen.

Als wir dort waren, machte ein anderer Mann in ähnlicher Weise von sich reden. Ich meine Fritz Stanger, meist Vater Stanger genannt. Er war ein starker Trinker gewesen und zur Bekehrung gekommen. So war er ein Beter geworden, durch den Viele Hilfe und ihre Gesundheit wiederfanden. Aus den Mitteln, die ihm auf diese Weise zugeflossen waren, hatte man ein großes Haus – die Arche – gebaut. Dort wohnten ständig viele Gäste und Kranke. Schließlich mußte sogar noch ein zweites Haus gebaut werden, um alle unterbringen zu können.

Bruder de G. und ich blieben zehn Tage in Möttlingen, besuchten einige Male Vater Stanger und unterhielten uns mit ihm. Unter anderem sagte er: „Nun seht euch doch die heutige Christenheit an! Da kommen sie jahraus, jahrein zu dem alten Trinker Stanger und wollen geheilt werden. Als ob er etwas könnte, aber das stimmt nicht. Es ist auch heute noch so, wie Jesus sagt: ‚Dein Glaube hat dir geholfen' und sonst nichts."

Alle Menschen redete er mit „Du" an, und zwar sprach er mit dem württembergischen Dialekt, was oft recht eigenartig klang. Als Bruder de G. und ich bei ihm waren, kam eine Frau, die wohl nierenkrank war und sehr stöhnte. Er sah sie an und sagte:

„Aber Mädel, wo kommst du schon wieder her? Warst doch erst vor drei Tagen hier, und ich habe mit dir gebetet. Du hast gesagt, daß es dir besser geht, und nun kommst du doch wieder und stöhnst? Geh sofort in deine Kammer zurück, und bitte den Herrn um den rechten Glauben, den ich dir ja doch nicht geben kann. Dann komm wieder her, und wir wollen miteinander danken."

Bruder de G. hat sich dort auch sehr wohlgefühlt, während ich immer wieder still seufzte: „Herr, offenbare mir Deinen Willen und sage mir, was ich mit Schwester Janzen tun soll und ihren Kindern." Innerlich dachte ich mit Widerstreben an eine Heirat – bei all dem vielen Leid in meinem Herzen. Und schließlich: Ich war 64 Jahre alt. Durch all mein Ringen kam ich endlich soweit, daß ich sagen konnte: Herr, wenn es doch dein Wille ist, daß wir uns, schon um der Kinder willen, ehelich vereinigen, dann will ich auch meine Freiheit als Witwer auf Deinen Altar legen. Weil Du es willst! Aber dann mußt Du auch für uns sorgen!"

Als wir nach Wiedenest zurückkehrten, besprach ich in diesem Sinn die ganze Sache mit Schwester Janzen und gab ihr drei Tage Bedenkzeit. Wir mußten nämlich wieder nach Holland zurück, weil Bruder de G.'s Ferien abgelaufen waren. Nach drei Tagen kam Schwester Janzen auf mein Zimmer und teilte mir auch ihre Kämpfe mit. Doch auch sie legte alles in des Herren Hand und sagte „Ja".

Darauf gingen wir zusammen zu Bruder Warns und teilten ihm unsere Verlobung mit, worüber er und alle Wiedenester sich sehr freuten. Bruder de G. und ich reisten nach Holland zurück, wo ich dann die Einreisepapiere für die Mutter und die drei Kinder besorgte.

Bald darauf kamen alle nach Holland, und einen Monat später wurden wir getraut. Die Geschwister veranstalteten ein großartiges Hochzeitsfest für uns in unserer Kapelle „Elim“, an dem viele Gäste teilnahmen. Die beiden Jungen Arthur und Hermann kamen auf gute Schulen, und Susie ist Diplomkrankenpflegerin geworden. Der Herr sorgte immer für alles; denn ich hatte ja kein Geld, als wir heirateten. Deshalb mußte ich einfach sagen: „Dann sorge Du, Herr, für uns!“ Er hat es bisher in seiner großen Gnade auch immer getan.

Am Anfang dieses Kapitels habe ich von dem Hilfskomitee für die leidenden Christen in Rußland gesprochen. Über das russische Handelshaus „Torgsin“ wurde vielen Menschen geholfen. So konnte ich auch an meine Schwester in Ak-Metschet Pakete senden, ebenso an meine sechs verheirateten Kinder sowie an viele andere Bewohner der zehn mennonitischen Dörfer in Turkestan.

Doch im Februar 1935 erreichten mich Briefe meiner Geschwister, die von neuen Besorgnissen berichteten. Unter anderem schrieben sie: „Lieber Bruder Jantzen, für uns hier sind neue Zeiten angebrochen. Wenn das so weitergeht, dann besteht unser Ak-Metschet nicht mehr lange.“

Anfang November kam dann wieder ein Brief, aber aus einem ganz anderen Ort in der Nähe von Stalinabad, also ganz nördlich vom Hindukusch-Gebirge. Darin hieß es: „Lieber Bruder Jantzen, du wirst dich sicherlich wundern, daß du unsere Briefe von einer ganz anderen Stelle bekommst. Aber die Sache ist so: Am 15. April wurden wir alle aus Ak-Metschet mit Gewalt vertrieben. Ohne viel mitnehmen zu können, brachte man uns nach Nowo-Urgentsch, wo man uns auf ein Schiff verfrachtete und stromabwärts nach Tschardschin brachte. Dort lud man uns in Viehwaggons und brachte uns in elf Tagen hierher in ein zwar schönes, aber wasserloses Tal und setzte uns hier aus. Nach dem Willen der Regierung sollen wir dort Baumwolle pflanzen. Wie, das wissen wir nicht; denn wir haben weder die notwendigen Geräte noch irgendwelche Kenntnisse.

Während der Reise durften wir die Wagen nicht verlassen; nicht einmal, um frische Luft zu schöpfen. In den Waggons war die Hitze so groß, daß wir bei der Ankunft elf Leichen herausholten, die wir schnellstens begraben mußten. Diese Menschen waren verdurstet, und wir alle waren mehr oder weniger krank und halb verhungert. Das schlimmste aber war – und ist – das unaufhörliche Jammergeschrei unserer armen Kinder: ‚Mutter, Milch, Mutter, Mutter, gib uns doch Brot.‘ Und dazu noch das Stöhnen der leidenden Alten in unserer Mitte. Es ist nicht zum Anhören, und alles Beten scheint nicht zu helfen.

O, lieber Bruder, wenn die Lieben dort in Holland dieses Elend auch nur eine Stunde anhören müßten, dann würden sie mit Sicherheit noch Wege finden, um für unsere Kinder und Greise Büchsenmilch und dergleichen zu schicken. Hilf uns doch – was du nur kannst!“

Da saß ich nun mit diesen Briefen und wußte mir keinen Rat. Unsere Komiteekasse war fast leer, nur etwa zweihundert Gulden waren noch da. In meiner Ratlosigkeit wandte ich mich an das Emigranten-Hilfskomitee der Mennoniten Doopsgesinnden, an Rev. Gorter, einen alten Bekannten, der auch viel für unser armes verjagtes Volk getan hatte. Er bedauerte, mir nicht helfen zu können, weil auch seine Kasse erschöpft war; denn sie hatten erst vor kurzem vierhundert Familien, denen es gelungen war, bis nach Harbin in China zu flüchten, nach Amerika verholfen. Da sagte ich zu meiner Frau: „Wir müssen auf die Knie fallen und beten, denn ich kann es nicht glauben, daß alle unsere Lieben dort ohne jede Hilfe verhungern müssen.“

So beteten wir zwei Tage. „O Herr, der Du so reich

und mächtig bist, erbarme Dich doch und hilf, diese Armen vom Hungertod zu retten."

Dann kam der Briefbote und überreichte uns einen Geldbrief aus der Schweiz. Als ich das Kuvert öffnete, lagen außer dem Brief noch zwei Tausendguldenscheine darin. Die Absenderin, eine Mennonitin, die ich vor einem Jahr auf meinen Reisen in der Schweiz kennengelernt hatte, schrieb: „Lieber Bruder Jantzen! Wie Sie wissen, arbeite ich hier auf der Post. Gestern erhielt ich von einem Unbekannten diese zwei Tausendguldenscheine mit dem hier beigefügten Brief des Gebers. Bitte, lesen Sie den Brief, dann wissen Sie, was Sie zu tun haben. Mit herzlichem Gruß, Frau Gerber."

Der beigefügte Brief lautete: „Geehrte Frau Gerber, ich unternahm vor einigen Jahren eine Urlaubsfahrt nach Holland. Da ich gestern zufällig meine Brieftasche von damals in die Hände bekam, fand ich die zwei Geldscheine, und ich dachte: Was soll ich hier mit dem fremden Geld machen? Ich erinnerte mich, daß bei uns im vorigen Jahr ein Reiseprediger, früher Missionar in Turkestan, über die Not der Christen dort im Osten gesprochen hatte. Ich selbst habe ihn nicht gehört, weiß auch nicht, wo der Mann wohnt; doch nehme ich an, daß Sie es wohl wissen werden, weil er ja auch in Ihrem Ort gesprochen hat. Darum bitte ich Sie, dieses Geld an ihn zu schicken. Allerdings sollten für das Geld sofort Lebensmittelpakete gepackt und den hungernden Brüdern nach Rußland geschickt werden."

Der Brief endete ohne Unterschrift. Da saßen wir nun, meine liebe Lebensgefährtin und ich, und staunten über solche wunderbare Gebetserhörung und beteten ihn an, der unsere Gebete ja schon so oft in unserem bewegten Leben erhört hatte.

Ich setzte mich sofort hin und teilte die zweitausend Gulden so ein, daß 85 Pakete abgeschickt werden konnten. Wußte ich doch von meiner Schwester, daß 85 Ak-

Metscheter an den neuen Ort gebracht worden waren. Ich nehme an, daß man die anderen anderswohin verschleppt hatte.

Diese 85 Pakete sind am 24. Dezember desselben Jahres, also am heiligen Abend, dort eingetroffen!

Etwa Mitte Februar 1936 bekam ich 85 Dankesbriefe, in denen sich jeder auf seine Art bedankte. So hieß es da: „Lieber Bruder Jantzen! Du kannst Dir unmöglich vorstellen, was für eine Freude im ganzen Lager herrschte, als die Pakete ankamen! Jede Familie bekam ein so herrliches Weihnachtsgeschenk mit Büchsenmilch, Mehl, Speck, Fett, Reis, Zucker, Tee, Kaffee und anderen Herrlichkeiten. Da wir nicht so streng bewacht werden, haben wir alle zusammen eine ‚Stille Nacht, heilige Nacht' des Dankes und der Anbetung gefeiert; so wie sie wohl kaum jemals in der Welt gefeiert worden ist. Zwischen unseren Liedern erklangen immer wieder Dankgebete, und wie oft hieß es da: ‚O Herr, vergelte Du doch den lieben Gebern alles, was sie an uns Verstoßenen getan haben, segne sie so, daß sie es fühlen, warum Du sie segnest.'"

Sie baten darum, den Gebern mitzuteilen, was diese Hilfe für sie bedeutete. Denn inzwischen waren noch mehrere Menschen an den Folgen der schrecklichen Reise gestorben oder verhungert. Die Hungersnot sei für alle sehr schlimm – nach wie vor.

So lauteten die letzten Nachrichten, die ich direkt von dort erhielt. Wie froh war ich, als ich durch einen Bericht von Bruder Rempel später erfuhr, daß man ihnen doch noch Pferde, Ochsen und landwirtschaftliche Geräte nachgesandt hatte. Was aus ihnen geworden ist, weiß niemand. Wir können heute nur sagen: Laßt uns beten für jene Helden von Ak-Metschet!

Es war wohl 1940, da erreichte mich ein Brief von einem Verwandten von uns, der in Turkestan geboren und in unseren Dörfern Lehrer gewesen war. Er schrieb, daß man im Jahre 1939 alle waffenfähigen Männer in unseren Dörfern mobilisiert hatte, unter anderem auch ihn. Alle mußten in den Krieg, wo alle, außer ihm und einem anderen, umgekommen sind. Darunter waren auch meine sechs Enkel...

Er schrieb mir aus dem Flüchtlingslager in Gronau, wo er schließlich untergekommen war und in dem er darauf wartete, nach Kanada zu seinen Verwandten auswandern zu können.

Einige Familien sind bereits 1935 zu Pferde aus Aulie-Ata über das Tienschan-Gebirge nach Chinesisch-Turkestan geflohen. Es waren wohl fünfzehn Familien, darunter auch Verwandte von uns, die nach wochenlanger Reise todmüde auf zwei Stationen in Sinkiang Unterkunft fanden. Die eine Station war von norwegisch-protestantischen Missionaren besetzt, die andere von Katholiken. Aber einige Jahre später drangen die Bolschewiken auch bis dorthin vor und veranstalteten hier ein furchtbares Blutbad. Es sollen wohl 170 000 Menschen umgekommen sein, darunter auch alle Männer der fünfzehn Familien. Die Frauen und Kinder konnten in den Missionsstationen Unterkunft finden. Diese Stationen wurden nicht angegriffen, weil sie ausländisches Eigentum waren.

Aber auch da waren die Frauen nicht mehr sicher. Sie gingen noch einmal auf die Flucht und kamen schließlich in Lumpen und völlig entkräftet in Urumtschi an, etwa vierhundert Kilometer weiter östlich. Dort standen sie ratlos auf der Straße, unfähig auch nur ein einziges chinesisches Wort zu sprechen, bis einige europäisch gekleidete Männer auf sie aufmerksam wurden. Die haben sie dann in bestem Plattdeutsch gefragt, wer sie sind und woher sie kommen. Es ergab sich, daß diese Männer zur M.C.C.[6] gehörten. Ihnen erzählten dann die Frauen ihre ganze Leidensgeschichte.

Endlich waren sie in guter Obhut. Die Männer versorgten sie, und nachdem sie sich erholt hatten, wurden sie auf zweirädrigen Karren an der südlichen Grenze der Mongolei entlang über Peking nach Shanghai gebracht. Später sind sie dann von Shanghai durch die M.C.C. nach Kanada gekommen. Unter ihnen waren auch drei Nichten von uns.

Kapitel 27

# Zeuge meines Herrn

In den Jahren vor dem Ausbruch des zweiten Weltkrieges hatte sich durch meinen vielseitigen Dienst in Holland ein internationales Kränzchen gebildet, in dem ich jeden Montag, wenn ich daheim war, eine Bibelstunde hielt. Zu diesem Kränzchen gehörten etwa 45 Kinder Gottes, die aus verschiedenen Kirchen kamen: Baptisten, Darbysten, ein Judenchrist und meine Frau und ich als Mennoniten.

Eines Abends beschäftigten wir uns mit dem erstarrten, toten Christentum und wurden uns einig, um eine Erweckung zu beten. Anfangen wollten wir mit Arnhem.

Am folgenden Montag erschien ein höherer Offizier mit noch einigen Herren, die wir alle nicht kannten. Sie nahmen ruhig Platz und folgten aufmerksam der Bibelbesprechung. Auch während des Gebets blieben sie da. Am Schluß des Zusammenseins trat der Offizier auf mich zu und sagte:

„So wie es mir scheint, sind Sie hier der Leiter. Sagen Sie mal, wollen Sie auf diese Weise hier in unserem so frommen Arnhem, wo es ohnehin schon zu viele Kirchen gibt, noch eine gründen? Ist die Zerrissenheit in unserem Land immer noch nicht groß genug?"

Auf meine lieben Geschwister zeigend, antwortete ich ihm: „Ich kenne Sie nicht, Herr Offizier. Aber bitte, fragen Sie hier jeden Teilnehmer, zu welcher Kirche oder Konfession er gehört."

So erfuhr er, daß sieben verschiedene Richtungen oder Denominationen vertreten waren, was ihn ganz offensichtlich befremdete. Da sagte ich: „Aus allen Gebeten müssen Sie doch gehört haben, daß es sich hier gar nicht um Kirchen oder dergleichen handelt, sondern um die Erweckung unter allen sogenannten Christen – hier in Arnhem und auch sonst im ganzen Land."

Nach einer Weile stillen Nachdenkens sagte er: „Das ist mir alles fremd. Ich möchte mehr davon hören. Würden Sie mich morgen abend um 8 Uhr besuchen?" Das versprach ich ihm, worauf er mir seine Adresse gab.

Als ich am nächsten Abend zu ihm kam, stellte er sich und seine Frau als Glieder der strengen Gereformeerden-Calvinistischen Kirche vor. Ich erklärte ihm nun, wer ich war und wo ich herkomme. Beide hörten interessiert zu. Die Folge war, daß ich viel aus meinem Leben erzählen mußte. Und so konnte ich ihnen auch sagen, wie und wo ich den Heiland gefunden und wie er mein Herz verändert hatte; daß ich dann, ohne einer Missionsgesellschaft unterstellt zu sein, viele Jahre unter den Mohammedanern in Turkestan, im Kaukasus und Bulgarien gearbeitet hatte, allein aus dem brennenden Wunsch heraus, ihnen das Evangelium zu verkünden.

Meine Zuhörer, Kapitän (Hauptmann) W. und seine kluge, verständige Gattin folgten meiner Erzählung aufmerksam. So verging der Abend sehr schnell, und sie baten mich wiederzukommen. Das habe ich auch getan, und allmählich gewann ich ihr Vertrauen.

Einige Monate später kam der Kapitän zu einer gründlichen Bekehrung und wurde nach viel innerem Kampf ein fröhliches Kind Gottes. Später betrat auch seine Frau denselben Pfad.

Nach solchem Erleben waren nun beide Herzen erfüllt von der Liebe Jesu Christi, daß sie überall davon zeugen mußten. Mehrere ihrer Nachbarn kamen zur Bekehrung. Auch organisierten sie in ihrer Wohnung an jedem Mittwochabend eine Zusammenkunft, wo ich dann als ihr „Vater Jantzen" auch anwesend sein mußte. Der Herr hat uns so manchen gesegneten Abend geschenkt.

Doch die Leiter der Gereformeerde Kirche konnten so

etwas nicht verstehen und schickten eines Tages einen fein gekleideten, imposanten Herrn Kirchenältesten zu ihnen. Er wollte wissen, was die Familie W. mit dem alten Russen zu tun hätte, ob die eigene Kirche nicht mehr gut genug für sie sei.

Zufällig (so sagt der Mensch) kam ich gerade in das Haus, hörte an der offenen Tür das angehende Gespräch und hörte auch, wie Herr W. sagte: „Als ich vor meiner Bekehrung fern von Gott war, hat sich kein Dominee oder Kirchenältester um mich gekümmert. Doch jetzt, wo ich nicht mehr mit der Welt lebe und die Versammlungen dieses ‚alten Russen' besuche, durch dessen Mithilfe wir den Heiland gefunden haben, gerät die Kirche in Aufruhr. Aber wie ich sehe, kommt da der ‚Hauptschuldige' gerade in das Zimmer. Haben Sie vielleicht unser Gespräch gehört?"

„Ja, ohne es zu wollen", sagte ich und trat ein. Herr W. reagierte erleichtert. Ich war ja nun informiert, worum es ging.

Da wandte ich mich an den Herrn Kirchenältesten und sagte: „Ich muß annehmen, daß Sie – wenn Sie einmal droben ankommen – sich zuerst nach einer Gereformeerde Kerk umsehen werden; und wenn Sie dort keine finden, dann werden Sie sich wünschen, wieder auf diese Erde zurückzukommen. Der Herr Jesus bedeutet Ihnen offensichtlich sehr wenig; aber uns, den früher verlorenen Sündern, die durch ihn jetzt gerettet sind, ist er unser ein und alles."

Nach diesen Worten sprang der Herr von seinem Stuhl auf und rief: „Das ist zuviel!" und rannte aus dem Hause.

Es war einer dieser Mittwochabende bei Kapitän W. Den Neubekehrten wurde Zeit und Gelegenheit zu einem Zeugnis darüber gegeben, was der Herr Jesus an ihnen getan hatte. Da stand ein früherer Trinker auf, der allen sehr gut bekannt war und sagte:

„Zwanzig Jahre lang habe ich stark getrunken. Meine Frau und Kinder hatten deswegen viel zu leiden. Ich sah meinen Untergang schon vor mir, aber ich konnte die Trunksucht nicht überwinden. In meiner Verzweiflung kam ich einmal hier in diese Versammlung und hörte einige, mir sehr merkwürdig erscheinende Zeugnisse. Einer z.B. sagte: ‚Ich habe viel zu Gott gebetet. Aber das hat mir nichts geholfen, bis ich hier hörte, daß man im Namen Jesu beten muß. Denn Jesus rettet jeden vor dem Verderben, der zu ihm kommt. Das habe ich getan und erfahren, daß der Herr mich errettete.'

Dieses Zeugnis packte mich sehr, und ich sagte zu mir: ‚Das muß ich auch tun.' So bat ich Gott im Namen Jesu, mich doch vom Trinken freizumachen, und er hat es getan. Ich trinke nicht mehr, habe auch keine Sucht mehr danach; ich bin frei geworden durch Jesus Christus, der auch alle meine Sünden am Kreuz auf Golgatha für mich gebüßt hat."

Nachdem er sich gesetzt hatte, stand ein großer, schöner Herr auf und sagte: „Ich bin ein Katholik und muß bekennen, daß ich noch nie in einer protestantischen Versammlung gewesen bin. Weil ich aber in unserer Kirche, die ich immer vorschriftsmäßig besucht habe, in der ich meine schuldigen Beiträge zahlte und die geforderten Fasten hielt, doch nie Frieden gefunden habe – deswegen bin ich einmal hierher gekommen. Hier höre ich nun so sonderbare Dinge, die in mir das Verlangen wachrufen, auch so erlöst und glücklich zu werden."

Dieser Herr kam seitdem regelmäßig zu den Versammlungen und fand schließlich Frieden, indem er ein wirkliches Gotterleben hatte. Das erwies sich darin, daß er bei jeder sich bietenden Gelegenheit, getrieben von der Liebe Gottes in ihm, von seinem Glück sprach. Er wohnte in O., einem größeren Ort.

Etwa ein Jahr nach seiner Bekehrung bekam ich eine Einladung von ihm, an einem bestimmten Abend zu ihm in seine Wohnung zu kommen; er wollte dort eine Versammlung halten und bat mich, meine Frau mitzubringen. Auch Kapitän W. mit seiner Frau war eingeladen.

Wir fuhren mit der Straßenbahn hin. In zwei großen Räumen hatten sich viele Menschen versammelt, die wir alle nicht kannten. Auffällig war, daß da auch ein katholischer Pater und zwei andere Herren, Dominees von der Gereformeerde in der Hervormde Kirche, anwesend waren. Schließlich stand unser Gastgeber auf und sagte:

„Ich bin als guter Katholik geboren und erzogen worden. Als solcher habe ich immer mein Bestes getan, auch der Kirche gegenüber. Aber Frieden habe ich nicht gefunden, trotz aller meiner Mühen. Bis ich dann, ohne Vermittlung durch die Jungfrau Maria, direkt zu ihrem Sohn Jesus Christus gegangen bin. Er hat mir alle meine Sünden vergeben, mich zu einer Neuschöpfung gemacht und mich mit seiner Liebe erfüllt. Nun kann ich es nicht länger ansehen, daß die Menschen hier in meiner Umgebung so gleichgültig durchs Leben gehen, ohne auch nur einmal stillezustehen und auf den Ernst des Lebens achtzugeben. Deswegen bemühe ich mich nach Möglichkeit, mit allen Menschen über den Ernst des Lebens zu sprechen.

Aber ich bin nur ein Laie und verstehe es wohl nicht richtig. Denn sehr oft lachen mich die Leute bloß aus und gehen ihrer Wege. Deswegen habe ich euch heute alle eingeladen, um in eurer Gegenwart die drei Geistlichen in unserer Mitte zu fragen:

Was denken Sie über alle die unsterblichen Seelen, die Ihnen anvertraut sind? Ihr sitzt in Euren Pastoraten, tut am Sonntag den von Eurer Synode vorgeschriebenen Dienst, weil Ihr ja dafür bezahlt werdet. Wie aber steht es mit den Menschen, die Euch anvertraut wurden und die dem Verderben entgegeneilen? Geht Euch das denn nichts an?“

Darauf antwortete der Priester: „Unsere heilige Mutterkirche steht bald zweitausend Jahre für jeden Menschen offen, und unsere Magd Maria ist noch immer bereit, neben allen anderen Heiligen für jeden Sünder einzutreten, der Buße tut und zu ihr kommt."

Unser Gastgeber entgegnete: „Das alles habe ich viele Jahre getan, und ich habe keinen Frieden gefunden, bis ich mich in meiner Verzweiflung direkt an den Herrn Jesus Christus wandte. Er gab mir die rechte Sündenvergebung und Frieden in meine Seele."

Nach ihm sagten die beiden Dominee, kurz und bündig: „Wir tun jeden Sonntag unsere Pflicht in unserem Amt auf der Kanzel, so wie es sich gehört. Wer hören will, der muß in die Kirche kommen. Wir können doch den Menschen nicht auf den Straßen nachlaufen und sie bitten: Kommt doch zur Kirche! Die würden uns wohl schief ansehen und sagen: ‚Wir wissen doch, daß die Kirche offen ist, und wenn wir wollen, dann werden wir kommen; bemühen Sie sich doch nicht weiter um uns.' Und so würden sie uns auf der Straße stehenlassen."

Es war inzwischen spät geworden, und wir mußten uns beeilen, mit der letzten Fahrgelegenheit nach Hause zu kommen. Später erzählte uns der Bruder, daß die „Geistlichen" sich noch viel Mühe gemacht hätten, und er, als Laie, hätte ihnen leider nicht immer recht antworten können. Aber seinen Frieden mit Gott konnten sie ihm nicht nehmen – und dafür war er sehr dankbar!

Kurz darauf mußte ich wieder zu ihm kommen. Als Katholik kannte er sich in der Bibel nicht aus. Er hatte sich eine angeschafft und kam nun mit vielen Fragen.

Stundenlang hatten wir allerlei durchgearbeitet. Dann wollte er wissen, wie er sich einem NSB (holländische Nazi) gegenüber verhalten sollte, der in seiner Nähe wohnte. Dieser NSB würde verfolgt, weil man ihn als Landesverräter ansah. An sich sei er aber ein lieber Mann. Immer wieder hätte er sich gedrängt gefühlt:

„Gehe hin und erzähle dem Mann, wie glücklich dich der Herr Jesus gemacht hat und daß man deshalb auch keine politische Partei nötig hat." Dieser Stimme war er gefolgt und hatte mit dem Mann gesprochen. Und deswegen würden ihn nun wiederum die anderen verfolgen. Sie behaupten, er sei auch NSB und staatsgefährlich.

„Nun, Vader Jantzen, sagen Sie mir: Darf ich mit dem Mann nicht mehr über Jesus sprechen? Muß ich ihn so weitergehen lassen, darf ich ihn nicht warnen?"

Ich erwiderte: „Mein lieber Freund, der Herr Jesus verkehrte auch immer mit den verachteten Zöllnern, die im römischen Staatsdienst standen und darum in den Augen der Juden auch Landesverräter waren. Darum verfolgten sie auch Jesus und sagten: ‚Er ist der Zöllner- und Sündergeselle' und hielten ihn für einen Kollaborateur und haben ihn schließlich ans Kreuz gebracht. Aber er ließ nicht nach in seinem Umgang mit den Zöllnern und Sündern, denn es ging ja um ihre Seelen. Deswegen mein Rat: Gehen Sie zu dem Mann, und reden Sie mit ihm über sein Seelenheil, wenn Gottes Liebe Sie dazu drängt. Das müssen Sie tun, ungeachtet aller drohenden Gefahren."

Froh bedankte sich mein Freund und besuchte auch weiter den Mann. Aber der liebevolle, so einfache Bruder hat durch allerlei Schmähungen der „Geistlichen" wie auch von anderen Mitbürgern viel zu leiden gehabt.

Es ging dem Bruder so, wie das oft der Fall ist. Wo immer ein Mensch eine wirkliche Begegnung mit Gott hatte und somit durch den Heiligen Geist das Zeugnis der Gotteskindschaft, da kann er nicht schweigen, sondern muß davon zeugen. Und dann gibt es Verfolgung.

An einem anderen Mittwochabend saßen wir – an die dreißig Personen – wieder bei Herrn W. Wir warteten auf ihn, denn er war noch nicht heimgekommen. Seine

Kompanie stand etwa fünfzehn Kilometer von Arnhem entfernt am Grebbe-Berg, wo später die schrecklichsten Kämpfe zwischen den Holländern und Deutschen stattfanden. Plötzlich trat er in seiner militärisch-strammen Art ein und begrüßte uns alle mit einem kräftigen Händedruck. Dann trat er an mich heran, faßte mich mit seiner starken Hand, zog mich an seine Brust, umarmte mich und sagte:

„Hier, meine Damen und Herren: Kapitän W., holländischer Patriot und Militarist, und in seinen Armen Vader Jantzen, ein Antimilitarist – und doch beide eins in Christo! Ist es so, Vader Jantzen, ja oder nein?"

„Ja", antwortete ich mit kräftiger Stimme, worüber sich viele der Anwesenden verwunderten und fragten: „Wie ist das möglich?"

Meine Antwort war: „Ich bin Zeuge und habe es miterlebt, als der Heilige Geist Gottes unseren lieben Kapitän W. zu einer Neuschöpfung machte. Seitdem ist er ein fröhliches Gotteskind, gerade so wie auch ich. Darum sind wir eins in Christo, der auch ihn durch die Wiedergeburt aufgenommen hat – obwohl er ein Militarist ist. Wer aber bin ich, daß ich ihn von mir abweisen könnte? Paulus lehrt uns nach Römer 17,7: ‚Nehmt einander auf, wie auch Christus euch zur Verherrlichung Gottes aufgenommen hat.' Was seinen Militarismus anbelangt, da weiß ich, daß er den Heiligen Geist in sich hat, der auch ihn nach Johannes 16,15 in alle Wahrheit leiten wird, aber zu seiner Zeit."

Bald nach diesem Abend kam Kapitän W. mit seinem Wagen zu meinem Haus und bat mich, mit ihm zum Grebbe-Berg zu fahren, um dort zu seiner und auch anderen Kompanien zu sprechen; und abends noch besonders zu den Offizieren im Casino. Ich stimmte zu und fuhr mit ihm. Dort mußte ich mit ihm zusammen wohnen und auch seine Mahlzeiten teilen, die er auf sein Zimmer bringen ließ. Nur das Mittagsmahl wurde gemeinsam mit der Kompanie in einem großen Saal eingenommen. Vor Beginn stand der Kapitän auf, alle folgten. Er dankte laut dem Herrn und bat um seinen Segen für die Mahlzeit. Dann nahmen wir alle Platz, und meist wurde die Mahlzeit dann still genossen.

Nach der Mahlzeit nahm jeder Soldat seine Bibel zur Hand, die der Kapitän für jeden gekauft hatte. Der Kapitän stand auf, schlug einen Text vor, sprach anschließend einige Worte und schloß mit einem Gebet. Dann erteilte er noch dienstliche Befehle, gab seine Anordnungen und jeder ging an seine Arbeit.

Wenn ich vor der Kompanie stand und zu ihnen sprach, waren alle immer sehr aufmerksam. Unter den Soldaten waren sehr viele Katholiken, die mit der Bibel nicht viel anzufangen wußten. Abends, nachdem ich auch im Casino gesprochen hatte, kamen einige Soldaten, vor allem auch Katholiken, zu mir, um über alle möglichen geistlichen Fragen zu sprechen.

Weil der Grebbe-Berg ein strategisch wichtiger Punkt war, arbeiteten in der Umgebung Tag und Nacht viele Tausende an Laufgräben und Bunkern. Es war Anfang 1940, und Hitlers Heere kamen immer näher an die Grenze Hollands. Niemand traute den Versicherungen Hitlers, daß seine Truppen niemals in Holland einmarschieren würden, wie er immer im Radio bekanntgab.

Herr Kapitän W. hatte diese Verteidigungsarbeiten nach einem vorgeschriebenen Plan zu leiten. Deswegen war er viel unterwegs, wobei er mich mitnahm und mir alles zeigte. Ich mußte immer wieder darüber staunen, was alles gebaut wurde, und fragte ihn, ob das nach seiner Meinung die Deutschen zurückhalten würde. Er schüttelte den Kopf und sagte: „Nein, die fliegen über uns fort nach Rotterdam, Den Haag und an die Nordsee. Inzwischen räumen sie hier mit uns auf. Aber das wird viele Menschenleben kosten.“

Kapitel 28

# Krieg in Holland

Weil ich am 10. Mai in Alphen sein sollte, brachte mich Kapitän W. am 9. Mai abends nach Hause. Alphen liegt ungefähr hundert Kilometer von Arnhem entfernt. In A. logierte ich bei dem lieben Bruder L. de L., von dem ich ja schon früher berichtet habe. Etwa gegen zwei Uhr nachts wurden wir wach. Hunderte von Flugzeugen flogen über uns weg, Bomben und Kanonen dröhnten. Es war Krieg!

Als es Tag wurde, sahen wir Tausende von deutschen Soldaten auf Motorrädern durch Alphen fahren, während von Leyden her ununterbrochen Kanonen donnerten. Bald danach sahen wir schwarzen Rauch in den Himmel steigen. Rotterdam brannte.

Ich lief schnell zum Bahnhof, um nach Hause, nach Arnhem, zu fahren. Aber ich bekam keine Fahrkarte, weil im ganzen Lande kein einziger Zug mehr fuhr. Am anderen Tage versuchte ich, meine Frau telegrafisch zu erreichen – aber ich bekam keine Antwort. Weil Alphen keine große Stadt ist, lag hier kein Militär, und es wurde auch wenig geschossen. Nur ein paar Häuser wurden von den Bomben zerstört. Aber drei Tage lang wimmelte es von deutschen Soldaten und Panzerwagen.

Schon am 14. Mai ergab sich Holland der deutschen Übermacht.

Nachdem ich zwölf Tage in Alphen festgesessen hatte, konnte ich endlich nach Hause fahren und wurde dort mit großer Freude von meinen Lieben begrüßt. In Arnhem war nichts zerschossen, allerdings hielten die Deutschen die Stadt besetzt. Wie in Rußland wurde auch hier sehr bald die Gestapo aktiv. Man mußte vorsichtig sein mit dem, was man sprach.

Ich bemühte mich sehr, mit meinem lieben Kapitän W. in Verbindung zu kommen, denn ich hatte gehört, daß um den Grebbe-Berg vier Tage und Nächte gekämpft worden war. Man hatte mir allerdings auch berichtet, daß er am Leben war. Einige Wochen später traf ich ihn daheim – aber wie verändert und gealtert sah er aus! Er erzählte mir, wie seine und die anderen Kompanien gekämpft hatten. Die Hälfte seiner Leute hatte er verloren. Am schrecklichsten sei gewesen, daß die Deutschen nach dem vereinbarten Waffenstillstand, dem die Holländer nachkamen, noch 35 Mann in eine Scheune gesperrt, diese geschlossen und dann angezündet hätten. Seine Soldaten waren darin verbrannt.

Seine Trauer, Verzweiflung, sein Schock seien so groß gewesen, daß er – als ihn seine Frau mit viel Mühe aufgespürt hatte – sie noch zwei Tage später nicht erkannt hatte.

Als wir beide dann allein waren und zusammen auf dem Sofa saßen, fragte ich ihn: „Sagen Sie mal, lieber Bruder W., ist Krieg von Gott?"

„Nein", antwortete er mit seiner Kommandostimme.

„Von wem ist er denn?" fragte ich weiter.

„Vom Teufel!" rief er noch lauter.

„Gut, nun sagen Sie mir, darf ein Kind Gottes daran teilnehmen?"

„Nein!" rief er ganz entschieden.

Da dachte ich bei mir: Er ist geheilt. Bald darauf nahm er seinen Abschied und zog nach Haarlem, wo ich ihn später besuchte.

In diese Kriegszeit fällt noch ein besonderes Erlebnis, das festgehalten zu werden verdient.

Es war wohl im Jahre 1942. Arnhem war vollgestopft mit deutschem Militär. Die Juden mußten einen großen gelben Stern auf der Brust tragen, und allen Bürgern war es strengstens verboten, mit den Juden zu verkehren oder sie zu beherbergen. Die Geheime Staatspolizei (Gestapo) spionierte Tag und Nacht in der Stadt herum. Niemand fühlte sich mehr sicher, die geringfügigste Anklage konnte zur Erschießung führen.

Aber unsere Bibel- und Gebetsstunden gingen an jedem Montag weiter. Die Stadt mußte am Abend vollständig verdunkelt werden, in keinem Hause durfte sich ein Lichtschimmer zeigen.

Eines Abends kam ein junger, hübscher Jude, etwa dreißig Jahre alt, zusammen mit einem anderen Juden, der schon früher bekehrt, getauft worden war und seit vielen Jahren zu unserer freikirchlichen Gemeinde gehörte. Ohne den Stern auf der Brust schlichen sie sich durch die dunklen Straßen bis zu unserer Wohnung. Wir wohnten im ersten Obergeschoß. Unten wohnte eine jüdische Familie, die uns wohlgesonnen war. Oft gingen wir in später Abendstunde noch zu ihnen und sprachen dann – auf der Grundlage von Jesaja 53 – von dem Messias Jesus Christus. Die Tochter dieser Familie öffnete abends die Tür und ließ Besucher zu uns herein. An jedem Montagabend übernahm sie freiwillig diesen Wachtdienst an der Außentür, um uns zu warnen, wenn Gefahr drohte. Aber wir sind nie gestört worden.

Dieser junge Jude kam seitdem regelmäßig an jedem Montag und erlebte schließlich Gott in seinem Herzen. Er hatte das Zeugnis der Gotteskindschaft, wovon er mit großer Freude sprach. Freilich wünschte er sich mehr Bibelunterricht, und zwar so oft wie möglich. Er sagte: „Ich weiß, wir Juden hier in Holland sind doch eines Tages alle verloren. Deswegen fühle ich mich verpflichtet, unter meinem Volk von dem Messias Jesus Christus zu zeugen, durch dessen Geist ich ein Kind Gottes geworden bin, und zwar so lange, bis man mich vernichtet."

Meine Vorhaltung, daß es doch sehr gefährlich sei,

am Abend durch die Straßen zu schleichen, hielt ihn nicht ab. Er kam trotzdem.

Ich weiß nicht mehr, wieviele Wochen alles gutging. Von Beruf war er Drucker. Sein Vater hatte eine große Buchdruckerei in Arnhem. Die Hetze gegen die Juden nahm immer mehr zu. Viele wurden nachts abgeholt und verschwanden für immer. Ihre Häuser mit all ihrer Habe wurden beschlagnahmt.

Inzwischen ließ sich mein lieber jüdischer Bruder taufen, und mit großer Freudigkeit bezeugte er auch seinen Eltern und den anderen Juden das, was ihm durch Jesus Christus, dem Messias, zuteil geworden war. Früher wäre er mit Sicherheit aus seiner Familie und Gemeinde ausgestoßen worden; doch jetzt, wo sich alle in ständiger Lebensgefahr befanden, wagte niemand, gegen ihn vorzugehen; vielmehr hörten sie ihn gern von seinem Glück sprechen.

Schließlich geschah es dann doch. Eines Abends wurde die ganze Familie – Eltern, Kinder und Großkinder, darunter auch dieser junge Mann – fortgebracht, die Druckerei mit allem Inventar beschlagnahmt.

Etwa ein Jahr später erhielten wir auf großen Umwegen einen Brief von unserem jüdischen Bruder aus Südpolen. Das war die letzte Nachricht von ihm. Was mit ihm und seiner Familie geschehen ist, können wir uns denken.

Nach dem Krieg stellte sich heraus, daß mindestens 110 000 Juden aus Holland verschleppt worden waren, die nie zurückgekehrt sind.

Von 1940 an, dem Beginn des Krieges, blieb Holland fünf Jahre unter deutscher Besatzung. Was wir in dieser Zeit Schweres erlebt haben, gehört nicht hierher. Manches war so schrecklich, daß ich es nicht beschreiben mag. Der Herr ist der Richter.

Doch wegen des Krieges hörten meine Reisen nach Deutschland und in andere Länder vollständig auf. Aber auch in Holland bin ich nur sehr wenig gereist. Bis zum September 1944 konnten wir in Arnhem immer die wöchentlichen Bibel- und Gebetsstunden halten. Dann setzte eine elftägige, furchtbare Bombardierung durch die Alliierten ein, die Tag und Nacht dauerte. Wir wohnten mitten in der Stadt und erwarteten in jedem Moment unser Ende.

Während einer kurzen Waffenruhe kam ein sehr strenger Befehl der Deutschen, die Stadt sofort zu verlassen. Nur 5 kg Gepäck durfte jeder mitnehmen. Alle Türen mußten offenbleiben. Innerhalb von vier Stunden hatten die Einwohner die Stadt zu räumen.

Meine Frau und ich flüchteten nach Velp, einem Dorf, das sechs Kilometer von Arnhem entfernt liegt. Die Straßen waren schwarz von Menschen. Weil uns von Velp andauernd Panzerwagen entgegenkamen, die von feindlichen Fliegern beschossen wurden, kamen auf dieser Flucht sehr viele um.

Nach acht Tagen mußten wir auch Velp verlassen und wurden in das 25 Kilometer entfernte Dörfchen Doetinchem gebracht.

Auf der Flucht war ich herzkrank und bettlägerig geworden. Doch Dr. B. behandelte mich, und bald konnte ich wieder aufstehen. Bis zum 26. Februar blieben wir in dem Dörfchen. Es war ein kalter Winter mit viel Schnee. Holz oder Kohlen gab es nirgendwo zu kaufen; auch fast keine Lebensmittel mehr.

Im tiefen Schnee gingen meine Frau und unsere Gastgeberin, die am Ort Lehrerin war und die wir von Arnhem her kannten, in die waldreiche Umgebung und sammelten Brennholz. Doetinchem war auch besetzt, und alles stand unter deutschem Kommando. So mußten auch alle Bürger Laufgräben und Verschanzungen bauen. Tag und Nacht hörte man in der Umgebung die Bomben der Alliierten einschlagen. Wie oft bebte auch unsere Wohnung!

Wir hätten wohl – wie so viele andere – in dem Winter verhungern müssen, wenn ich nicht in vielen Ortschaften und Dörfern von früher her Bauern kannte, die uns heimlich mit Brot, Milch, Eiern, Butter und anderen nahrhaften Sachen versorgten. In den Großstädten sind in diesem Winter Tausende verhungert.

Aber auch in unserem Dorf wurde das Bombardement immer stärker. Häuser stürzten ein, und ihre Bewohner wurden in den Trümmern begraben. Am 26. Februar riß man uns nachts aus den Betten. Wir mußten den Ort verlassen und weiter in den Norden der Provinz Friesland flüchten.

Mit großer Mühe gelang es meiner lieben, starken Frau, daß wir in einem geschlossenen Frachtauto unterkamen, weil ich krank war. Am folgenden Morgen erreichten wir Heerenveen. Wir atmeten auf, weil es da so ruhig und still war. Kein Schießen hörte man mehr.

Hier in Friesland kannte ich durch meine früheren Besuche auch viele Menschen, und so fanden wir schließlich im Dorf Echten bei einem lieben, gläubigen Bauern Unterkunft. Er teilte alles mit uns, was er hatte, so daß wir wirklich nie gehungert haben. Auch leitete der Herr es so, daß wir jeden Sonntagmorgen im Hause Versammlungen haben konnten, woran 20 bis 25 Personen teilnahmen.

Bald erholte ich mich wieder, so daß ich der Aufforderung eines Dominees folgen konnte, abends in seiner Kirche zu sprechen. Der Herr war mächtig in der Versammlung: Eine Seele kam zum wahren Glauben, etwas, was die Leute sehr verwunderte, weil es das in ihren Kirchen nicht gab. Und so sah alles in höchster Verwunderung hoch, als diese Seele nach dem Schlußgebet rief: „Ich bin verloren, ich bin verloren! O könnte ich doch mit Ihnen sprechen!“ Das ist auch geschehen, und sie kam zum vollen Frieden.

Ungefähr ein halbes Jahr blieben wir in Echten. Der

Krieg war vorbei. Dann kam aus Arnhem Nachricht, daß wir in unsere Wohnung zurückkehren könnten, sie sei wieder bewohnbar. Also reisten wir ab.

Aber wie erschraken wir, als wir unsere Wohnung sahen! Alle Türen und Fenster waren zertrümmert, das Dach durchlöchert, so daß man die Sonne dadurch scheinen sah. Lediglich ein Zimmer war noch einigermaßen wasserdicht. Schränke, Kommoden, Schreibtisch, alles Verschließbare war aufgebrochen und leer. Kein Bettzeug mehr da; nur einige leere Bettstellen, zwei Tische und einige Stühle. Weder Wasserleitung noch Licht funktionierten. Alles war vernichtet und alles, aber auch alles gestohlen, geraubt. – Das machte mich wieder krank.

In dieser Zeit besuchten uns ganz kurz unsere lieben Retter C.F. Classen und die Geschwister P. Dyck aus Kanada. Doch sie hatten nur sehr wenig Zeit.

Zu meinem großen Leid war auch meine geliebte Konzertzither mit allem Zubehör verschwunden; meine alte, so gut klingende Zither, die mich auf allen meinen vielen Reisen durch Europa in meinem Koffer begleitet hatte und die so manchen Abend in der Dämmerstunde durch ihren schönen, sanften Klang mein oft aus vielen Wunden blutendes Herz wieder zu einem Blick nach oben angeregt und so in die rechte Stellung gebracht hatte! Für meine unmusikalischen Leser klingt das wohl reichlich sentimental, nicht wahr? Aber das macht nichts.

Angesichts der chaotischen Verhältnisse in unserem Haus und traurig über den Verlust so vieler lieber Dinge, schrieb ich an unseren Freund D.v.de V., der uns schon oft eingeladen hatte, zu ihm zu ziehen. Er wohnte etwa hundert Kilometer von Arnhem entfernt bei Wilms. Der liebe Freund holte uns mit unserer kümmerlichen restlichen Habe zu sich. Hier haben wir drei Jahre und drei Monate bei den lieben Menschen gewohnt, bis sich endlich in der Nähe von Hilversum eine passende Wohnung für uns fand. In ihr habe ich auch den größten Teil dieser Memoiren geschrieben.

Wohl ist es um uns etwas einsam; aber wir wohnen in einem schönen Wald. Die Geschwister D. v. de V. besuchen uns oft, und vor allem bleibt der geistliche Kontakt untereinander.

Kapitel 29

# Dienst in den Nachkriegsjahren

Lediglich zwanzig Minuten Fußweg von uns entfernt liegt ein schönes Dorf mit Bahnverbindung, wodurch uns der Verkehr nach draußen erleichtert wird. Umgekehrt können auch uns so manche Freunde besuchen. Mitunter erhalte ich Einladungen und werde abgeholt, wo seelsorgerlicher Dienst zu tun ist, so daß mir immer noch die Möglichkeit bleibt, meinen Zeugenberuf auszuüben.

Eines Tages schickte Dominee Ter L., der hiesige Pfarrer, seinen Wagen zu mir und ließ mich bitten, ihn sofort zu besuchen, wenn ich nur könnte. Er hätte einen Herzanfall gehabt, und der Arzt habe ihm von seinem nahenden Ende gesprochen. Doch daß er mich gerade jetzt, in dem kritischen Moment seines Lebens bei sich haben wollte, verwunderte mich, zumal er wußte, daß ich kein Kirchenmann bin, sondern – wie man hier in Holland sagt – ein „Freibeuter". Sofort setzte ich mich in den Wagen und fuhr hin. Seine Frau empfing mich und führte mich an sein Bett, auf dem er ohne besondere Schmerzen lag. Er freute sich, daß ich so schnell gekommen war. Ich mußte mich zu ihm ans Bett setzen, und er erzählte mir, was geschehen war und was der Doktor gesagt hatte. Da hätte er nun nachdenken müssen, was seine Seele wohl nötig habe. Und weil er mich gut kennen würde, hätte er sich gewünscht, mich bei sich zu sehen.

Ich fragte ihn: „Was kann ich denn für Sie tun? Ich nehme an, daß Sie an die vierzig Jahre als Dominee das Wort Gottes verkündigt haben?"

„Das ist alles gut und richtig! Aber ich sehe, daß ich gar nicht so mit Gott in Kontakt stehe wie Sie. Ich muß bekennen, daß ich nach diesen vierzig Jahren ausgepredigt bin. Und das sind Sie nicht, wie ich sehr wohl bemerkt habe. Dabei stehen auch Sie mehr als vierzig Jahre im Dienst."

„Dominee, es fällt mir schwer, Ihre Fragen zu beantworten, weil ich befürchten muß, daß Sie mich doch nicht verstehen. Denn unser beider Werdegang war doch grundverschieden. Sie haben auf einer theologischen Schule eine von Menschen zusammengestellte Theologie gelernt. Aber Theologie ist ja Gottesgelehrtheit, und das bedeutet für mich, von Gott selbst empfangene ‚Gelehrtheit'.

Von Anfang an, als ich durch Gottes Gnade eine Neuschöpfung wurde, habe ich alles, was mein geistliches Leben betrifft, direkt von ihm erbeten. Und er hat mich in allem unterrichtet, was ich nötig hatte oder noch habe. Aber diese theologische Schule ist mir mein Leben lang schwer geworden, denn der Abstand des Schuljungen oder – meinetwegen – des Studenten gegenüber Gott, diesem allerhöchsten Lehrer, ist zu groß. Wie kann ein so geringes zeitliches Geschöpf, der Mensch, den ewigen Gott und Schöpfer verstehen? Das ist ganz unmöglich. Wenn ich so festfahre, nehme ich schnell mein altes Lehrbuch, die Bibel, Gottes Wort. Da finde ich in Johannes 16,13 von dem Herrn Jesus selbst gesagt, daß der Heilige Geist uns in alle Wahrheit leiten wird.

Doch wie oft in meinem Leben mußte ich feststellen, daß ich den Geist der Wahrheit nicht verstand. Dann suchte ich weiter in der Bibel. Da heißt es im Jakobusbrief 1,5: ‚Wenn jemand Weisheit nötig hat, der bitte darum, und Gott gibt einfältig jedermann und hält nicht zurück.' Diesem Rat bin ich gefolgt, und ich folge ihm noch immer, und zwar auf allen Gebieten des Lebens, besonders den geistlichen.

Werde ich zum Beispiel aufgefordert, in einer Kirche zu sprechen, da ist mir bewußt, daß ich die Gemeinde ja nicht kenne. In der Stille meines Herzens sage ich dann zu meinem Lehrer: ‚Herr, Du weißt, was vor mir liegt. Ich soll vor einer Gemeinde auftreten, was ich nicht verweigern kann. Du weißt aber, wie dürr und leer ich bin. Darum bitte ich Dich, fülle Du mich mit Deinem Geist und sprich Du doch zu der Gemeinde und rette die Ehre Deines Namens durch das Wirken Deines Heiligen Geistes auf die Zuhörer, gebrauche dafür meinen Mund.‘

In diesem Vertrauen zu Gott rede ich dann nicht als ein hier auf Erden gelehrter Dominee, sondern als Zeuge Jesu Christi von ihm, wie ich ihn ja selbst in meinem ganzen Leben auf dem Missionsfeld und hier in Westeuropa erlebt habe.

Lieber Dominee, auf diese Weise habe ich überall bei meinem Auftreten die Herrlichkeit des Herrn erleben dürfen, erwiesen durch das Wirken des Heiligen Geistes unter den Zuhörern, wie auch bei mir selbst. Denn ich erfahre ihn jedesmal wieder persönlich; sonst bin ich nichts als ein dürrer Stab und ohne Wert. So erfahre ich dann, daß Gott mein stilles Gebet vor der Versammlung erhört, wodurch er mir immer herrlicher wird. Es ist mir unverständlich, daß Gott sich mir so oft offenbart. Aber je länger ich es erfahre, um so größer wird mir mein Lehrmeister, und ich erkenne immer mehr, wie ungöttlich ich bin. Trotzdem erhört er meine Gebete und führt mich auch im natürlichen Leben wunderbar.“

Hierauf sagte der Dominee mit einem tiefen Seufzer: „So etwas kenne ich leider nicht. Aber ich würde es gerne kennenlernen.“

„Mein lieber Dominee, ich möchte Ihnen ein merkwürdiges Erlebnis erzählen, das vielleicht etwas Licht auf Ihre Fragen wirft.

Wie Ihnen bekannt ist, sind meine Frau und ich immer noch Kriegsevakuierte aus Arnhem. Als solche beziehen wir von dort unsere Zuteilungskarten, weil wir ja dort eingetragen sind. Ein Freund von mir dort hat die Vollmacht, für uns die Karten jeweils zu besorgen. Er schickt sie uns mit der Post. Es war im Jahre 1947, als wir bei Freund D.v.de V. wohnten. Da sagte eines Tages Mutter zu mir, daß sie wieder mal für sechs Tage nach Den Haag fahren möchte, wo unser verheirateter Sohn mit seiner Frau wohnt. Das tat sie dann auch und reiste an einem Mittwoch ab.

Am nächsten Tag, Donnerstag, kam ein Expreßbrief von meinem Freund in Arnhem, in dem er schrieb: ‚Lieber Freund Jantzen, ich schreibe wegen der Karten. Es ist eine neue Verordnung herausgekommen, wonach jeder Kartenbesitzer bei der neuen Ausgabe die oberste Reihe von den abgelaufenen Karten vorlegen muß, sonst bekommt er keine neuen Karten. Er muß sich dann zwei Monate ohne Karten behelfen oder hungern. Darum schicken Sie mir schnellstens die oberste Reihe von Ihren zwei Karten.‘

Als ich das gelesen hatte, fragte ich unsere Wirtsfrau, ob unsere Karten im Hause waren oder ob Mutter sie gar mitgenommen hatte, um sie eventuell in Den Haag zu gebrauchen. Es stellte sich heraus, daß sie die Karten mitgenommen hatte. Das machte mich unruhig. Unser lieber Hauswirt ging in sein Kontor, um unseren Hermann anzurufen, damit die Mutter sofort mit den Karten heimkommen sollte. Aber er kam unverrichteter Sache zurück, weil er Hermann nicht erreichen konnte. Darüber wurde es Abend, und ich wurde immer unruhiger. Ich konnte einfach nicht schlafen, denn ich sagte mir: Wenn ich die Abschnitte nicht am Morgen um zehn Uhr mit der Post abschicken werde, dann haben wir zwei Monate lang keine Karten – mit allen damit verbundenen üblen Folgen.

In meiner Ratlosigkeit wandte ich mich in altgewohnter Weise an den Herrn und sagte: ‚Herr Jesus, Du hast im Evangelium Johannes 14,6 gesagt, daß Du der Weg und die Wahrheit bist, und in den Versen 13 und 14 sagst Du: Was ihr bitten werdet in meinem Namen, das will ich tun. So sagst Du zweimal ohne Einschränkung. Darum bitte ich Dich nun in Deinem Namen, schicke mir meine Frau mit den Karten morgen früh vor zehn Uhr zurück. Denn Du siehst, Herr, daß wir ohne die Karten nicht leben können.'

Darauf schlief ich ein. Auf einmal stieß mich jemand in die Seite, und eine Stimme fragte: ‚Schläfst du noch?'

Ich öffnete meine verschlafenen Augen und sah meine Frau vor mir stehen. Erstaunt richtete ich mich auf und fragte: ‚Warum bist du jetzt schon nach Hause gekommen?' Sie antwortete: „Genau weiß ich das selbst nicht. Aber gestern abend entstand plötzlich eine große Unruhe in mir, und immer wieder hieß es in mir: Du mußt morgen früh mit dem ersten Zug nach Hause fahren. So bin ich eben abgereist, ohne zu wissen, warum oder wozu."

Ich schaute auf den Wecker, es war halb zehn Uhr. Schnell stand ich auf, zog mich an, und erklärte meiner Frau dabei, warum sie nach Hause kommen mußte. Dann machte ich die Papiere fertig. Um zehn Uhr kam der Postbote und nahm die Post mit. Einige Tage später erhielten wir die neuen Karten. Das ist Gotterleben, und davon muß ich zeugen, weil ich es selbst erlebt habe."

Voller Staunen rief der Dominee: „Das ist doch stark, das müssen meine Frau und meine Schwägerin auch hören. Bitte, rufen Sie die beiden Frauen doch herein."

Nun mußte ich die ganze Geschichte noch einmal erzählen, und auch die beiden Frauen sagten: „Das ist aber wirklich sehr stark."

Ich erwiderte: „Das alles ist geschehen im Beisein von Freund Dirk und seiner Nels wie auch meiner Frau. Da sie ja auch oft herkommen, können Sie sich bei ihnen erkundigen."

Nachdem ich noch mit ihnen gebetet hatte, dankten sie mir für den Besuch und das Zeugnis, und der Wagen brachte mich wieder heim.

Es war wohl auch im Jahre 1947, als uns der Hauptsekretär des ehemaligen Rußland-Hilfskomitees, Herr St., besuchte. Er ist ein Gereformeerde, ein lieber strenggläubiger Mann. Kurz vor seiner Abreise sagte er zu mir:

„Lieber Vader Jantzen, ich habe noch eine sehr ernste Frage an Sie. Wir so fanatisch Gereformeerde stehen heute vor der für uns Patrioten so schwierigen Frage: Wie muß ein Christ die politisch Schuldigen behandeln, die doch Landesverräter sind, aber nun nach mehrjähriger Gefangenschaft entlassen werden?"

Meine Antwort war: „Mein lieber G., das ist doch sehr einfach. Wir müssen erst feststellen, wer und was ein Christ ist. Ein Christ ist doch nur der, der im Jahr zwei Geburtstage feiern kann, d.h. als einer, der wirklich wiedergeboren ist, so wie es das Johannes-Evangelium fordert. Wie wichtig die Wiedergeburt ist, erkennen wir ja an dem wiederholten ‚Wahrlich, wahrlich' des Herrn Jesus. Wenn der Mensch auf diese Weise ein Kind Gottes geworden ist, dann hat er das ewige Leben, er bekommt Anteil an Gott. Mit der Wiedergeburt bekommt er auch des Vaters Geist und Natur, und die ist nur Liebe, denn Gott ist Liebe.

Diese Gesinnung hat sein Sohn Jesus Christus gezeigt, als er in Palästina war. Er scheute sich nicht vor dem Umgang mit den politisch Belasteten und Kollaborateuren, und das waren die Zöllner, die in römischen Diensten standen. Auch sie galten als Landes- und Volksverräter. Doch der Herr Jesus war kein Politiker. Ihm ging es um die Seelen dieser Zöllner und Sünder. Aber genau das haben die damaligen Dominees, die Theologen und Schriftgelehrten, die mit sich selbst zufriedenen Pastoren, nicht verstanden. Und deshalb brachten sie ihn, der nur Gutes getan hatte, ans Kreuz auf Golgatha. Und das aus Neid. Sie verspotteten und lästerten ihn noch, als er schon in unaussprechlichen Qualen am Kreuz hing.

Und was sagte er? ‚Vater, vergib ihnen, denn sie wissen nicht, was sie tun!'

Das ist die Natur Gottes, die über der menschlichen Natur ist. Das war die Natur Jesu Christi, seine Gesinnung, von der wir in Philipper 2 lesen, wo uns gesagt ist, daß wir sollen ‚also gesinnt sein, wie Jesus Christus auch war'. Wer solche Gesinnung hat, der weiß auch, wie er sich zu politisch Belasteten stellen, ihnen begegnen soll."

Nachdenklich ging mein Gast im Zimmer auf und ab, blieb schließlich vor mir stehen und sagte: „Wenn ich in einer Woche meinen Wagen schicke, werden Sie dann mit mir kommen und einige Abende über dieses Thema vor unseren Gereformeerden sprechen? Ich will es dann so einrichten, daß Sie jeden Abend andere Zuhörer haben, denn es scheint mir doch ein wichtiges und ernstes Thema zu sein."

Diese Aufforderung nahm ich an, und tatsächlich wurde ich am bestimmten Tag abgeholt. Vier Abende sprach ich zu den Gereformeerden und anschließend noch vier Abende zu den Hervormeden. Damit nicht genug, wurde ich auch noch aufgefordert, vier Abende zu den Lutheranern zu sprechen. Verabredungsgemäß stellte Herr St. vor jedem Vortrag die Frage: „Wie muß ein Christ die politisch Belasteten, aus dem Gefängnis Entlassenen empfangen?"

Ich antwortete immer in der oben angeführten Weise. Darauf folgten erregte Debatten und Aussprachen, so daß manche Versammlung bis 23 Uhr abends dauerte. Die Debatte am ersten Abend leitete ein hoher Offizier mit den folgenden Worten ein:

„Mijnheer Jantzen, Ihrer Antwort nach sind Sie ein Antimilitarist, vielleicht sogar ein Mennonit. Doch ich bin auch ein Christ und als solcher der Obrigkeit untertan, nach Römer 13,1. Als holländischer Patriot habe ich am Grebbe-Berg gegen die ‚Moffen' (Schimpfname für die

Deutschen) bis zum bitteren Ende gekämpft. Mit dem König David, der ein Mann nach dem Herzen Gottes war und doch viele Menschen getötet hat, sage ich: ‚Ich hasse ja, Herr, die Dich hassen, und es verdrießt mich an ihnen, daß sie wider Dich setzen. Ich hasse sie im rechten Ernst, sie sind mir zu Feinden geworden.‘ So geht es mir auch mit den Landesverrätern und Verbrechern."

Ich antwortete: „Dann sind Sie kein Christ, denn Christus, der eingeborene Sohn Gottes, der viele Jahrhunderte nach David auf diese Erde kam, brachte eine neue Botschaft vom Vater und verbot seinen Jüngern, das Schwert zu nehmen. Er sagte: ‚Stecke dein Schwert in die Scheide; denn wer das Schwert nimmt, wird durch das Schwert umkommen.‘ Auch sagte der Herr in Matthäus 5,44: ‚Liebet eure Feinde, segnet, die euch hassen, bittet für die, so euch beleidigen und verfolgen, auf daß ihr Kinder seid eures Vaters im Himmel.‘"

Der Offizier wandte ein: „Wie soll man es dann verstehen, daß ein Gideon, Saul, David und andere so viele Kriege nach dem Willen Gottes geführt haben, und jetzt auf einmal heißt es anders?"

„Israel war und ist das Volk Gottes im Alten Bunde, und als solches bekam es Befehl von Gott, seinen souveränen Beschluß auszuführen. Er sollte die heidnischen Völker in und um Kanaan ausrotten. In der Bergpredigt sagt der Sohn Gottes: ‚Ihr habt gehört, daß (zu den Alten) gesagt ist: Du sollst deinen Nächsten lieben und deinen Feind hassen! Ich aber sage euch: Liebet eure Feinde usw.‘ Daraus geht hervor, daß für das alttestamentliche Volk Gottes ein anderes Gebot bestand als für das neutestamentliche. Hier heißt es: ‚Stecke dein Schwert in deine Scheide, und liebe deine Feinde.‘"

Der Offizier erwiderte darauf: „Ich stelle mich – ebenso wie unsere christliche Regierung – auf den Standpunkt Davids." Meine Antwort war: „Sich christlich zu nennen, bedeutet noch nicht, ein Kind Gottes zu sein. So wie Sie kein Jude sind, wenn Sie sich an Davids Seite stellen. Denn Sie haben kein jüdisches Blut in sich. Wenn Sie aber ein Christ sein wollen, für Sie aber nur das Alte Testament gültig ist, dann ist Christus für Sie vergebens gestorben, und damit ist Ihr Standpunkt im Blick auf die Zukunft sehr dunkel."

So endete unser erster Abend. Innerlich war ich sehr traurig, es jammerte mich um diesen Mann und die große Finsternis hier im Lande.

Die folgenden elf Abende verliefen ähnlich. Jeden Abend waren etwa 30 - 35 Bürger anwesend, studierte, wohlhabende Leute, und die Debatten verliefen immer in derselben Form, nur die Gruppen wechselten. Keine Frage: Es waren viele fromme, aufrichtige Seelen darunter, doch sie alle sind so in althergebrachten Traditionen, kirchlichen Dogmen und Formen befangen, daß kaum einer die Bibel ohne Voreingenommenheit lesen kann. Ein Dominee, Professor und Doktor der Theologie, Dr. G. in A., sagte einmal:

„Holland ist ein Ketzerland, denn jeder, der über theologische Fragen anderer Meinung ist als ich, ist doch ein Ketzer. Wir müssen sehr dankbar sein, daß wir eine freidenkende, sich christlich nennende Regierung haben, die uns vor Scheiterhaufen beschützt sowie jede Religion und Lehre duldet. In unserem kleinen Land mit zehn Millionen Einwohnern haben wir mehr als hundert verschiedene Richtungen zum Himmel. Jeder Außenstehende muß sich da doch ratlos fragen: ‚Welchen von den vielen Wegen muß ich nun wählen, um in den Himmel zu kommen? Wo doch jeder behauptet, daß sein Weg der rechte ist?'

Da wir aber im Lande auch noch etliche von den Konfessionslosen haben, mit tüchtigen, geistbegabten Evangelisten, wozu auch die Heilsarmee gehört, so kommen doch immer noch Menschen zur Bekehrung. Aber soviel ich weiß, gehen sie nie zur Kirche."

Alle diese mehr als hundert Richtungen stützen sich auf den Namen Jesu Christi. Alle haben die Bibel als ihre Norm, und doch versteht einer den anderen nicht. Jede Richtung hat irgendeinen Teil der Wahrheit zum Steckenpferd gemacht, womit man sozusagen durchs Land reitet und alle anderen verurteilt. Und so streitet jede Richtung gegen alle anderen, und jeder findet dafür eine Begründung in der Bibel.

Den Anfang dieses Elends hat der Apostel Paulus schon in Korinth erlebt. In 1. Korinther 3, 3-4 bezeichnet Paulus sie als „Menschen gewöhnlichen Schlages“ (nach Menge), Luther sagt dazu „Fleischliche“. Und niemand merkt, daß jede Überbetonung eines Teils der Wahrheit ein den Geist tötendes Gift ist. Die Krone von allem ist die Selbstzufriedenheit ob dieser guten christlich-ethischen Erziehung, die man genießt und die für Familie und Staat ja so wertvoll ist. Dabei ist es gar nicht das ewige Leben, von dem Jesus zu Nikodemus sprach. Spricht aber nun jemand aus Überzeugung von dem inneren Besitz des ewigen Lebens, dann wird das gleich als menschliche Prahlerei bezeichnet.

Jede Kirche hat auch ihre eigene Synode mit ihren eigenen theologischen Beratungen, in denen die Dogmen zusammengestellt werden, die keine Kritik erlauben. Diese Dogmen oder Lehrsätze stehen höher als die Bibel. Obwohl solche Beratungen mit Gebet eingeleitet werden, wo auch um die Leitung des Heiligen Geistes gebetet wird, so weiß ich doch nicht, was ich davon halten soll. Bedenkt man: Über hundert Richtungen mit ebenso vielen Synoden, die alle im „Namen Jesu Christi“ gehalten und geleitet werden – und sich doch nicht untereinander verstehen, sondern einander bekämpfen?!

Das hat mich zu der Überzeugung gebracht, daß augenscheinlich der Heilige Geist von allen diesen Richtungen dank ihrer verschiedenen Dogmen sozusagen in Banden gelegt wird. Also kann der Heilige Geist nicht führen, weil menschliches Besserwissen und Rechthaberei ihn nicht zu Wort kommen lassen. Daher auch die furchtbare Zerrissenheit in der Christenheit!

Den Gott der Liebe, geoffenbart durch seinen lieben Sohn Jesus Christus, der am Kreuz starb, um alle eins zu machen, hat man nicht verstanden! Sonst könnten doch solche Zustände nicht bestehen.

In diesem gastfreien Holland wohne ich nun mehr als zwanzig Jahre und habe Land und Leute liebengelernt. An vielen theologischen und anderen Glaubenskonferenzen habe ich teilgenommen. In den kirchlichen Kreisen war und bin ich der unverstandene Fremdling, aber in den kirchenfreien Gemeinden bin ich zu Hause. Da versteht man mich. Hier steht auch die Liebe Gottes an der Spitze, weil jeder Gott und seine neuschaffende Kraft im eigenen Herzen erfahren hat. Da findet man keine überlegene Selbstzufriedenheit, denn als Gottes Kinder sind sich alle bewußt, von Gott begnadigte Sünder zu sein, die auch bei Meinungsverschiedenheiten einander in Liebe tragen und sich vertragen.

Anders in den Kirchen, deren allgemeiner Zustand oft nicht erkennbar ist. Der an die Verordnungen und Regeln seiner Synode gebundene Dominee tritt mit der vorher gut durchdachten und aufgeschriebenen Predigt auf die Kanzel und trägt diese Predigt vor. Gewöhnlich ist sie reich gespickt mit Fremdwörtern, die einfache Zuhörer gar nicht verstehen; dazu oft mit viel Pathos und entsprechenden Gesten aufgeputzt, umrahmt von allerlei schönen Gesängen und Orgelbegleitung. Und dann kehrt die Gemeinde nach Hause zurück und weiß nichts mit dem Gehörten anzufangen. Man ist schließlich damit zufrieden, daß der Dominee sie einige Male mit Bruder und Schwester anredet und entnimmt daraus, daß man es ja wohl ist. Denn der Dominee ist doch ein gelehrter Mann, dazu hat er ja studiert, sein Wort gilt.

In den letzten fünf Jahren, seit ich aus Arnhem flüchtete und auf dem Lande wohne, bin ich an den Sonntagen öfter mit dem Volk zur Kirche gegangen. Auf dem Rückweg wollte ich dann von den Gottesdienstbesuchern wissen, was sie persönlich an diesem Morgen für ihre Seele bekommen hätten. Dann bekam ich fast immer diese Antwort:

„Ach, Mijnheer Jantzen, das kann ich Ihnen nicht sagen, denn der Dominee spricht oft mit solchen unverständlichen Worten, daß man es nicht begreifen kann. Wir gehen jeden Sonntag zur Kirche, weil es sich so gehört und unsere Eltern es uns gelehrt haben. Wenn wir einen Sonntag nicht dort waren, so fehlt uns in der Woche etwas. Wir sind doch Christen und müssen darum sonntags in der Kirche sein."

Dann sprach ich weiter und versuchte mit einfachen Worten, sie auf den Ernst des Lebens aufmerksam zu machen, und ging dazu über, von der neuschaffenden Kraft des Wortes Gottes durch den Heiligen Geist zu erzählen. Das hörten sie gern, doch meistens begriffen sie nicht, was gesagt wurde.

Das holländische Landvolk, die Bauern, sind ein ehrliches, treuherziges Volk und sehr religiös veranlagt. In jedem Hause, wo wir waren, gab es auch eine Bibel. Nach jedem Essen nimmt der Hausvater die Bibel und liest einen Abschnitt laut vor. Dann falten alle die Hände, und nach einem stillen Gebet geht jeder an die Arbeit. In manchen Familien betet aber der Hausvater vor und nach dem Essen laut.

Die ganze Lebensart unter diesen Bauern zeigt mir, daß unsere Mennoniten aus diesem Volk und Land stammen.

Mit dem Kirchen- und Richtungsstreit der Theologie gibt der Bauer sich nicht ab, und die Dominees sind froh, wenn an den Sonntagen die Kirche gut besetzt ist. Oftmals sagte ich dann: „Ja, es ist hier doch so viel besser als in Rußland, wo die Kirchen und Gotteshäuser zerstört sind und der Gottesdienst verboten ist."

In diesem Lande ist Gott doch noch bei den meisten Bürgern eine Autorität. Auch gibt es hier viele christliche Schulen sowie theologische Hochschulen, wo die Dominees ausgebildet werden. Sie lernen die Bibel gut kennen und lernen gut reden. In diesen Fächern haben es die meisten Dominees weit gebracht. Doch wie schön wäre es, wenn sie auch die Kunst lernten, von dem ewigen Leben zu zeugen, von dem der Herr Jesus zu Nikodemus spricht. Aber das lernt man nicht in der theologischen Schule, sondern nur durch Gott selbst und seinen Heiligen Geist.

Es war noch vor dem Kriege, da wurde ich von einem Hilfsprediger eingeladen, der in Arnhem in unserer Nähe wohnte. Ich sollte ihn besuchen, weil ein junger Theologe zu ihm gekommen war, mit dem er sich keinen Rat wußte.

Ich ging hin und fand zwei feingekleidete Herren vor mir, in der üblichen schweren Tracht. Bald erfuhr ich, in welcher Angelegenheit sich man von mir einen Rat erhoffte. Beide Herren waren etwa dreißig Jahre alt und hatten einige Jahre Theologie studiert. Aber nach langer Wartezeit hatten sie noch keine Anstellung gefunden. Darüber waren sie ziemlich verbittert und wollten nun meine Meinung über ihre Lage hören. Ich sagte:

„Meine geehrten Herren, bevor ich Ihnen eine Antwort auf Ihre Frage gebe, möchte ich Sie fragen: Sind Sie auf den Ruf des Herrn hin in die Schule gegangen? Zog Sie der Heilige Geist dorthin, weil Sie Gottes Kinder sind?" Ich bekam nicht gleich Antwort. Beide schauten mich befremdet an und fragten endlich, wie ich das wohl meine. Ich antwortete: „Wir lesen doch im Evangelium Johannes, wie in einer Nacht Nikodemus zum Herrn Jesus kommt und wie der Herr Jesus zu ihm sagt: ‚Es sei denn, daß der Mensch wiedergeboren ist, anders kann er das Reich Gottes nicht sehen.‘ Dem Herrn Jesus ist diese Sache so ernst, daß er sie zweimal mit ‚Wahrlich, wahrlich‘ bekräftigt.

Darum frage ich Sie: Haben Sie solche Wiedergeburt durch den Heiligen Geist erlebt? Wenn ja, dann wird er Sie auch als seine Zeugen brauchen können; denn der Herr Jesus sagte bei seinem Abschied von den Jüngern: ‚Ihr werdet meine Zeugen sein.‘ Was der Herr Jesus an sich von den Dominees in der damaligen Zeit hielt, hat er dem Nikodemus gezeigt und klargemacht.“

Darauf fragten sie mich erstaunt und fassungslos: „Woher kommen Sie eigentlich? Ganz offensichtlich gehören Sie keiner Kirchengemeinschaft an, sind aber doch Geistlicher, wenn auch kein Dominee.“ Darauf erzählte ich kurz, wo ich geboren war und gelebt hatte und wie ich mit Gott persönlich in Berührung gekommen war. Dann meinte ich:

„So hat sich Gott meiner erbarmt um Jesu Christi willen und mich durch seinen Heiligen Geist zu seinem Kinde gemacht, um nun dieses Erleben als sein Zeuge an andere weiterzusagen. Diese Änderung hat mein ganzes Ich-Leben – oder anders gesagt, mich selbst – gekostet. Weil nun der Heilige Geist in mir alles bestimmt und leitet, gibt er auch die Kraft, seinen Willen auszuführen. Weil ich aber noch in diesem zeitlichen, verdorbenen Fleische bin, kommt es mir leider noch oft vor, daß ich die Stimme des Heiligen Geistes nicht deutlich vernehme. Und dann strauchele und falle ich. Weil nun für den Heiligen Geist jede – auch die geringste – Sünde, ein Fremdkörper ist, muß sie sofort aus dem Weg geschafft werden. Und das wird sie, wenn ich meine Schuld vor Gott bekenne; aber auch vor Menschen, wenn ich gegen sie gefehlt habe. Mein himmlischer Vater vergibt mir dann um Jesu willen, der mein Vermittler ist. Und dann erfüllen Friede und Freude erneut mein Herz.

Dies, meine lieben Herren, ist die Veränderung, die der Herr dem Nikodemus als Wiedergeburt bezeichnet. Da wird alles neu, und die Sünde hat keinen Raum mehr. Da wird dann auch die Liebe Gottes ins Herz ausgegossen, die Liebe zu Gott und seinem Sohn Jesus Christus, unserem Vermittler.

Was mich persönlich betrifft, so bin ich täglich in dieser theologischen Schule und erfahre, daß dieses Fleisch unverbesserlich ist, und mein ganzes Bestreben ist, nur ihm, meinem lieben teuren Heiland, zu gefallen und ihn nicht zu betrüben. Wenn das nämlich geschieht, ist der Friede fort, und ich sitze sozusagen ‚gottlos' im Dunkeln, und das ist schrecklich. Weil ich im Laufe meines Lebens mich immer mehr kennengelernt und dabei gesehen habe, wie ungöttlich und kraftlos ich bin, wodurch ich manche bittere Erfahrungen gemacht habe, so übe ich mich darin, was der Herr Jesus uns zu tun lehrt: ‚Betet ohne Unterlaß'.

Dann aber spreche ich auf meine Art im Geiste mit Gott. Denn sobald ich nicht lese, schreibe oder mit jemandem spreche, mehr noch, nicht nach oben schaue oder spreche, so beginnt die Hölle von unten an zu sprechen. Und dann ist es bald um mich geschehen, denn der Macht der Hölle bin ich nicht gewachsen. Dann falle ich aus einer Angst in die andere! Und deshalb strebe ich danach, immer mit Gott im Kontakt zu bleiben. Nicht, um durch gute Werke und frommes Leben mir den Himmel zu erwerben, sondern um meinen Erretter Jesus Christus, der mich mit seinem teuren Blut erkauft hat, nicht zu betrüben. Darum trachte ich immer danach, nahe bei ihm zu sein, wodurch ich ihn dann auch in den vielen Jahren oft in sehr wunderbarer Weise erlebt habe. Um Ihnen das alles zu erzählen, würde ich viel Zeit brauchen. Doch ich habe ihn erlebt, und deshalb bin ich nun sein Zeuge.

Darum möchte ich Ihnen raten, meine lieben Herren:

Sorgen Sie dafür, daß Sie Johannes 1,12 und 13 wirklich in Ihrem Herzen erleben. Dann können Sie zwei Geburtstage in jedem Jahr feiern, einmal den natürlichen, an dem sie von Ihrer Mutter geboren wurden, und den anderen, an dem Sie durch den Heiligen Geist Gottes zu einer Neuschöpfung wurden, der Ihrem Herzen dann das Zeugnis gibt, daß Sie Gottes Kinder sind nach Römer 8,16. Und so wie Sie dann bei dem Herrn Jesus bleiben, werden Sie ihn täglich immer wieder erleben, zum Zeugnis für Sie selbst wie auch für andere Menschen.

Was schließlich Ihre Anstellung als Dominee betrifft, das überlassen Sie dann ruhig dem Herrn. Er weiß am besten, wo er Sie gebrauchen kann. Der Herr macht seine Sache durch den Heiligen Geist immer gut; auch wenn wir ihn in unserer menschlichen Beschränktheit manchmal nicht recht verstehen. Je wirklicher wir mit Gott verkehren, um so mehr werden wir erleben und verstehen lernen, daß Gott Licht ist. In dem Licht werden wir in uns immer kleiner, er aber wird uns größer und herrlicher und gibt uns so immer Licht auf unserem Weg. Der Überfluß seiner Gnade wird dann so groß sein, daß wir nicht die dem entsprechenden Dankesworte finden können. Das habe ich so in der Vergangenheit erfahren, und ich erfahre es noch immer."

Hier schloß ich unser Gespräch ab. Geduldig hatten mir die beiden zugehört, aber sie waren befremdet, standen auf und sagten: „So etwas kennen wir nicht."

Wir verabschiedeten uns, und ich habe leider nie wieder etwas von ihnen gehört.

# Schluß

Meine lieben Leser, in all den Jahren, die ich in Westeuropa lebte, wo ich viele Konferenzen und andere Zusammenkünfte besucht habe und viele hochstehende und hochangesehene Theologen kennenlernte, bin ich schließlich darauf gekommen, daß man mit dem Herrn Jesus selbst und seiner Lehre nicht zufrieden ist. Deswegen wendet man sich dann zu Männern wie Luther, Calvin und vielen anderen und sucht deren Meinung. Aber den Geist der Wahrheit, von dem der Herr Jesus in Johannes 16,13 spricht, kennt man nicht. Zwar sprechen die Theologen und Dominees auch manchmal über den Heiligen Geist oder auch von Jesus, aber sie kennen ihn nicht!

Wenn man all die Zerrissenheit und die vielen Gruppen betrachtet, so kann ich nur annehmen, daß nur wenige im Lande die Bibel vorurteilslos lesen. Ich weiß nicht, ob man mich versteht.

Angesichts dieser Zustände leide ich innerlich sehr schwer, denn ich habe das Volk hier liebgewonnen.

Aber nicht nur das macht mir viel Schmerz. Wenn ich an den Osten denke, an meine Kinder, Enkel und viele Verwandte, die vielleicht inzwischen alle umgekommen sind, an die Völker, die unter den chaotischen Zuständen des Bolschewismus leben; wenn ich die politische Zerrissenheit der Völker beobachte, aus der die Menschheit keinen Rat mehr weiß, dann will mir fast das Herz brechen, und meine Seele schreit Tag und Nacht mit den Worten des Dichters:

„Liebster Herr Jesu, wo bleibst du so lange?
Komm doch, mir wird's hier auf Erden so bange.
Komm doch, und wenn es dir also gefällt,
nimm mich von dieser angstvollen Welt!"

Ich nehme an, daß es angesichts dieser Zeit vielen Kindern Gottes so geht wie mir. Über 84 Jahre habe ich hier auf Erden gelebt und manchen Sturm durchgemacht, so daß ich mir oft keinen Rat mehr wußte. Aber ich kam zu dem Endziel, über das ein Dichter, dem es wohl ähnlich erging wie mir, so fein sagte:

„Durch manche Länderstrecken
trug ich den Wanderstab;
von mancher Felsenecke schaut ich ins Tal hinab;
doch über alle Berge, die ich auf Erden sah,
geht mir ein stiller Hügel, der Hügel Golgatha!

Er ragt nicht in die Wolken mit eisgekrönter Stirn;
er hebt nicht in die Lüfte die sonn'ge Alpenfirn;
doch so der Erd' entnommen und so dem Himmel nah',
bin ich noch nie gekommen, wie dort auf Golgatha!

Dorthin mein Erdenpilger, dort halte süße Rast;
dort wirf dem Sündentilger zu Füßen deine Last;
dann geh und rühme selig, wie wohl dir dort geschah:
Der Weg zum Paradiese geht über Golgatha!“

Dies ist der Ausklang meines Pilgerlebens. Die lange, oft so sturmvolle Reise hat meinen Körper ganz zermürbt und so müde gemacht. Als letzte Begleiter stellen sich allerlei Altersbeschwerden ein. Die Füße sind geschwollen und wollen nicht mehr, das Gehör läßt nach, die Augen werden immer trüber, die Hände zittern. Alles das sagt mir, daß meine Zeit auf Erden bald abgelaufen ist. Je älter ich werde, um so fremder fühle ich mich auf Erden, so daß ich starkes Heimweh habe.

Bald kommt der Herr, mein Heiland, und holt mich nach Hause, ins Vaterhaus, wo kein Erdenleid mehr das Herz beschwert. Auch keine Sünde wird dort mehr sein. Aber so lange ich noch hier bin, geht der Zeugen- und

Seelendienst an allen Bedürftigen weiter. Als ich noch meine Zither hatte, sang ich mit Vorliebe das Heimwehlied von Karl Gerok:

Ich möchte heim! Mich zieht's zum Vaterhause,
dem treuen Vaterherzen zu.
Fort aus der Welt verworrenem Gebrause
zur sel'gen, süßen Himmelsruh!

Mit tausend Wünschen bin ich ausgegangen,
heim kehr ich mit bescheidenem Verlangen;
noch hegt mein Herz nur einer Hoffnung Keim:
Ich möchte heim, ich möchte heim!

Ich möchte heim! Ich sah in selgen Träumen
ein hehres, bessres Vaterland;
dort ist mein Teil in ewig lichten Räumen,
hier hat die Seele keinen Stand.

Der Lenz ist hin, die Seele schwingt die Flügel
der Heimat zu, weit über Tal und Hügel.
Sie hält kein Jägergarn, kein Vogelleim:
Ich möchte heim, ich möchte heim!

Ich möchte heim! Das Schifflein sucht den Hafen,
das traute Bächlein läuft zum Meer;
das Kindlein legt im Mutterarm sich schlafen;
mein müder Leib will auch nicht mehr.

Manch Lied hab ich in Lust und Leid gesungen,
wie ein Geschwätz sind Lust und Leid verklungen.
Im Herzen bleibt mir noch der letzte Reim:
Ich möchte heim! Ich möchte heim!

Meine lieben Leser, dies sind etliche Erinnerungen aus meinem Leben. Zunächst ohne Gott, was mich heute noch schmerzt. Obwohl er mir alle meine Verirrungen vergeben hat, kann ich doch nie meine eigenwilligen Wege vergessen. Dann aber auch ließ ich euch teilnehmen an meinem Leben mit Gott, wie ich ihn erlebte, wie er mich wunderbar getragen, geleitet und oftmals errettet hat, so daß ich schon lange nicht mehr weiß, wie ich ihm für alles danken kann. Was sind menschliche Dankesworte gegenüber seinen Gnadenbeweisen! Doch weil seine Gnade viel größer war als alle meine Sünden und Abweichungen und ich darum auch einen ganz besonders großen Herrn und Heiland habe, bring ich ihm hier schon Dank und Anbetung aus vollem Herzen, oft ohne hörbare Worte. Er sieht und kennt mein Herz. Die eigentliche Anbetung kommt erst droben von unbeschreiblichen, heiligen Lippen. Und darauf freue ich mich!

# Stationen im Leben Hermann Jantzens

1866 – Am 28. Mai in Hahnsau, einer Mennonitensiedlung in Südrußland, geboren (am Trakt, an der Wolga)
1880 – Übersiedlung nach Mittelasien
1882 – Bekehrung und Taufe
1883 – Als Dolmetscher am Hofe des Khans von Chiwa (sieben Jahre)
1887 – Heirat
1890 – Übersiedlung nach Aulie-Ata, Nikolaipol
1891 – Übersiedlung nach Orloff
1892 – Als Förster im Staatsdienst
1895 – Die Verschwörung von Aulie-Ata
1898 – Moslem-Aufstand in Andischan
1910 – Ausscheiden aus dem Staatsdienst, Arbeit als Missionar
1911 – Besuch der Allianz-Bibelschule in Berlin
1913 – Gemeindedienst in Ak-Metschet
1916 – Jamuden(Turkmenen-)Aufstand in Chiwa, Kirgisen- und Kasachenaufstand
1917 – Russische Revolution, Jantzen als Delegierter in den Sowjet gewählt
1918 – Zum Tode verurteilt, Flucht in die Berge
1919 – Gefängnis
1920 – Reise nach Moskau
1922 – Erneute Verhaftung, Todesurteil
1923 – Aus der Haft entlassen, Reise nach Deutschland
1928 – Tod der Frau Jantzens
1929 – Missionsreise nach Bulgarien, Übersiedlung nach Holland
1931 – Heirat (die Witwe seines früheren Mitarbeiters Abram Janzen)
1959 – Am 13. November in Hilversum, Holland, gestorben

# Nachwort

Am 13. November 1959 starb Vater Hermann Jantzen im Alter von 93 Jahren in Hilversum, Holland; der müde Pilger durfte endlich zu seiner Ruhe bei Jesus eingehen. Noch kurz vor seinem Tode hatte seine Frau in einem Brief an einen seiner Freunde geschrieben: „Heute sagte er mir: ‚Ich liege und denke und warte ab.‘ ‚Was denkst du?‘ fragte ich. ‚Ich denke an die vielen Kirgisen in Turkestan, die auch alle eine lebendige Seele haben, und niemand ist da, der ihnen den Weg zeigt zum Herrn Jesus.‘“

Jantzen verwendet in seiner Autobiographie meistens den Ausdruck „Kirgisen“, auch wenn er die Kasachen meint. Er ist darin aber nicht immer ganz konsequent, so daß nicht in allen Fällen feststeht, welches der beiden Völker er meint. Vor der Revolution haben diese Völker sich selber allerdings auch nicht so stark voneinander in ihrem Selbstverständnis unterschieden. Der Unterschied zwischen den „Ansässigen“, den Städtern und Dorfbewohnern, den Bauern und Handwerkern, auf der einen Seite und den stolzen, freien Nomadenvölkern auf der anderen Seite spielte damals eine viel größere Rolle – und ihrer beider Identität als Moslems im Gegensatz zu den „ungläubigen“ Europäern.

Usbekisch, Tadschikisch, Kasachisch und Kirgisisch sind wohl die vier Sprachen Mittelasiens, die Jantzen beherrscht hat (außer natürlich Russisch, Hochdeutsch, dem mennonitischen „Plautdietsch“ und später Holländisch.

Dank seiner Jugend – vor allem aber seiner einzigartigen Ausbildung am Hofe des Chans von Chiwa – besaß Hermann Jantzen wichtige Voraussetzungen und erwarb sich Einsichten, Fähigkeiten und Kenntnisse, die ihn wie kaum sonst jemanden für seinen später so fruchtbaren Missionsdienst unter den vielen verschiedenen Moslemvölkern Mittelasiens befähigten. Nicht weniger ausschlaggebend aber war sein Verständnis – schon damals! – für einen Tatbestand, der erst in den letzten Jahren neu entdeckt und unter Missionsfachleuten zur großen Mode geworden ist. Gemeint sind die Prinzipien der „kulturüberschreitenden Kommunikation".

Es geht dabei um die Frage, wie man die eine Botschaft Menschen anderer Kulturkreise und Weltanschauungen verständlich macht, damit sie wirklich unverfälscht bei ihnen ankommt. Auch wenn Jantzen noch nicht mit dem heute dafür gebräuchlichen Fachjargon vertraut war, beweist seine Praxis, daß er die Wichtigkeit dieser Prinzipien klar erkannt hatte – und es auch verstand, sie noch an die nächste Generation der Moslem-Missionare in Bulgarien weiterzuvermitteln. Leider scheinen aber viele von Jantzens Einsichten danach in Vergessenheit geraten zu sein. Dabei handelte es sich um keine neue Einsicht. Schon der Apostel Paulus wollte den „Juden ein Jude" und den „Griechen ein Grieche" sein, um möglichst viele für Jesus Christus zu gewinnen. Es geht einfach um die Bereitschaft, die eigene Kultur – Geschmacksfragen, Lebensgewohnheiten: beispielsweise wie man sitzt, ißt und sich kleidet – abzulegen und sich die Lebensgewohnheiten der Menschen zu eigen zu machen, die man für Christus gewinnen möchte. Dazu zählt natürlich in erster Linie, daß man ihre Sprache erlernt, damit man auch ihre Denkweise versteht.

Innerasien, das moslemische Turkestan, das buddhistische Tibet und die Mongolei, sind die Gebiete und Kulturkreise unserer Erde, die am allerwenigsten je mit dem Evangelium in Berührung gekommen sind (wobei der Buddhismus in diesen Regionen eine besonders dämonisierte Form des lamaistischen Buddhismus ist und der Islam in Mittelasien historisch sehr stark durch die Sufi-Meister geprägt wurde – mit starkem okkulten Einschlag, Geheimkräften usw.). Über tausend Jahre lang blieb dieses Gebiet unberührt von jeglichem christlichen Einfluß. Bis zur russischen Revolution galt Buchara mit seinen über hundert islamischen Hochschulen, den Medressen, weltweit als Hochburg des fanatischen islamischen Fundamentalismus. Im 19. Jahrhundert, dem großen Zeitalter der Weltmission, wurde Indien, Afrika, China und die Südsee evangelisiert. Christen, die sich in jener Zeit ins Emirat von Buchara verirrten, mußten dagegen noch mit dem Tode rechnen, oder sie wurden gezwungen, sich zum Islam zu bekehren, und wurden als Sklaven verkauft.

Dies war einer der Gründe, weshalb Rußland diese Gebiete schließlich bezwang und annektierte. Doch auch danach, trotz nunmehr hundertjähriger „europäischer" Regierung, bildet Turkestan mit Tibet und der Mongolei (das Herzland Eurasiens) noch immer eine riesige „Festung", deren Kultur am allerwenigsten vom Evangelium berührt worden ist und wo die ganze Kulturtraditionen der dort lebenden Völker noch immer ein fast unüberwindliches Bollwerk gegen das Licht Christi darstellen. Hermann Jantzen war einer der ersten, der überhaupt unter diesen Völkern das Evangelium verkündete. Nach mehr als tausend Jahren Vernachlässigung leistete er hier wirklich eine bahnbrechende Arbeit. Leider setzte die russische Revolution im Jahre 1917 ihr schon bald ein jähes Ende. Fast zwei Generationen verstrichen danach, ohne daß irgendwelche weiteren Missionsbestrebungen unter den dortigen Moslems unternommen wurden.

Heute leben in der Sowjetunion 56 Millionen Moslems – nur übertroffen von Indonesien, Pakistan, Indien und Bangladesch. Fast jeder fünfte Sowjetbürger ist Moslem! Und die moslemische Bevölkerungsgruppen wachsen zahlenmäßig zwischen 2,5 und 3,5 Prozent jährlich; eine der höchsten Bevölkerungszuwachsraten der Erde überhaupt.

Anfang der siebziger Jahre begannen manche russischen und sowjetdeutschen Christen in Mittelasien (vor allem die Jugend unter den dortigen Volksdeutschen, die bei den Moslems nicht ganz so verhaßt sind wie die Russen), erneut für die Erreichung dieser Menschen mit dem Evangelium zu beten und zu arbeiten. Leider erleben wir gerade zur Zeit (Frühjahr 1988), daß sehr viele von denen, die am meisten befähigt wären, ihre moslemischen Nachbarn mit dem Evangelium zu erreichen, lieber ihr eigenes Heil und die Rettung ihrer eigenen völkischen Identität als Deutsche im Westen suchen. Und das ist auch durchaus verständlich.

Kann es aber wirklich Gottes Wille sein, daß so viele Völker ohne das Evangelium zugrunde gehen? Gibt es wirklich keine Christen, die bereit und berufen sind, in Jantzens Fußtapfen zu treten und den Weg zu gehen, den er gewiesen hat, um das Herz der Moslems zu erreichen und ihr Vertrauen zu gewinnen? Denn Jantzen hat bewiesen, daß es kein Ding der Unmöglichkeit ist, Moslems in Mittelasien zu Christus zu führen. Es geht durchaus, wenn man wirklich bereit ist, sich von Gottes Heiligem Geist ein Herz voll Liebe für diese Menschen schenken zu lassen. Beten Sie, daß Gott auch in unseren Tagen unter den Christen in Mittelasien viele neue Mitarbeiter und Nachfolger Hermann Jantzens herausruft und daß noch viel mehr Moslems zur Erkenntnis der Wahrheit in Jesus Christus gelangen. Denn es gibt bereits winzige christliche Gemeinschaften von Usbeken, Tadschiken, Kasachen, Kirgisen und Turkmenen. Beten Sie, daß Gott diese wenigen im Glauben an Christus bewahrt und daß ihre Zahl zunimmt, damit sie ihrerseits den übrigen ihres Volkes ein wirkungsvolles Zeugnis sein können. Beten Sie für Gottes Wirken heute in Mittelasien.

Christian Schmidt

# Anmerkungen

1 Die Autobiographie von Hermann Jantzen ist zugleich ein seltenes Dokument der Zeit- und Missionsgeschichte. Aus diesem Grund wurde die damals gebräuchliche Schreibweise von Ortschaften beibehalten. Die Städte tragen heute z.T. andere Namen. Als Beispiel sei genannt:

Samara (heute: Kuibyschew); Aulie-Ata (Dschambul); Wernoie (Alma-Ata); Pischpek (Frunse); Petro-Alexandrowsk (Kyzyl-Orda); Chodschent (Leninabad); Dscharkent (Panfilov).

2 Bis zur Revolution wurden die *Kasachen* fälschlicherweise häufig als *Kirgisen* bezeichnet, um sie nicht mit den russischen *Kosaken* zu verwechseln. Die eigentlichen Kirgisen hießen *Kara-Kirgisen* (schwarze Kirgisen), so genannt wegen ihrer dunkleren Hautfarbe. Während die Kara-Kirgisen als Nomaden und Hirten in den Bergen lebten, waren die Kasachen – ebenfalls ein Nomaden- und Viehzüchtervolk – vor allem in der Steppe angesiedelt.

Nach der Revolution verschwanden die Kosaken als Volksgruppe, und sowohl die Kasachen als auch die Kirgisen erhielten wieder ihre ursprünglichen Namen – eine Verwechslung mit den Kosaken war nicht länger möglich.

Als *Sart* bezeichnete man die türkisch sprechende iranische Stadtbevölkerung Mittelasiens. Ganz Turkestan und die Steppen Kasachstans hatten ja zur Zeit des Darius, des Kyros, Esthers, Daniels, Nehemias usw. zum Persischen Reich gehört. Erst im Laufe der Zeit waren die Turkvölker in diese Gebiete vorgedrungen und hatten allmählich die iranische Bevölkerung verdrängt oder sich mit ihr verbunden. Lediglich das *Tadschikische* – ein persischer Dialekt – verweist heute noch auf die ursprünglich persische Bevölkerung.

In der Sprache der stolzen Nomadenvölker der Kasachen und Kirgisen aber war das Wort *Sart* (gelber Hund) nichts als eine verächtliche Bezeichnung für „Städter". Obwohl die Europäer dieses Wort völlig wertfrei gebrauchten, wurde es nach der Revolution verboten. Seitdem spricht man von *Usbeken* und *Tadschiken*.

3 Wahrscheinlich das heutige Schachrisabs-Tal, eines der wichtigsten Touristenzentren der Sowjetunion. Vgl. auch Fußnote 1.

4 Jantzens Angaben zum Ausmaß des Andischan-Massakers stimmen nicht ganz mit den historischen Tatsachen überein. Was er hier weitergibt, scheinen die ersten stark übertriebenen Schreckensgerüchte zu sein, die zu ihm durchsickerten. Die nüchterne Geschichtsschreibung dagegen weiß zu berichten, daß Mohammed-Ali Ischan von Mintube (in den russischen Quellen auch Madali Ichan oder Düktschi Ichan genannt; alles ein und dieselbe Person mit Israelchanture Ischan), der ein Sufi-Scheich (d.h. der Anführer einer Derwisch-Bruderschaft) des Naqschebandiya-Ordens war, in der Nacht zum 18. Mai 1898 mit etwa 600 seiner Anhänger in den heiligen Krieg gegen die Ungläubigen zog. Unterwegs wuchs die Anzahl der fanatischen Moslems auf über zweitausend. Mit Säbeln und Spießen bewaffnet überfielen sie die russische Garnison in Andischan.

Selbst die Berichte, daß eine ganze Kompanie russischer Soldaten umgebracht worden wäre, scheinen übertrieben zu sein. Tatsächlich wurden „nur" etwa 20 Soldaten umgebracht (und nicht die ganze Stadt!) und weitere 19 verwundet, bevor der Ischan und seine Anhänger in die Flucht getrieben und schließlich gefangengenommen wurden.

Dennoch übte dieses Ereignis eine regelrechte Schockwirkung auf die russische Administration aus, weil es sich nicht um eine spontane Erhebung handelte, sondern um ein geplantes Komplott der Moslems gegen die Russen.

5 Nach einer möglicherweise etwas unzuverlässigen Quelle mit überhöhten Zahlenangaben wurden bei der Vergeltung und Niederwerfung des Aufstandes durch die russischen Truppen 673 000 Moslems getötet, während 300 000 nach Chinesisch-Turkestan flohen und weitere 168 000 nach Sibirien deportiert wurden. 347 Anführer des Aufstandes wurden noch im März 1917 unter der provisorischen Revolutionsregierung hingerichtet.

Wegen seines Ausmaßes und wegen seiner erklärten Ziele galt dieser Aufstand schon während des Ersten Weltkrieges tatsächlich als zweite Front und war zugleich der Anfang vom Ende des Zarenregimes in Turkestan. Der endgültige Sturz des Zarenregimes folgte wenig später im Februar 1917. (Baymirza Hayit, *Turkestan im Herzen Eurasiens,* Köln 1980, S. 94f.)

6 Mennonite Central Committee – eine weltweite, karitative Einrichtung, die bei Naturkatastrophen, Hungersnöten, Flüchtlingselend u.a praktische Hilfe leistet.

TURKESTAN
IN HEUTIGER POLITISCHER GLIEDERUNG
HAUPTSTRASSEN
0 100 200 300 400 500 Km
Aktjubinsk
UIL
Uil
Karabutak
Oktjabrsk
WOLGA
URAL
Emba
Makat
Gurjew
Astrachan
Dossor
Irgis
EMBA
Tschelkar
KASPISCHES MEER
Aral
ARAL-SEE
Mujnak
Altynkul
Tschimbai
Kungrad
Nukus
Kuna-Urgentsch
Taschaus
Urgentsch
Chiwa
Turtkul
Krasnowodsk
Nebit Dag
TURKMENISTAN
Kisyl-Arwat
Tschardschou
Aschchabad
ATREK
IRAN
Duschak
Mary
Iolotan
MURGAB
Taschkepri

Tausch
TURGAI
TENGIS-SEE
NURA
Kiewka
Karaganda
Karakalinsk
TSCHELKAR TENGIS SEE
Saryk
Karsakpaj
Kijakty
Baikonur
Agadyr
SARY-SU
C H S T A N
Kounradski
Mojynty
Balchasch
alinsk
Saryschigan
BALCHASCH SEE
Uschtobe
Ksyl-Orda
TSCHU
Tschiganak
ILI
SYRDARJA
KARATAU
Tschu
Kaptschagai
Kentau
Dschambul (Aulie-Ata)
Turkestan
Borisowka
Otar
Alma-Ata (Wernoie)
Rybatschie
Arys
Talas
Frunse (Pischpek)
ISSYK-KUL
Tschimkent
Orto-Tokoj
KIRGISTAN
Taschkent
Naryn
Angren
Namangan
Dschalal-Abad
Andi-schan
Kokand
Katta-kurgan
Osch
Fergana
Leninabad (Chodschent)
Samarkand
Kaschgar
KYZILSU
chi
Dechkanabad
Duschanbe
PAMIR
Kuljap
Termez
Chorog
GHANISTAN